中國現代史叢書 13

張玉法　主編

北京政府與國際聯盟

（1919～1928）

唐啟華　著

東大圖書公司

國家圖書館出版品預行編目資料

北京政府與國際聯盟 (1919-1928)／
唐啓華著.--初版.--臺北市：東大
，民87
　　面：　　公分.--(中國現代史:13)
參考書目：面
ISBN 957-19-2171-8 (精裝)
ISBN 957-19-2172-6 (平裝)

1.國際聯盟　2.中國-外交關係

648.1　　　　　　　　　　86012878

國際網路位址　http://sanmin.com.tw

© 北京政府與國際聯盟
(1919～1928)

著作人　唐啓華
發行人　劉仲文
著作財
產權人　東大圖書股份有限公司
　　　　臺北市復興北路三八六號
發行所　東大圖書股份有限公司
　　　　地　址／臺北市復興北路三八六號
　　　　電　話／二五〇〇六六〇〇
　　　　郵　撥／〇-·〇七一七五——〇號
印刷所　東大圖書股份有限公司
總經銷　三民書局股份有限公司
門市部　復北店／臺北市復興北路三八六號
　　　　重南店／臺北市重慶南路一段六十一號
初　版　中華民國八十七年一月
編　號　E 62050
基本定價　陸元
行政院新聞局登記證局版臺業字第〇一九七號

ISBN 957-19-2172-6 (平裝)

主編者序

　　二十世紀在中國歷史上是一個變遷迅速的世紀。在二十世紀將要結束以前，回頭看看二十世紀初年的中國；或從二十世紀初年的中國，看看二十世紀將要結束的中國；不僅歷史學家會不斷檢討這一段的歷史總成績，走過這個時代的人或走不過這個時代的人，無論自己流過多少汗、多少淚、多少血，受過多少飢寒、多少苦難、多少折磨，還是犧牲過什麼、享受過什麼、獲得過什麼，站在二十世紀的盡頭，不能不對這一個世紀作些回顧、作些省思，然後勇敢地走向或走入二十一世紀。這是東大圖書公司出版「中國現代史叢書」，為讀者提供歷史資訊的最大旨趣。

　　二十一世紀是否為中國人的世紀？有人很關心，有人不關心。但在地球村逐漸形成的今日，不管是冷漠還是熱心，不管是不自願還是自願，都得住在這個村，並為這個村的一員。就中國現代史的研究而論，不僅臺海兩岸的歷史學者，多投入研究，或表示關懷，歐美及日本等地的歷史學者，不少亦研究中國現代史。這便是史學界的地球村。

　　中國現代史的起點，臺海兩岸的學者有不同的看法，一般說來，臺灣地區的學者，主張始於辛亥革命時期；大陸地區的學者，早年主張始於五四運動時期，近年又主張始於 1949 年中華人民共和國的成立。外國學者的看法，不出上述兩種。嚴格說來，臺海兩岸學者對現代史分期的看法，都受到政治的影響。許多學者以鴉片戰爭作為近代史的開端，也是受政治的影響；因為鴉片戰爭被視為反帝反封建起始

的年代。

為了擺脫政治的糾葛，可以從世界史的觀點來考慮中國歷史分期問題。梁啟超將中國歷史分為中國之中國、亞洲之中國、世界之中國三個時期，如果將中國人在中國境內活動的歷史劃為上古史，將中國人向亞洲其他地區擴張的歷史劃為中古史，將中西接觸以後、中國納入世界體系劃為近代史，則中國近代史應該始於明末清初。明末清初的中國，不僅與歐洲、美洲進行海上貿易，而且歐洲帝國主義的勢力已經進入中國，譬如葡萄牙佔有澳門 (1557)、荷蘭 (1624) 和西班牙 (1626) 佔有臺灣，俄國進入中國黑龍江流域 (1644)。在葡人佔有澳門以後的二、三百年，中西之間有商業、文化、宗教交流，到1830年代以後，因通商、傳教所引起的糾紛日多，由於中國國勢不振，利權、領土不斷喪失，成為帝國主義國家的殖民對象，到1897～1898年的瓜分之禍達於頂點。1899年英美發佈「中國門戶開放政策」以後，中國免於被殖民瓜分的局勢始獲穩定。我們可以將1557～1899年的歷史定為近代史的範圍。1900年，中國在義和團的激情反帝國主義以後，開始進行教育、經濟、政治改革，革命運動亦大獲進展，將歷史帶入現代時期。

中國上古史為中國歷史文化的創建期，中古史為中國歷史文化的擴張期，近代史為中國歷史文化的收縮期，現代史為中國歷史文化的更新重建期。本叢書所謂中國現代史，即始於1900年，涵蓋整個二十世紀，如果中國更新重建的大方向不變，亦可能涵蓋二十一世紀及其以後。儘管由於政治的糾葛，「中國」一詞在近數十年的臺灣及海外各地已經變成模糊的概念，出現了歷史中國、文化中國、大陸中國、海洋中國等名詞，但中國畢竟是現在世界上歷史悠久、土地廣大、人口眾多的國家，不能因為它時常出現外力入侵、內部分裂，而忽視它

的歷史存在。而且自二次世界大戰結束以後，中國躍為世界五強之一，它在世界上的地位愈來愈重要。因此，檢討二十世紀的中國史，在世界史中也饒富意義。

　　現代史上的中國雖然災難重重，但亦有機會撥雲見日，這是中外史家對研究中國現代史有興趣的原因之一。但不可否認的，由於臺海兩岸長期缺乏學術自由，而臺海兩岸及世界各國有關學者，由於掌握材料的性質和多寡不同，許多現代史的著作，流於各說各話，這是學術上不易克服的困難，有些困難則是學術界的不幸。本叢書希望包羅一些不同國度、不同地區、不同觀點的學術著作，透過互相欣賞、批評，以達到學術交流的效果。收入本叢書的專著，儘管有不同的理論架構或觀點，但必須是實證的、避免主觀褒貶的。

　　傳統中國史學，有些持道德主義，主觀的褒貶性很強；近代中國史學，有些受作者個人信仰或好惡的影響，流於宣傳或謾罵；凡此都妨害歷史求知的客觀性。本叢書在選取稿件時，當在這方面多作考量。

　　承東大圖書公司大力支持，使本叢書得以順利出版，非常感謝。

　　收入本叢書之十三的《北京政府與國際聯盟(1919～1928)》係唐啟華先生新完成的專書。唐先生，台灣基隆人，一九五五年生。東海大學歷史系和歷史研究所畢業，一九九一年獲英國倫敦政經學院國際關係史系博士。曾任東海大學歷史研究所助教、國立高雄工專講師，一九九一年起任中興大學歷史系副教授。唐先生主要的研究興趣在北京政府時期的外交，博士論文以 "Britain and the Peking Government, 1926–1928" 為題，發表的論文有〈北伐時期的北洋外交－北京外交部與奉系軍閥處理外交事務的互動關係初探〉、〈北京政府與國民政府對外交涉的互動關係，1925–1928〉、〈北洋政府時期海關總稅務司安格聯之初步研究〉等。《北京政府與國際聯盟(1919～1928)》係作者繼博

士論文之後完成的研究成果。歐戰結束後，全球外交的新格局強調以合作取代競爭，國際聯盟即為此理想主義的結晶。飽受帝國主義欺凌的中國，掌握此有利的外交局勢，自巴黎和會起，即積極參與國際聯盟，追求平等的國際地位。當時國家分裂、國力薄弱，在北京政府的優秀外交人員的運作下，取得相當的成果。本書依據各國外交檔案，以中國參與國際聯盟為例，探討北京政府在國際層面的表現，對當時的中國外交，提出較全面的重新理解。特向讀者推薦。

張玉法

1997年12月

於中央研究院

自 序

　　北京政府時期中國外交的表現，國外學者常肯定其成就，而國內學者多持貶抑態度。究其原因，應與中國現代史研究常受民族主義及黨派觀點的影響有關。民族主義史觀認定北洋軍閥是帝國主義列強的走狗，北京政府為外國利益服務，其外交自然是賣國外交。而臺海兩岸執政黨皆以廣州政府為民初歷史的正統，視北京政府為舊勢力的殘餘，北洋軍閥因此常是嬉笑怒罵的對象，缺乏較公允嚴肅的研究。「北洋外交」因此成為近代中外關係史研究中較薄弱的一環，連帶影響到對其後中國外交史的理解。

　　作者在英國撰寫博士論文期間，曾埋首於倫敦公共檔案局(Public Record Office，簡稱PRO)，大量閱讀英國外交(FO)檔案。感受到英國做為二十世紀初的世界超強，常以全球及東亞大格局來考量中國問題；對華交涉也常是南北全盤處理，對北京外交評價常在廣州之上。而西方學者對民初的研究，幾乎一致肯定北京外交部表現傑出。此外作者在數度返臺期間，多次到中央研究院近代史研究所檔案館，沉浸於北京政府《外交檔案》，深刻感受到北京外交官們維護國權的種種努力。在中、英檔案原件手跡的字裡行間，感觸到1920年代倫敦與北京外交官們的關懷，激發了我對「北洋外交」進一步研究的興趣。基本上，我認為中國的外交有其全面性與連貫性；政權有更迭，對內有黨爭，而對外爭取國權則常是一致的，前後政權的對外政策也常是連貫的。外交史的分期不一定與政治史一致，中國自1919年巴黎和會到1931年

九一八事變為止，外交上的重點是修改條約；歷經北京政府、廣州政府到南京國民政府，對內雖是政敵，對外則採不同方式，朝同一目標努力。以修約與廢約不同的策略，與列強交涉，南北相輔相成，共同締造了可觀的成果。外交人才也不只為某一特定黨派服務，北洋外交家們就常超然於黨派政爭之外，為不同政權服務，爭取國家民族長遠與全盤的利益。

　　回臺任教後，作者繼續「北洋外交」的研究，本書即為對「北洋外交」國際層面的階段性研究成果。1920年代為全球新外交格局的形成階段，也是中國新外交的成長時期，探討北京政府對國際聯盟的參與，應能為重新理解近代中國外交史，提供一個較寬廣的視角。本書在觀念上，受倫敦政經學院國際關係史系尼許教授(Prof. Ian Nish)的啟發頗多。尼許教授不但在作者求學期間，悉心指導撰寫博士論文，而在其近作《日本與國際主義的爭鬥：日本、中國與國際聯盟，1931–1933》(*Japan's Strugg lewith Internationalism : Japan, China and the Leagueof Nations, 1931–1933*) 撰寫過程中，多次與作者討論中、英、日對九一八事變看法的不同，使作者察覺到近代中國民族主義之強烈，多數國人對國際主義及國際聯盟的瞭解，片面而浮淺，引發了我對本書主題的興趣。本書撰寫過程中，又多次得尼許教授來信，提供許多意見，指引大方向，謹在此向恩師致上最高的謝意。

　　本書的完成，首先要感謝張玉法院士。作者在求學過程中，與張院士並無淵源，卻在回國任教這幾年，承其願意修改作者不成熟的作品，並大度的給予鼓勵，使作者在學術的道路上走得較有信心。現又承張院士推薦，使本書得有出版機會，並在百忙之中，對原稿提出許多寶貴的修訂意見；作者銘感於心，只有在史學研究上繼續努力，才能不負此提攜之恩。

　　本書撰寫過程中，最大的助力之一，就是適逢一些同行做相近的研究，使我得以與專家切磋琢磨。本書以北京政府與國聯為中心，正好近史所的張力兄以南京政府時期為重心，撰寫以「國際聯盟與中國現代化」為題的博士論文，彼此的研究部份重疊，而主題相關，多次討論交換觀點，並蒙其不吝提供史料，使我獲益匪淺，深深感謝。而文化大學史學系李朝津教授也正進行「中國與聯合國」的研究計劃；就如同張力兄所說的，我們三個人好像是在接力賽跑，分別就中國與重要國際組織不同的階段做研究，增加彼此對研究主題的縱深感。此外日本年輕學者川島真也正以北京政府外交為題，撰寫東京大學博士論文，來臺研究年餘期間，彼此討論了許多問題，交換不同的觀點，互相在觀念上都有啟發。另外「近代中外關係研討會」的師友們，尤其是陳三井、呂芳上、王綱領等教授，在我兩次就本書初稿做報告時，提出了許多寶貴的修訂意見。在這種有多位真正的專家，彼此切磋良性競爭的氣圍之中做研究，受到善意的批評意見，鞭策自己不能偷懶馬虎，使寂寞的學術研究不再孤單，實在是一種幸運。希望張力、李朝津及川島真的研究成果也能早日出版，增進學界對中國對國際組織參與以及「北洋外交」的瞭解。

　　本書主要依據的史料是《外交檔案》，書中引用許多原始文電，行文難免受當時檔案文字影響，人名、地名等的譯法與今日通稱多有出入；加以部份文件因年代較久，紙張碎裂，或遭蟲蛀蝕，部份文字無法辨識，引文時只能以□□代之，請讀者查諒。閱讀檔案期間，中研院近史所檔案館閱覽室的莊樹華、淑瑄、秀娟及雪琄，發揮了高度的服務熱忱，不只提供作者研究上的便利，更為枯燥的史料爬梳工作，增添許多樂趣。撰寫過程中，得呂芳上教授在英國代查FO檔案目錄；初稿草就之後，張力兄及吳翎君願通讀粗糙的全稿，指正許多錯誤；

陳昱伶及黃文德同學協助打字、校對及編索引，謹在此一併致謝。

撰稿期間，個人歷經了許多重要的人生的體驗，先是在最後緊湊的定稿階段，小女唐宓出生，固然讓作者嚐到初為人父的種種喜悅，而換尿片與餵奶等父職，也讓作者時有焦頭爛額之感。宓兒滿月前後，家母突然中風、住院，兩個月後過世，尤其是刻骨銘心之痛。內人秋玲在這段非常時期的扶持，儘可能的承擔家事，使作者在諸事繁忙之餘，尚能勉力完稿，感謝之情無法以言語表達。

作者學識譾陋，撰寫過程較為匆促，又逢家事繁多，疏漏舛誤之處，在所難免，尚祈各方先進不吝賜正。

唐啟華　謹誌

1997年11月9日

唐宓週歲生日

北京政府與國際聯盟(1919~1928)

目　次

主編者序

自　序

引　言

第一章　中國與國際聯盟的創立

第四章　中國與國聯會費問題

結　語

附　錄

參考書目

索　引

引　言

　　到目前為止，近代中國外交史研究的主要典範是「民族主義」；主張國與國之間互相瞭解，彼此合作的「國際主義」則常被忽視。❶其原因與近代以來，中國國勢積弱不振，長期受到帝國主義的壓迫密切相關。為謀求國家生存，民族主義因而大盛，強調祖國種種優美，以凝聚國民愛國心，抗拒外國壓迫，爭取整個民族國家之自主獨立。從好的方面說，民族主義齊一了中國人的心志，在緊要關頭，共同挽救了國家的危亡；使中國在十九、二十世紀帝國主義的狂潮中，沒有滅

---

❶　民族主義及國際主義之內容均極複雜，較簡明之定義見張玉法〈帝國主義、民族主義與國際主義在近代中國歷史上的角色〉，劉青峰編《民族主義與中國現代化》（香港：中文大學，1994），頁105及116～117。
　民族主義，是一族群，自我認定有共同的血統或共同文化（包括語言、生活、風俗習慣等）而產生的一種集體意識，此種集體意識遇有外力侵逼時，產生榮辱與共、生死與共的衝動，因此種衝動而表達的思想和行為，即為民族主義。凡泯除國家界限或兩國以上為共同理想或利益而合作的各種理論和行為都是國際主義。國際主義表現在歷史上而影響較大的有兩種：一是將一種有益於全人類的理想，用和平或暴力的方式，企圖推向全人類，譬如傳統中國的大同主義和近代以來各種泯除國界的社會主義；一是為維持世界和平、增進人類福祉，國與國之間，以平等互惠的方式，共同促進經濟、教育、學術、文化等發展，或共同從事防止戰亂、消滅貧窮、掃除文盲等工作，譬如國際聯盟及聯合國的所作所為。

亡。但是民族主義太強，則會對外國人常抱有敵視的態度，對主張與外國和好的國人，也常以漢奸目之。民族主義史觀之下的外交史研究，常只站在中國的立場非議外國，不去探討外交成敗的國際背景，結論常為外人不講公理正義，❷或是漢奸誤國；眼光比較狹隘，缺乏開闊平允的世界觀。也造成一些領域，長期被忽視或受到誤解；民國初年北京政府即是如此，民族主義者視之為帝國主義列強的走狗，其外交是喪權辱國的賣國外交。今日民族主義逐漸減弱，學者較能以更開闊的胸襟與角度來討論問題，有利於全面理解中國外交史；並在此基礎上，更坦然的面對一個講究全球合作、中外協合、互惠互利、共存共榮的世界新格局。本書即試圖以「北京政府與國際聯盟(1919～1928)」為題，探討1920年代「北洋外交」在國際層面，及中國加入世界組織的初始階段的表現。

1919年是世界外交的一個重要分水嶺。十九世紀末及二十世紀初，世界政治中帝國主義當道，列強互結同盟，軍備競賽，競爭海外殖民地及勢力範圍。歐戰爆發之後，帝國主義被認為是引發大戰浩劫的罪魁禍首，受到嚴厲批判。尤其是美國總統威爾遜(Woodrow Wilson)及俄國革命領袖列寧(Vladimir I. Lenin)，從不同的角度抨擊帝國主義外交，並提出國際秩序的新構想，競爭歐戰之後全球新外交的主導地位。簡言之，列寧主義(Leninism)認為歐戰暴露了資本主義的嚴重內在矛盾，要以社會主義革命來消滅帝國主義，尋求將大戰轉變成世界革命，希冀以一群社會主義者先鋒，領導全球無產階級革命，將人類從資本主義、帝國主義中解放出來。俄國大革命之後，於1919年成立共產國際（Comintern，或稱第三國際），來達成此目標。威爾

---

❷ 參見張玉法〈現代中國史研究的趨勢〉，《歷史學的新領域》（臺北：聯經，1978），頁52。

遜主義 (Wilsonianism) 則主張用和平方式，以漸進理性改革，來解決資本主義內部問題。其具體成果，就是在巴黎和會中建立的國際聯盟 (League of Nations，或譯為國際聯合會，簡稱國聯)，希望以國際法處理國際衝突，維持自由資本主義的世界秩序，免於傳統帝國主義及社會主義革命的威脅。並使具使命感的美國，以其道德及物質上的優勢，領導此世界秩序。❸同在1919年萌芽的國際聯盟及共產國際，皆是國際主義成長的重要里程碑。這種國際大環境，對中國擺脫帝國主義控制，改善國際地位有利。

1919年也是中國外交史的一個分水嶺。歐戰之後，列強對華聯合陣線的壓力減輕，並出現裂縫。中國參戰後，德奧條約失效；俄國革命後，北京政府也乘機廢止舊俄使領待遇。同時中國崛起一批新外交家，追求國家獨立自主與平等地位，對外不再簽訂不平等條約，並要收回已失國權。戰後廁身戰勝國之列，又受威爾遜主義影響，「公理戰勝強權」之說，高唱入雲。在巴黎和會期間，不但要求收回山東權利，進而更想一舉去除條約束縛。這些過高的理想，在和會中受到挫折，引發國內五四運動，也影響到和會中國代表拒絕在對德和約上簽字。從此中國走上自主外交，廣州政府與北京政府以不同的方式收回國權。1920年代的中國外交在此國際新格局，及國內環境改變的雙重背景之下展開。中國民族主義、國際聯盟及共產國際，共同向帝國主義對華控制提出質疑與挑戰，三者間的關係成為中國新外交的主要脈絡。

在此大背景之下，1920年代的中國外交，不僅有民族主義的發揚，

❸　參見 N. Gordon Levin, Jr., *Woodrow Wilson and World Politics: America's Response to War and Revolution*, Oxford University, 1968, pp.1 ～ 13。

也有國際主義成長的一面。北京外交部以合於國際法的平和方式，追求平等的國際地位；而一批受英、美高等教育的職業外交家興起，取代親日外交家，以國內輿論與民意為後盾，堅定的以各種方式爭取國家權益。此所謂「北洋外交」表現傑出，使中國在南北分裂內戰不斷時，對外沒有進一步喪失權利，甚至於能收回部份已失國權，近年來逐漸受到中外學者的肯定。❹北京政府在1920到1922年參與巴黎和會及華盛頓會議，成為所謂「凡爾賽－華盛頓體系」的一員。另一方面，中國共產黨於1922年第二屆全國代表大會中，決議加入共產國際；日後廣州政府實行「聯俄容共」亦受共產國際影響，以激進的「革命外交」攻擊列強在華利益。❺北京政府與廣州政府參與不同的國際秩序，

❹ 西方學者對「北洋外交」評價頗高，如 Lucian Pye, *Warlord Politics: Conflict and Coalition in the Mordernization of Republican China*, New York, 1971, p.152，讚譽北京外交家是當時中國最成功的文人領袖，不懈的利用國際均勢及世界同情，獲致與中國國力不成比例的成就。Robert Pollard, *China's Foreign Relation, 1917 ～ 1931*, New York, 1933, p.406; Andrew Nathan, *Peking Politics, 1918 ～ 1923*, Berkeley, 1976, p.237; 及 Leong Sow-theng, *Sino-Soviet Diplomatic Relations, 1917 ～ 1926*, Canberra, 1976, p.xix，都有類似的高評價。中國學者如張忠紱在〈讀姚譯顏惠慶英文自傳感言〉中亦稱：「北京外交界水準反較一九二七年以後為優」。見姚崧齡譯《顏惠慶自傳》（臺北：傳記文學出版社，1982），頁279。另參見筆者〈北伐時期的北洋外交〉，刊《中華民國史專題論文集（第一屆討論會）》（臺北：國史館，1992），頁321～336;〈北京政府與國民政府對外交涉的互動關係，1925～1928〉，刊《興大歷史學報》第四期（臺中，1993），頁77～103。

❺ 參見李恩涵著《北伐前後的「革命外交」(1925～1931)》（臺北：近史所，1993）。

採取不同的方式來爭取國權與提升國際地位,對日後中國外交的發展,產生了深遠的影響。然而,至今北京政府參與國聯的重要性,尚未受到應有的重視。

北京政府參與歐戰之後「凡爾賽─華盛頓體系」,至今只有華盛頓會議的一部份較受重視。過去學界在探究 1920 年代東亞國際關係時,多受入江昭 (Akira Iriye)《帝國主義之後》(*After Imperialism*) 一書的影響,以該書提出的所謂「華會體制」(Washington System)為主要架構。❻認為歐戰之後,巴黎和會只處理了歐洲問題;遠東太平洋區域的國際秩序,要到1921～1922年華盛頓會議,各國達成協議,簽訂一系列的條約,才消弭列強間的競爭,建立了集體安全機制。此以美國為首維持遠東現狀的「華會體制」, 不久即受到對現狀不滿國家一連串的挑戰;首先是蘇聯組織共產國際推行世界革命,在遠東爭取到廣州政府的合作;其次是中國民族主義興起,要求廢除與列強間的不平等條約;最後是日本推行自主外交,不惜以武力維護其在華利益;終於導致「華會體制」的崩潰。三十年來,這個架構已幾乎成為一種「典範」。 然而此說基本上是以美國外交史的角度立論,中國對此體制的認知與參與,尚缺乏較深入的研究。至於所謂凡爾賽體系的核心──國際聯盟,在國人心目中,因九一八事變後,國聯未能制止日本侵佔東北,對其常是負面印象。然而,國際聯盟是歐戰之後主要的國際組織,北京政府是當時得到國際承認的中國唯一合法中央政府,兩者之間的關係,應是中國外交中不可忽略的重要環節。此外,探討「北洋外交」在國際層面的表現時,由北京政府與國際聯盟的關係切入, 也

---

❻　Akira Iriye, *After Imperialism: the Search for a New Order in the Far Esat, 1921～1931*, Harvard University Press, Cambridge, Massachussetts, 1965.

比由「華會體制」看更具全面性。因為：1.國聯範圍較華盛頓會議廣，具全球性；1920年代中國及世界外交的重心，至少在表面上仍在歐洲。2.國聯宗旨除消極的維持和平外，尚有積極的國際合作層面，為華會條約所無。3.國聯是經常性組織，華會則是一次性的國際會議，能否稱為「體制」尚有爭議；由1919～1928年間國聯的各種會議及活動中，更可看出當時中國的國際地位升降，及北洋外交長期連貫的表現與特色。

國際聯盟是歐戰之後，國際上對引發歐戰浩劫的帝國主義外交的反省，試圖以新外交理想——國際合作、國際協商、公開外交、國際公理……等，建立起來的最具代表性的國際組織。其宗旨在維護世界和平，促進國際合作，宣揚國際正義。飽受強權欺凌的中國，對這些理想自然寄予厚望，以國聯為伸張國際正義，傾訴中國所受不公平束縛的最佳場所，故自始就積極加入國聯，成為國際聯盟創始會員國之一。北京政府對國聯的參與，是中國以主權國家加入國際家庭(Family of Nations) 的重要開端。❼其後國民政府繼續參與，九一八事變後，

---

❼　中國進入國際家庭歷經了漫長過程，現代國際家庭發源於西歐基督教列國，原指1648年西發利亞條約(Treaty of Westphalia)簽約國；其後不斷向外擴張到整個西歐，十八世紀納入莫斯科維帝國 (Muscovute Empire of Russia) 及美國。十九世紀將非基督教的鄂圖曼土耳其帝國 (Ottoman Empire)納入。並與以中國為中心的遠東世界接觸。徐中約(Immanuel C. Y. Hsu) 在其 *China's Entrance into the Family of Nations: the Diplomatic Phase, 1858～1880*, (Harvard University Press, 1960)一書頁209中，以中國與西方各國經一連串衝突後，開始接受西方國家駐使北京，成立總理衙門處理對外事務，引進國際公法，並派遣使節常駐外國，認為中國於1880年已進入國際家庭。但是英國牛津大學研究員張勇進認為1880年中

更加強與國聯的技術合作，尋求以國際集體安全，抗拒外力侵逼，維護國家主權。中國在這第一個大規模國際組織中，由1920年到1946年始終參與，直到第二次世界大戰期間，國聯解散，職權併入新成立的聯合國(United Nations)之後，中國仍積極參與聯合國的草創。1920年代北京政府在國聯的參與，實為中國在國際政治組織中參與的初始階段，這個歷程有其重要的意義與影響。

中國與國際聯盟關係的研究，到目前為止只限於少數個案，如九一八事變與七七事變後中國在國聯的申訴等，缺乏較整體的研究。北京政府時期中國對國際聯盟的參與，主要的研究成果為1930年代的美國各大學的博士論文；如 No Yong Park, "China in the League of Nations"(Harvard, 1932); Hung-ti Chu, "China and the League of Nations"(Illinois, 1937); Law-king Quan, "China's Relations with the League of Nations"(N.Y., 1937); J. T. Watkins, "China and the League of Nations, 1919～1935"(Stanford, 1941)等。早期的專書，有Henry J. Hodghin, *China in the Family of Nations*(London: Allen & Unwin Ltd., 1923); Grover Clark, *The Great Wall Crumbles*(N. Y.: Macmillan

---

國雖部份接受西方國際制度，只能算是被納入西歐主導的全球體系之中，並不代表已被西方國際秩序接受；中國仍是帝國主義侵略的對象，受不平等條約束縛。直到1918～1920年，中國朝野一致努力，堅決爭取平等互惠的國際地位，收回失去的國權，不再簽訂不平等條約，對外參加歐戰，參與巴黎和會，成為國際聯盟的創始會員國，為中國爭取到歐戰之後全球新秩序中，一個正當的地位。尤其是中國在1920年12月被選入國聯行政院，更是西方各國接納中國為國際家庭一員的具體表徵。見 Zhang Yongjin, *China in the International System, 1918～1920*, Macmillan, London, 1991,pp.187～196.

Co., 1935)等。❽那時中國方面的一手史料尚未公開，上述研究主要是依據國聯出版品，由日内瓦的角度所做的研究；未能深入討論北京政府的國聯外交。及至北京政府時期外交檔案於1980年代公開供學者使用後，國內學界一方面因外交史研究已趨衰退，另一方面因國際處境變化，對聯合國及其前身國際聯盟的興趣，也急遽消退。近幾年來，國際關係史研究在全球有復甦傾向，而國內也努力尋求國際新視野，才又有少數中外學者依據外交檔案，就中國與國聯關係做出一些學術研究。❾但是整體而言，中國與國際聯盟關係的研究，尤其是北京政府時期，仍是十分荒蕪。

　　本書以《外交檔案》與《外交公報》等一手史料為骨幹，❿由北京政府外交部與出席國聯代表間的往來文電，探索北京政府的觀點。輔以部份國聯出版品，⓫在國聯舉足輕重的英國外交檔案(FO)，當時

❽　參見葉振輝〈中國與國際組織關係史研究〉，《六十年來的中國近代史研究》（臺北：近史所，1989），下冊，頁133～165。

❾　如日本東京大學博士生川島真〈中華民國北京政府の國際連盟外交〉，東京大學史學會報告，1995年11月12日；及中央研究院近代史研究所副研究員張力，以1930年代國聯與中國的技術合作為中心所做的研究，如：〈一九三〇年代中國與國聯的技術合作〉，《近代史研究所集刊》第15期下冊，1986年12月；〈國聯與中國的文化合作〉，《明末以來中西文化交匯研討會》，1996年5月，香港中文大學歷史系等合辦；及其於1997年6月通過之政治大學歷史研究所博士論文〈國際聯盟與中國現代化〉。

❿　本書基本上依據北京外交部檔案，爬梳整理出主要架構；書中引用外國人名、地名時，為存真起見，概依檔案中使用的譯名。當時譯名並不統一，且與今日通用名稱常有出入，如國聯所在地日内瓦(Geneva)當時即有日來弗、日來佛、日奈佛、日内佛等譯名，但只要稍為留心，不難明瞭新舊譯法間之差異。不便之處，尚請諒察。

之報章雜誌，及前人之研究成果，試圖較全面的探討自1919年國聯成立，中國加入始，到1928年北京政府傾覆止，北京政府與國際聯盟的關係。以「北洋外交」的國際層面為中心，考察北京政府於歐戰之後，參與全球新外交格局，對此一重要的國際組織參與的狀況；並試圖剖析中國初進入新國際社會的努力與表現，以及所遭遇到的問題與困難，以增加我們對北京政府時期中外關係的瞭解。

⓫　國聯出版品在國內僅有少量收藏，國家圖書館官書股藏有部份1920年代國聯的 Official Journal 及 Special Supplement; 國立政治大學社會科學資料中心的「國聯及聯合國資料室」，藏有國聯出版品 (Publications of League of Nations)，但北京政府時期的數量很少。

第一章　中國與國際聯盟的創立

　　中國是國際聯盟創始會員國之一，自1919年巴黎和會期間協約國討論創立國聯時就積極參與，對國聯盟約提出不少意見，並在1920年國聯第一屆大會中，被選入行政院(Council)任非常任會員，足見中國在國聯草創時期，與國聯關係之密切。本章探討中國在巴黎和會前後，對國聯成立的看法與參與經過，以及在國聯盟約訂定與修改過程中，中國的意見與影響；尤著重於中國參與國聯創立的核心人物顧維鈞。

第一節　中國加入國際聯盟

一、巴黎和會前中國對國聯的態度

　　中國對國際聯盟最早的認識來自駐外使節，尤其是駐美公使顧維鈞。早在1918年1月8日，美國總統威爾遜在國會宣布歐戰議和條件十四款時，顧維鈞就電告北京外交部，指出其中與中國相關最切的是第五及第十四款，電文中稱第十四款為：「組織萬國公團，各國彼此擔保政治獨立與領土完全，不分大小一體待遇」。❶顧氏當時已體認到此組織的重要性，在使館內成立小組收集相關資料；❷並敦促北京政府

---

❶　〈收駐美顧公使八日電〉，1918年1月11日，《外交檔案》03–37/2–(1)。

❷　顧維鈞著，中國社會科學院近代史研究所譯，《顧維鈞回憶錄》（北京：中華書局，1987），第一分冊，頁162。

注意此世界組織，據其回顧云：

> 早在第一次世界大戰時期，我就非常關心這個問題，即如何成
> 立一個組織來維持和平。我相信我是中國政府中第一個敦促關
> 注此問題的人，我曾經提出過一個報告，建議成立某種世界組
> 織來維持國際和平。我說，參加這樣一個世界組織是符合中國
> 利益的。由於缺乏一個以國際法則為指導，能夠阻止在國際關
> 係中使用武力的國際組織，中國過去在與西方世界的交往中吃
> 盡苦頭。❸

駐英公使施肇基也有相似看法，他於1月中旬報告稱：「日前美總統宣
布交戰宗旨十四條；……其中第一、四、五、六、十四諸條皆與我有
關，尤以五、六、十四三條為甚」。並建議中國應加入此擬議中的國
際組織，云：「十四條商據英法律專家麥瑞雷，稱英德法俄等在歐多
利用牽掣，且迭次海牙會議，先後宗旨變更；獨我不然，此次又為尊
公法加入，將來如闡發宗旨，力主公道，人必欽服」；並主張結歡美
國。❹北京政府收到顧、施二人的報告後，對他們的建議表示贊同。

　　1918年11月，歐戰停火；次年1月，和會在巴黎召開。顧維鈞及
施肇基都被北京政府任命為出席和會全權代表。顧氏當時才33歲，在
和會中表現傑出，成為中外矚目的外交新星；然而過去對他在巴黎和
會表現的研究，焦點多集中在山東問題上，忽略了他在和會中對國聯
投注的心力與重要貢獻。顧氏身為駐華盛頓公使，對威爾遜建立戰後
國際集體安全體系的理想相當瞭解；一方面因認同國聯之理想，認為

---

❸　同上書，第五分冊，頁391。

❹　〈收駐英施公使十六日電〉，1918年1月17日，《外交檔案》03–37/7–(1)。

可藉此組織保障中國國際地位；另一方面也想在和會中藉大力支持威
爾遜成立國際聯盟的構想，拉近中美關係，引為爭取國權之奧援；故
於赴巴黎前，就與美國代表團保持密切之聯繫。顧維鈞於1918年11月
29日自華盛頓起程，帶魏文彬、楊恩湛赴法；由容揆代辦使事處理館
務。❺行前謁見威爾遜總統，就和會事宜交換意見。顧氏稱當時威爾
遜特別注重應該通過建立維護世界和平的組織來創立新秩序，明確表
示希望中國在和會上贊助建立國際聯盟；顧氏當即保證中國一定支
持。❻

　　顧維鈞於12月4日離開美國，十天後抵達巴黎。30日，顧氏與施
肇基聯名電外交部，闡明和會中採取聯美大方針的必要；並強調美國
對成立國聯之重視，及國聯對中國之重要性，建議總統徐世昌致電美
國表示贊助國聯。電文云：

> 代呈大總統鈞鑒：美總統來歐，宗旨首圖組織國際聯合會，意
> 在維持公理，除暴勸強。彼近向英、法政界要人鼓吹不遺餘力，
> 務求貫澈主張。竊以此會成立與否，關係我國前途至鉅，如能
> 由大總統親電□□，不特可適當為國際輿論助力以促其成，且
> 可藉以示與美一致，而副彼此提攜之至意。茲將電內大意擬□
> 如下，倘蒙採擇核准，當即本此意旨，密擬英文敬謹遞達。曰：
> 貴大總統主張國際聯合會，不分大小強弱以維公理，而保世界
> 永久和平，事至大，意至美。本大總統與本國人民同深感佩，
> 尚望毅力進行以底於成，為世界造無疆之福云云。除請密交□
> 接洽外，應請飭部授意我國各報竭力鼓吹闡揚，以示美總統之

---

❺　〈收駐美顧公使廿六日電〉，1918年11月28日，《外交檔案》03-37/7-(2)。

❻　顧維鈞著《顧維鈞回憶錄》，第一分冊，頁168～170。

主張我國輿論亦為彼後盾，則於聯絡美國精神上更當有力。屆時並擬將大總統感佩美總統及彼國全權優待我國全權厚誼之意□□面□。至關於我國提議條件，擬請美仍隨時與我各全權推誠接洽，並為我向各國婉曲疏通設法協助。以上各端是否有當，伏祈訓示。❼

外交部復電稱：「三十日來電，奉交閣議；經議決，即請按照所擬原文譯英遞達」。❽表明了北京政府認可在和會中大力贊助美國成立國聯的基本方針。

二、巴黎和會期間的中國與國聯

1919年1月18日，和會開幕。在威爾遜堅持之下，創立國際聯盟成為和會首要目標之一。25日，和會第二次全體大會決議：以國聯盟約為和約不可分割的一部份，並設立一「國際聯盟委員會」（Commission of the League of Nations，或稱國際聯合股）負責起草國聯盟約。該委員會自2月3日起開會，至13日止共集議10次，完成盟約草案；14日，由威爾遜總統在和會大會中宣讀。威爾遜旋即返美，說服美國國會接受該草案。3月初威爾遜回巴黎，「國際聯盟委員會」再開會修正草案，4月28日，和會大會中正式通過國聯盟約草案。在這整個盟約訂定過程中，顧維鈞代表中國全程積極參與。（詳見第二節）

由巴黎和會期間的中國代表團內部會議記錄看，國際聯盟問題一直是討論重點之一，基本上由顧維鈞負責。顧氏除了在和會中力爭中國權益──尤其是1月28日在「十人會」中著名的山東問題發言──

❼　〈照譯駐英駐美公使來電〉，1918年12月30日，《外交檔案》03–37/13–(2)。

❽　〈發駐英施美顧公使電〉，1919年1月4日，《外交檔案》03–37/3–(3)。

之外，也積極參與國聯盟約起草工作。顧氏自稱：

> 在為起草四份備忘錄搜集資料的同時，我也立即投入了對國聯
> 問題的研究。時間不長，我便寫出了兩個有關國聯問題的備忘
> 錄。一個是有關建立新世界組織的原則及我所瞭解的主要協約
> 國及參戰國的觀點；另一個是有關新的世界組織對於中國的重
> 要性，以及中國應全力支持的理由。我知道，從中國來看，這
> 是兩個新的問題。國內對這個問題幾乎一無所知，甚至連外交
> 界的同事們也還需要研究討論。❾

1月21日，中國代表團第一次會議，提及「聯合會問題較大，俟下次
開會再議」。❿23日，第二次會議，顧維鈞提出「聯合會與中國關係」
之說帖一件，秘書周緯也提出「聯合會意見書」一件。最後議決：「提
出贊成聯合會意見書，公推顧全權起草」；並議定「下次會議俟贊成
聯合會意見書之草案擬就後，再定開會時期」。⓫
　　巴黎和會於1月25日開第二次全體大會，討論創設國際聯盟之提
議，議決以國聯盟約為和約的一部分。決議文曰：

> 甲、現右共事各國所謀建設之世界定局，為持久計，則創設
> 　　國際聯合會以增進國際之通力合作，以保實踐業經承認
> 　　之國際義務，並以立防止戰事之保障，實為不可少之舉。

---

❾　顧維鈞著《顧維鈞回憶錄》，第一分冊，頁171。

❿　〈中國代表團會議錄〉，《外交檔案》03–37/11–(3)。

⓫　〈中國代表團會議錄〉，《外交檔案》03–37/11–(3)。唯遍尋《外交檔案》，
　　找不到顧氏的說帖及周緯的意見書。

乙、此項國際聯合會之設立，應為普通和約中不可分析之一
　　部分，凡文明各國之可恃以增進此項聯合之目的者，均
　　得加入。

丙、在此聯合中各國應隨時舉行國際會議，並有常設機關及
　　秘書廳，以備于非會議時，繼續辦理聯合中之事務。

為此，故本會議派設審查會，代表共事諸政府，籌畫該聯合之
組織及職務之詳細節目。❿

於是組織「國際聯盟委員會」負責起草國聯盟約，成員除五大國10名
代表外，另選舉九國各一名代表，總共19人組成。中國於入選後，在
28日代表團第四次會議中討論和會中各問題的分工，議決國際聯盟由
顧維鈞與秘書周緯負責。⓭

「國際聯盟委員會」自2月3日起開始討論，陸續完成盟約草案26
條，14日由威爾遜在和會大會中朗讀公布，並發表演說。各國代表隨
後發言贊助，顧維鈞也在大會中演說贊成。顧氏在中國代表團會議中
報告該次大會情形云：

此次開會宗旨專為宣讀國際聯合會憲法草案。開會後主席即請
美總統演說。美總統報告國際聯合會憲法草案十四國代表完全
通過，此十四國代表可以代表一千二百兆人民。於是朗誦全文。
誦畢復演說，大致謂憲法草案成立，可預祝全球之幸福，希望

❿　附於〈中國代表團會議錄〉，1919年2月5日第十次會議記錄後，《外交檔
　　案》03-37/11-(3)。

⓭　〈中國代表團會議錄〉，1919年1月28日第四次會議記錄，《外交檔案》
　　03-37/11-(3)。

將來協力進行云云。英義兩國委員演說，切稱此次國際聯合會討論憲法草案極為公道，可為世界和氣成祥之預兆。法國代表演說，對於草案大綱亦極贊成，惟法政府看法尚嫌不足，應加入國際軍備會、國際稽查會兩條，庶草案更為完備。英國工黨代表演說，亦稱組織國際聯合會必造成一種強有力之會。希臘代表演說，謂做到何地步是何地步。日本代表起言，謂現在固非討論之時，惟組織國際聯合會係為樹百年和平之基礎，日來擬提出修正案，再行重加討論云云。**⓮**

隨後顧氏也發表演說贊助國聯。**⓯**

　　威爾遜3月初回巴黎後，「國際聯盟委員會」繼續開會，修正草案。分別於3月22、24、26日及4月10、11日開第11到15次會議。**⓰**此時中國代表團注意力已集中於對德和約的簽字問題。由於國聯盟約載入對德、奧之和約中，當中國代表團內部討論是否拒簽對德凡爾賽條約(Treaty of Versailles)時，顧維鈞曾就拒簽是否會影響中國加入國聯，與美國代表討論。一直到5月中旬，中國代表團對是否簽字仍猶豫不決；若簽字，則慮山東永無收回之日；若不簽字，恐開罪列強，乃至因此失去加入國際聯盟的機會，擔心一旦被排除在此國際組織之外，則今後中國在國際社會就更沒有發言的資格。團長陸徵祥面對此兩難局面無法獨自承擔責任，頻頻向北京政府請示。**⓱**顧維鈞回顧稱當時

⓮　〈中國代表團第十八次會議錄〉，1919年2月15日《外交檔案》03–37/12–(2)。

⓯　〈一九一九年二月十四日巴黎平和會議全體大會顧全權演說詞〉， 1919年2月14日，《外交檔案》03–37/12–(2)。

⓰　周緯〈國際聯合股法文會議記錄〉，《外交檔案》03–37/19–(1)。

威爾遜拒絕支持保留，其親信豪斯上校 (Edward M. House) 向顧氏指出，中國成為國聯成員之後，可以修改過去在對外關係中受到的不平等待遇，若中國拒簽和約，無法成為國聯成員，也將因而失去作為成員國所能獲受的利益；好在最後「我和美國人在討論中都從那一片黑暗中覓得了一線光明。美國人說，他們發現，通過對奧和約的簽字，中國也可以成為國聯成員國，因為對奧和約的第一部分就是國聯盟約。」❶❽ 中國代表團才疑慮盡去，主張對德和約保留不成則拒簽。因此中國雖於6月28日拒簽德約，但因於9月10日簽署對奧和約(Treaty of St. Germain)，中國仍得以加入國聯成為創始會員國之一。

三、從和會結束到中國正式加入國聯

簽完對奧和約後，中國代表團團長陸徵祥及大多團員返國，指派顧維鈞留在巴黎與駐倫敦公使施肇基共同主持和會未盡事宜。❶❾ 顧氏自稱：「在巴黎的中國代表團便由我負責。除陸總長離開巴黎外，其他三位或已返華，如王正廷博士；或各赴任所。中國代表團繼續留在那裡，是等待簽訂匈牙利及土耳其和約時，維護中國的利益。」❷⓿ 顧氏在巴黎期間仍代表中國參與國聯籌備期間的各項活動。巴黎和會結束後，「各國國際聯盟協會」召開數次會議，集合民間團體共同討論國聯之組織法，以備將來提議修約；其第三次會於12月1日在比京布魯

❶❼ 王芸生《六十年來的中國與日本》卷七，頁348、349。

❶❽ 顧維鈞著《顧維鈞回憶錄》，第一分冊，頁205、206。

❶❾ 〈收國務院廿二日公函一件〉，1919年10月25日，《外交檔案》03–46/6–(2)。

❷⓿ 顧維鈞著《顧維鈞回憶錄》，第一分冊，頁217。羅光著《陸徵祥傳》，頁115。

塞爾召開，顧維鈞即受邀參加。㉑

　　1920年1月10日，凡爾賽條約在巴黎互換批准書，即日起發生效力。國聯行政院遂於16日在法國巴黎外交部開成立會，顧維鈞受邀參觀。行政院由英、美、法、義、日五國為常任會員，暨入會國中其他四國為非常任會員組成；非常任國於未經國聯大會正式選定之前，暫由比利時、巴西、西班牙、希臘派員列席。唯九國之中，美國因國會未批准和約，未派員列席。㉒顧氏於參觀行政院第一次會後電外交部云：「國際聯盟會既已成立，大會之期當不遠。我國未簽德約，入會資格首憑奧約；竊意各協約國於該條約批准問題雖尚未舉辦，在我宜及早提交國會批准，俾得正式會員資格」。㉓行政院於2月11日至13日在倫敦聖詹姆士宮(St. James Palace)開第二次會，由駐英公使施肇基列席；議程為討論瑞士入會問題，組織國際法庭辦法，選舉行政部常期委員，及丹麥、捷克等特別區域委員等事。㉔其後各次行政院會議，外交部及顧氏都密切觀察其進行。㉕

㉑　〈收法京顧專使電〉，1919年11月30日，《外交檔案》03-38/1-(1)。

㉒　〈收法京顧專使十六日電〉，1920年1月18日，《外交檔案》03-38/2-(1)。

㉓　〈收法京顧專使廿四日電〉，1920年1月27日，《外交檔案》03-37/4-(2)。

㉔　〈收駐英施公使十一日電〉，1920年2月20日；〈收法京顧專使十日電〉，1920年2月12日；〈收巴黎顧專使二月廿三日函〉，1920年4月28日，《外交檔案》03-38/2-(1)。

㉕　〈收駐英施公使十四日電〉，1920年1月22日；〈收駐法岳代辦十二日電〉，1920年4月14日；〈收駐義王公使十四日電〉，1920年5月16日；《外交檔案》03-44/55〈聯合大會案〉。〈收法京顧專使廿日電〉，1920年5月22日，《外交檔案》03-37/4-(3)。1920年國聯行政院各次會議情形，見〈國際聯合會行政部迭次開會情形摘要〉，《外交公報》第1、2期，1920年7、

　　4月24日，顧氏報告國聯行政院擬開國際財政會議，建議北京政府爭取出席，並請早日批准對奧和約，電文云：

> 因全球經濟狀況異常紛亂，影響所及危不堪言，決定於五月下旬在比京召集國際財政會議，請各國代表以謀國際公共利益之眼光，討論補救辦法，……該院現於入會國中擇定二十五國，亞洲有日本、印度在內，請其遴選財政銀行及經濟專家為代表，每國至多三人；……。我國雖尚非入會國，擬請政府參考召集此次會議之宗旨，審察本國之財政銀行經濟狀況，徵求國內富有專門學識而熟悉我國前項狀況者之意見，熟權利害議決迅即示遵。再，我國未簽德約，入聯合會之資格，首恃奧約，批准一層，業于一月廿四日，二月九日電陳，並請及早提交國會。刻下我國如有意加入此項會議，則奧約尤宜由國會迅行批准，俾以入會國資格設法要求，較易措詞。 ❷⑥

又於5月中旬電外交部云：「國內一部分輿論因和會未能秉公解決山東問題，對於聯合會之信任已非昔比；甚至有主張不加入者。……鄙人對於聯合會素望其發達。」 ❷⑦

　　對匈牙利和約(Treaty of Trianon)於1920年6月4日簽訂，由顧維鈞代表中國出席簽字。對土耳其色佛爾條約(Treaty of Sevres)於8月10日簽約，因約中規定各國在土耳其仍保有領事裁判權，顧維鈞於5、6月間收到約文大綱後，即電外交部表達反對意見云：

8月。

❷⑥　〈收法京顧專使二十四日電〉，1920年4月27日，《外交檔案》03-44/55。

❷⑦　〈收法京顧專使電〉，1920年5月15日，《外交檔案》03-37/4-(3)。

考約內重要精神，不外割裂領土，監督軍政、財政，執行核定
稅則，擴張治外法權。凡此數端，或為奧、布、匈約所無，或
為我所欲設法解除而未能者，如竟行簽字，彷彿贊成此項，似
與我外交政策不合，且增後日要求解除辯護時之調查困難。且
南北美洲各國均未參預土約，再四思維，我國似以不簽為
優。❷❽

　　北京外交部採納顧氏意見，中國遂未簽署對土和約。顧氏在巴黎參與
和會事務長達一年半，極思早日返回華盛頓任所；於簽完對匈和約後，
就屢請返美，得外交部同意，將和會未竟事務交駐比公使魏宸組接手；
最後於6月29日返抵美京。❷❾
　　魏宸組接辦和會事務後，主要任務就是代表中國出席7月16日各
國在巴黎法國外交部批准對奧和約。❸⓿北京國會於6月18日批准該約，
外交部電告施肇基稱：「文件准二十五日寄法外交部」。❸❶施肇基29日
復電云：「奧約批准日期業已正式照會聯合會」；中國並因此得以參加
財政會議，施氏電云：

　　　茲據復稱對於批准聯合會條件應辦之事,中國政府業已照行,
　　　該私書長特代表聯合會行政部，邀請中國派代表三員，參加比
　　　京財政會議，該代表等為會中完全會員Full Members，除會議

---

❷❽　〈收法京顧專使十一日電〉，1920年6月13日，《外交檔案》03-37/4-(3)。

❷❾　〈收駐美顧公使六月二十九日電〉，1920年7月1日，《外交檔案》03-44
　　　/54-(2)。

❸⓿　〈收駐法魏專使十五日電〉，1920年7月18日，《外交檔案》03-37/4-(3)。

❸❶　〈發駐英施公使電〉，1920年6月22日，《外交檔案》03-44/53-(5)。

本會經費問題外，所有會中討論均可出席發言等語。❸

北京政府遂派魏宸組出席該會議，此為中國正式參加國聯活動之始。

　　7月16日，對奧和約換約，由魏氏代表中國出席。魏氏於參加典禮後報告外交部云：「今日上午十一鐘在法外部舉行正式存儲奧約批准文件禮，協商國列席者，有中、英、法、義、希、塞、智利、赤哈八國，奧約由Eichof君代表列席，當將批准文件互換書，由上列九國共同簽字，奧約即於本日為開始實行之期」。❸❸又電云：「查奧約所派簽字，我國即為聯合會會員之一」。❸❹國聯秘書長亦函告北京政府云：「奧約於七月十六日發生效力，既經中國政府批准，中國即為國際聯合會創始會員之一」。❸❺

四、國聯第一屆大會

　　國聯第一屆大會於1920年11月在日內瓦召開，此為繼巴黎和會之後，又一國際外交界盛事。北京政府於8月9日大總統令：派駐美公使顧維鈞為國際聯合會全權代表，31日令：續派駐荷公使唐在復為國際聯合會全權代表。❸❻並擬邀廣州政府外交次長伍朝樞為第三代表，於

---

❸　〈收駐英施公使六月二十九日電〉，1920年7月2日，《外交檔案》03–44/54–(2)。

❸❸　〈收駐法魏專使十六日電〉，1920年7月18日，《外交檔案》03–44/54–(4)。

❸❹　〈收駐法魏專使十七日電〉，1920年7月19日，《外交檔案》03–44/54–(4)。

❸❺　〈國際聯合會秘書長致國務總理函〉，1920年8月12日，《外交檔案》03–38/42–(1)。

❸❻　〈收國際聯合會顧唐代表九年十一月十一日函〉，1921年1月4日，《外交檔案》03–38/42–(1)。

9月15日電顧、唐二人云：「國際聯合會我國第三專使擬派伍君朝樞，正在徵求同意」。[37]但當時南方爆發粵桂戰爭，政局未定，伍朝樞未同意參加。[38]北京政府又於29日命駐英施肇基與駐美顧維鈞公使互換，讓顧氏駐倫敦，以便就近兼任駐日內瓦專使，參與國聯草創時期的各項工作。在此期間顧維鈞也完成個人的婚姻大事，顧維鈞原配唐梅於1918年10月於華府病逝；在巴黎和會期間顧氏結識黃蕙蘭，兩人於1920年10月10日在巴黎訂婚。次日顧氏就趕回美國，[39]匆匆於21日結束在華盛頓的職務，馬上又趕赴歐洲，11月1日抵巴黎，會合唐代表；[40]並與黃蕙蘭舉行結婚典禮，婚禮當晚連夜搭車赴日內瓦。[41]顧、唐二代表於11月11日抵達日內瓦，並於所賃的波利伐日旅館設立中國「國聯全權代表辦事處」。[42]

中國對國聯第一屆大會的期望很高，希望巴黎和會未得公平處理的山東問題，及未受理的「希望條件」各款，提出於此會中，由各國公正處理。但因美國未能加入國聯，中國失去奧援，北京政府相當失

---

[37]　〈發駐美顧、和唐公使電〉，1920年9月15日，《外交檔案》03-37/4-(4)。

[38]　當時南方政局不定，伍朝樞不克參加國聯第一屆大會；但查中國代表團中有陳友仁，陳氏是否代表廣州政府，尚待查證。

[39]　黃蕙蘭著，天津編譯中心譯，《沒有不散的筵席——外交家顧維鈞夫人自述》（北京：中國文史，1988），頁127。

[40]　〈收法京顧代表一日電〉，1920年11月6日，《外交檔案》03-37/4-(4)。

[41]　黃蕙蘭著，天津編譯中心譯，《沒有不散的筵席——外交家顧維鈞夫人自述》，頁127～133。

[42]　〈收國聯全權代表公函聯字十八號〉，1920年2月11日，《外交檔案》03-38/3-(1)；〈收國際聯合會顧代表九年十一月十一日函〉，1921年1月4日，《外交檔案》03-38/42-(1)。

望，顧氏於回憶錄中寫道：「美國一直被視為國聯這一解決國際爭端和問題的世界組織的積極成員和主要支持者。人們認識到，美國不參加國聯勢必削弱這個組織的力量，也勢必減少其維持世界和平的可能性」。[43] 結果中國並未在大會中提出各項問題，山東、二十一條及修改條約等問題，直到1921～1922年的華盛頓會議中才獲處理。然而在顧維鈞努力之下，中國在大會中當選為行政院四席非常任會員之一，相當程度提升了中國的國際地位。北京政府派任顧氏為出席國聯行政院代表，參與了國聯草創時期許多國際事務的處理。顧氏於大會結束後，於12月底抵倫敦赴任；1921年內多次參加行政院會議。據其回顧云：「我到倫敦的第一年，並非完全在首都倫敦渡過，我得出席幾次國聯行政院會議，這些會議只有一次在倫敦召開」。[44]

　　顧氏在國聯草創期間，貢獻頗大；盟約草案中有他的意見，博得國際人士的尊重。國聯第一屆大會中，中國之得以選入行政院，顧氏居功甚偉。顧氏在行政院中表現依然耀眼，於1921年8月被舉為行政院第十四次會主席，並因此擔任9月國聯第二屆大會臨時主席，向各國代表致歡迎辭；會中又使中國成功連任行政院席位；這些成就都提高了中國的國際地位。顧氏並於此期間在倫敦使館建立中華民國國際聯合會全權代表辦事處。1921年底國聯第二屆大會後，顧氏與另一中國代表王寵惠連袂赴美，參加華盛頓會議。華會之後，於1922年3月返英，旋奉召回國，在北京任職直到1927年6月。顧氏自1918年12月中旬抵達巴黎，到1922年3月底返國任職為止，這段三年多的外交生涯，對中國及他個人都十分重要；除為人熟知的巴黎和會與華盛頓會議外，他對國際聯盟草創時期的參與及傑出表現，應具同等的重要性。

[43]　顧維鈞著《顧維鈞回憶錄》，第一分冊，頁214。

[44]　同上，頁216。

第二節 中國與國聯盟約的訂定與修改

在美國總統威爾遜的堅持下，巴黎和會的第一個重點是成立國際聯盟。1919年1月25日和會第二次全體大會中，即決定成立「國際聯盟委員會」負責起草國聯盟約；並議決以國聯盟約為和約不可分割的一部份。國際聯盟委員會自2月3日起開會，到4月15日為止共開15次會，完成盟約草案，28日在和會大會中正式通過，成為和約首章。國聯盟約共26條，在簡明的序言後，前7條規定會員及組織；第8～17條，列舉國聯之職責，解決國際爭端及維持和平的設計；第18～21條，論及各項條約；第22～25條，規範國際合作及國際管理；最後一條，則為盟約修正之條款。國聯盟約的議定為國聯奠定基礎，其重要性可想而知；在這整個盟約起草過程中，顧維鈞代表中國全程參與，與國際外交界重量級人物們共聚一堂，積極提供意見，維護國家利益，為世界和平盡心盡力，並在盟約條文中留下中國的貢獻。1921年國聯「修正約法委員會」三度集會，中國先後由顧維鈞及王寵惠代表出席，表達中國對修改盟約的意見。由整個中國參與國聯盟約訂定與修改的過程，可考察當時中國對國聯及世界局勢的看法。

一、顧維鈞與國聯盟約的訂定

顧維鈞是巴黎和會中國代表團中最重視國際聯盟的，當國內對國聯還幾乎一無所知時，他已開始收集相關資料，投入對國聯的研究。巴黎和會期間中國代表團有關國聯的問題，基本上都由顧維鈞負責。「國際聯盟委員會」除五大國派10名代表外，另於1月27日選舉五小國各派1名代表，中國也入選；次日，中國代表團決定國際聯盟由顧

維鈞與秘書周緯負責，❹遂由顧維鈞代表中國出席「國際聯盟委員會」。
2月4日，為了減少大國操縱，再加四小國各1名代表，於是該會共有
19名成員，分別是：美國總統威爾遜（擔任委員會主席）與豪斯上校，
英國珊西爵士(Lord Robert Cecil)與南非史馬特將軍(J. C. Smuts)，法
國巴琪斯(M. Leon Bourgeois)與賴腦特(M. Larnaude)，義大利首相奧
蘭多 (M. Orlando) 與謝洛耶 (M. Scialoja)，日本牧野伸顯 (Baron Ma-
kino Shinken)與珍田捨己(Viscount Chinda Sutemi)，比利時外相海孟
士(M. Hymans)，巴西匹索亞(M. Epitacio Pessoa)，中國顧維鈞，葡萄
牙雷士(M. Jayme Batalha Reis)，塞爾維亞維斯尼哲(M. Vesnitch)，希
臘首相威尼齊洛斯 (M. Elftherios Veniselos)，波蘭特摩斯基 (M.
Roman Dmowski)，羅馬尼亞狄亞曼提(M. Diamandy)，捷克克拉馬爾
士(M. Charles Krmarez)。❻

　　「國際聯盟委員會」第一階段自2月3日開始開會，到13日共開會
10次，完成盟約草案。中國代表團對此會很重視，報告外交部云：「國
際聯合股研究問題，世界各國均受影響，在我利益所關，尤宜注意；
抱定宗旨與威總統一致主張，藉收互相贊助之效」。❼當時有美國、法
國及義大利等國提出草案，但基本上委員開會時，僅以威爾遜與英國
接洽之英文草案22條為基礎，逐條討論。3日下午開第一次會，顧維
鈞報告會議情形云：「先美國大總統演說，次由美國大總統提出英、

---

❹　〈中國代表團第四次會議錄〉，1919年1月28日，《外交檔案》03-37/11-
　　(3)。

❻　Florence Wilson, *The Origins of the Covenant: Documentary History of Its
　　Drafting*, Hogarth Press, London, 1928, pp.109～110.

❼　〈收議和全權大使辦事處3月1日函——函告和會各種情形由〉，1919年
　　5月12日，《外交檔案》03-33/150-(2)。

美兩國協議之草案，請求討論，法、比兩國委員反對，因此草案未經
研究不便倉卒討論；美大總統允其所請」。日本代表表示仍須遇事請
示政府，威爾遜答以：「組織聯合會一事，為議和大綱十四款之一，
業經參預和會各國承認在先，現在急盼其成立。對於組織草案如有不
合之點，不妨俟全稿議竣後再商諸政府云」。❹

　4日開第二次會，首先希臘、捷克、羅馬尼亞、波蘭四國要求加
選委員四人，表決通過。然後討論行政院之組織，此問題與中國關係
密切。草案中行政院為國聯重要權力中心，原只擬由五大國委員組成；
會中各小國代表均主張次要國在行政院亦應有代表。顧維鈞發言贊成
大國委員5人，小國委員4人；並提出三點理由，1.首要國利益固較次
要國為鉅，然五十餘次要國之利益與五首要國利益比較，多寡易見，
自應有代表；2.原案使如是而定，勢必使其餘各國無由發動其熱心，
且依此情形，不啻勉勵各次要國必須與人挑釁，或為他國所侵陵，方
能到院占一席之地；3.如限定首要國，則將來行政上動多窒礙，譬如
發生一問題，亦不過數首要國間之關係，世界各國公共輿論無所得聞，
恐亦無以善後。結果辯論多時，未決而散。❹5日開第三次會，先通
過捷克、希臘、波蘭、羅馬尼亞四國各派代表一員加入委員會；再繼
續討論行政院組織，比利時極力主張次要國也應有五席，顧氏報告云：
「比國爭之甚力，以致未能即付表決；察度情形，法、比甚為聯絡；
塞爾比亞以美為從違；日本贊成加多小國代表人數」。然後討論第四、
五、六等條，除第六條因修改之自治屬地問題頗費磋議外，均一律通

---

❹　〈中國代表團第九次會議錄〉，1919年2月4日，《外交檔案》03-37/11-(3)。

❹　〈中國代表團第十次會議錄〉，1919年2月5日，《外交檔案》03-37/11-(3)；
　　及顧維鈞〈巴黎和會國際聯合股議定盟約情形摘要〉，《外交檔案》第1
　　期，頁（專件）4。

過。關於國聯會址，以日內瓦較佔優勢；中國代表團對於會址問題，決定應表示從眾。**㊿**

　　6日開第四次會，討論尊重在會各國領土完全與政治獨立，及共同抵禦外來之侵犯，以及裁減軍備等條文。7日開第五次會，討論斷絕與戰爭國關係各條。8日第六次會，討論託管德國殖民地等問題；顧維鈞發言區分殖民地與租借地之不同，得美、英代表明白澄清。10日開第七次會，討論草案最後數條。至此草案22條已一讀告竣，並指定專員修飾條文。**㈼**中國代表團將「國際聯盟委員會」第一階段的開會情形報告外交部，並稱：「此事悉為威總統所主張，各大國未必盡以為然，卻又不便明白反對；威總統有鑒於此，故將原定最公平計畫遷就增減，意在使此會先能成立而已」。代表團對盟約條文之具體意見為：

> 吾國對於行政人員分配及太平洋島嶼種種問題，本可為較有利益之主張，但亦以速成則所得已多為主旨，故非與我國直接有關係者，亦不願發生困難之爭辯。惟再經二讀通過之後，即須實行，具有條約性質，須先得大總統特許，庶可全體贊成。

外交部接到報告後，指示：「奉元首批令便宜辦理」。**㈽**

　　11日委員會再開第八次會，通過英國提議加增修改盟約辦法條文

㊿　〈中國代表團第十一次會議錄〉，1919年2月6日，《外交檔案》03-37/12-(1)。

㈼　〈收議和全權大使辦事處3月1日函──函告和會各種情形由〉，1919年5月12日，《外交檔案》03-33/150-(2)。

㈽　同上。

兩條，仍交專員彙編。13日開會兩次，為第九及第十次會，終於在夜
間將所有國聯盟約草案26條二讀通過。第九次會中，決定行政院由五
大國及其他四國代表組織之。第十次會中，日本代表提出「人種平等」
一條，與中國極有關聯。顧維鈞報告稱日本提出此條之用意，蓋欲乘
機解除英、美限制黃種工人之法令；英國委員發言反對，略謂如加入
此條，恐英、美兩國人民必有許多之疑慮，於國聯之成立大有妨礙。
說畢，其他各代表均默然緘口不言；日本代表珍田以目視顧氏，顧氏
起言謂：「對於日本全權所提之修正案，中國政府與人民均極所關心，
諸君亦可料及；本席對於日本代表提議修正案之精神自表同情，惟未
奉政府訓令以前，請以本席對於此問題發言之權留待日後。」 此案最
後暫予擱置。❸顧氏報告其在會中之發言時云：

> 本席如此措詞，一以此事關係我國最鉅，在原則上不能不為將
> 來留一發言之餘地；一中美感情頗佳，尤不能在目前爭論此端。
> 蓋日本之意，不特欲消除黃工之說，並欲借此問題以打擊中國
> 與英、美兩國之感情。故本席發言不能不四面顧到。散會後日
> 本秘書復來詢本席所發之言筆記而去，伊必電告政府，當防日
> 本駐華公使往探我政府口氣，應電政府接洽。❹

　　2月14日，和會開全體大會。威爾遜報告國際聯盟盟約草案經十

---

❸　〈中國代表團第十八次會議錄〉，1919年2月15日，《外交檔案》03–37/
　　12–(2)；及顧維鈞〈巴黎和會國際聯合股議定盟約情形摘要〉，《外交公
　　報》第2期，頁（專件）6、7。

❹　〈中國代表團第十八次會議錄〉，1919年2月15日，《外交檔案》03–37/
　　12–(2)。

四國代表完全通過，隨即朗誦全文，並做演講，大致謂盟約草案成立，可預祝全球之幸福，希望將來協力進行云云。其後英、義、法、希臘、日本代表皆發表演說，顧維鈞也在大會演說贊成，演說詞如下：

> 鄙人聆聽同事諸公揄揚威大總統所提出之報告，深為愉快。吾中華人民於國際聯合會之成立，想望既為最切，故於國際聯合會專股之卓著進步欣慰，自亦最深。此次和會所代表之人民，即他日聯合會所包羅之人民，鄙人既代表其全數三分之一，則於所擬辦法宜有以贊一詞焉。憲法草案各條其實際固足以使人興起，其所以構成草案之精神亦何不然，蓋皆持乎友善同心和衷之精神也。鄙人忝列專股委員，得親與股中之討論，故今日午後大會歸功於該會之振作精神草成憲法，鄙人亦可為佐證也。此次幸有威總統善於表率，其餘股員悉心協助，國際聯合會之憲法遂能經專股全體同意，而得有草案。此憲法實行以後可以防禦國之非法行動，而保證世界之和平。曠古以來，人類無日不思趨於永久和平之目的，今專股成功之速，可證目的之又近一步矣。國際聯合會之組織及其發展，中國當無時不樂引為己任，與各國相助為理。蓋國際聯合會將成為人類自古以來至大之機關，鄙人竊有此想焉。❺❺

威爾遜會後攜此盟約草案返美，遊說美國國會接受；部份國會議員提出修正意見，主要是對盟約是否侵及美國國家主權有疑慮，並堅持維持門羅主義（Monroe Doctrine，或譯為孟祿主義、孟羅主義）。威

❺❺　〈一九一九年二月十四日巴黎平和會議全體大會顧全權演說詞〉，《外交檔案》03-37/12-(2)。

爾遜雖盡力為盟約草案辯護，然而也不得不接受部份修正意見。**❺⑥**3
月初威爾遜回到巴黎，於20、21兩日由部份委員與13個中立國代表討
論盟約草案，又收集到許多修正意見。23日「國際聯盟委員會」開第
11次會，就各國之意見及修正提案，對草案重行逐條審查，陸續討論
完1到8條。24日開第12次會，繼續審查9到16條；其中顧維鈞對第15
條(8)款美國提案：「如行政部或大會查得兩造爭點，按公法實完全屬
于一國內政立法範圍之內者，應據實報告，不得提出調停辦法。」 請
加一節「除爭點雖屬某國內政範圍，而該國自願由行政院或大會調停
辦法外，不得提出」。 其用意在：國際公法所認為屬於一國之內政範
圍者，在中國每為外國所干預；若發生交涉時不能秉公商妥，或須訴
諸國際聯盟，故應自留餘地。得委員會無異議通過。代表團報告云：

> 蓋此案在美國用意無非欲阻他國將禁工及入籍等問題訴諸聯
> 盟會。但公法所認為屬於一國之內政範圍者，如警察、路政、
> 內河航路等問題，在中國每為外國所干預發生交涉；如臨時不
> 能秉公商妥，或須訴諸該會以伸公道，亦應自留餘地；並由顧
> 使將理由在會委婉說明。美總統謂此案無害，彼不反對。英委
> 員請設喻解釋，顧使即舉改良幣制問題以對，眾無異議遂通
> 過。**❺⑦**

---

❺⑥ 吳品今著《國際聯盟及其趨勢》， 上卷，頁213～229。門羅主義指美國
總統門羅(James Monroe)於1823年12月2日致國會咨文所提出美國對拉
丁美洲的政策，反對歐洲列強干涉美洲大陸新國家的事務，美、歐兩洲
互不干涉。隱含美國取代歐洲列強在美洲的地位，與歐洲的外交體系相
對抗，從而奠定美國稱雄美洲的理論基礎與戰略方針。當時國人擔心日
本提出亞洲門羅主義，獨霸遠東。

26日開第13次會，將草案第19條改為第18條，將18、20、21合為第19條。並將草案26條全部議竣。另英國提議增加一條：國聯各機關用人男女平等，獲通過。只剩下聯盟地點及人事任命尚未定案；委員會將此修正後的草案請專員整理修飾。❺❽

中國代表團在這第二階段的三次會中，主要關切的是日本欲將「人種平等」，及美國想把「門羅主義」加入盟約之中。最後美、日在此三次會中雖未提出討論，但在會外動作頻頻。顧維鈞向英國代表探聽後，29日在代表團會議中提出報告，稱日本運動在盟約中加入人種平等一條甚力，英、美極力反對，而日本持之甚堅，有不達目的不入國聯之意；英、美對此頗為顧慮，雙方不斷接洽。英國代表私下表示，至多祇能加一：各國居留之民在境者一律看待等語。並詢問中國政府之意如何，顧氏答以仍如上次在會議中所宣言云云。彼表同情。顧氏又詢以門羅主義問題，彼答美國頗主列入，惟增加條文如何措詞，尚未定議。顧氏告以中國政府之意，對於亞洲門羅主義萬不能承認，深望草擬條文時，單提美國門羅主義，不用概括字句，致有一併包含五洲門羅主義之慮云。❺❾中國代表團密切觀察局勢之發展，並向外交部報告情形；對「人種平等」一案云：

> 我國對於該問題原應步武日本，惟尚有種種先決問題，故擬贊成其原則，而俟聯盟會解決，以期雙方兼顧。所慮英、美、日等接洽之結果，彼此遷就，以平等待遇專允日本一國之民，則

---

❺❼ 〈收議和全權大使辦事處函〉（未書日期，應在3月底寄出），1919年6月12日，《外交檔案》03–37/3–(2)。

❺❽ 同上。

❺❾ 同上。

我自不能不為反對。近來各處華僑對於該問題時有來電請求。若專就一事而論，原極簡單，無煩討論；惟通盤籌畫，則熟思審處，困難實甚。

對於美國欲將門羅主義加入盟約，代表團的看法為：

該主義之範圍原祇限于美洲，於我本無關係；但恐鄰邦乘機利用，要求加入彼所謂亞洲孟羅主義，以霸遠東；則一經聯盟會憲法概括，彼更得所挾持，於我前途關係至巨。但防維之計，除設法能冀美國不提議加入外，只能請其單提美洲孟羅主義，不用概括字樣。否則祇能臨時聲明決難承認。❻⓿

　　4月10日「國際聯盟委員會」開第14次會，對盟約草案修正案作最後的討論。會議中，英、法代表為盟約以英文或法文為主起爭執，威爾遜裁決交大會解決。次及第二、三、四、五、六各條，無甚討論。第七條關於國聯會址，表決通過設於瑞士日內瓦。第八、九條，法國代表仍主張設國際軍隊，並檢核各國軍備；英國代表反對，法國遂聲明保留將來討論之權。❻❶會中中國最關心的就是「門羅主義」，美國總統在關於保全會員國領土完全，政治獨立的第十條（即後來之盟約第20、21條）中，提議增加一款：「國際契約，如公斷條約或區域協商，類似孟羅主義者，皆屬維持和平，不得視為與本盟約內任何規定有所

❻⓿　〈中國代表團第五十七次會議錄〉，1919年3月29日，《外交檔案》03-37
　　/12-(2)。

❻❶　〈中國代表團第六十八次會議錄〉，1919年4月11日，《外交檔案》03-37
　　/12-(2)。

抵觸」。顧維鈞提議刪去其中措詞寬泛的「或區域協商」等字樣，單提門羅主義即可，英、美、法代表不同意。顧氏又建議改為「向所公認之區域協商」，仍未獲同意。顧氏乃又提議改為「與本盟約條文不抵觸之區域協商，如孟羅主義」，各國還是不允；反覆辯論至夜半，未達一致意見，美總統宣告散會，此條遂照美國原案通過。顧維鈞以此問題關係中國頗鉅，會後與法國代表接洽，法代表對加入「與本盟約不相違背」一層深表同意，表示願在下次會議中一致主張。⑫

4月11日晚間開第15次會，從11條開始討論。英國代表提議將第12條，刪去由日本提出且已通過之「三個月內紛爭各造不得有軍備」一節，引起日、義、美、法各大國間之激烈辯論。美國總統詢問他國意見，顧維鈞發言謂：「該層用意無非為維持和局，但恐實際上有事既不得準備，勢必使各國於平時準備，其結果復構成一武裝之和局，故不如刪去」。塞、葡亦以為然，原提案之日本遂允照刪。然後13至19條無多討論。第20條與門羅主義相關，法國代表提修正案，大致謂：合於某某處區域之一切制度主義，如與締約國實行會中之義務而無障礙，均應視為與本約不相違背云云。範圍比美國原案為廣，英、美一致反對。捷克代表力主盟約內要聲明門羅主義與盟約不相違背。顧維鈞也提了修正案，但未被接受。其後法、美辯論激烈，顧氏又建議在義務二字下加或協商。美總統接受，英代表亦表示同意，法代表聲明保留將來提議修訂文字之權利，遂獲通過。但全文析為兩款，為國聯盟約之第二十與二十一條；此為中國當時最重視者，臚列於下：

---

⑫ 〈收議和全權大使辦事處八年五月二日函〉，1919年7月19日，《外交檔案》03-37/3-(2)；及顧維鈞〈巴黎和會國際聯合股議定盟約情形摘要〉，《外交公報》第2期，頁（專件）4～6。

第二十條　聯合會會員各自承認，凡彼此間所有與本盟約條文抵觸之義務或協商，均因本盟約而廢止，並莊嚴擔任此後不得訂立相類之件。如有聯合會任何一會員，於未經加入聯合會以前，負有與本盟約條文抵觸之義務，則應立籌辦法脫離此項義務。

第二十一條　國際契約，如公斷條約或區域協商，類似孟羅主義者，皆屬維持和平，不得視為與本盟約內任何規定有所抵觸。❸

日本代表在此次會中將「人種平等」改為「邦國平等」，仍極力堅持列入盟約；建議於總論中加入「各國贊成邦國平等及公道待遇其國民之原則」等字樣；並表明日本輿論主張無此條則不應加入國聯。英國代表反對之，辯論良久。義、希代表先後贊同日案，法與捷克亦表同意，但以為無須列入盟約內。顧維鈞發言謂：日本提案所指原則，難免牽及各種問題，而此項問題似非朝夕能求圓滿解決；但以原則論，本代表深願以之列入盟約內，望諸代表不致有十分困難之處。最後表決：有七國11代表多數贊成，但因英國堅決反對，未能一致通過。日本遂請將表決結果載入會議記錄，並聲明嗣後遇有機會，當以職務攸關，不得不堅持主張。❻中國在此問題上支持日本，當時任中國代表團顧問之顏惠慶，對此的看法為：「中日之間，雖因山東問題，彼此失歡，邦交幾瀕決裂。惟日本對國聯盟約內，提出種族平等原則，應予加入一節，與我代表團見解吻合，特予支持」。❺「國際聯盟委員會」

---

❸　同上；《國際聯合會盟約》外交部中文譯本，見本書附錄。

❻　同註❻。

❺　顏惠慶著，姚崧齡譯，《顏惠慶自傳》（臺北：傳記文學，1982），頁99。

至此對盟約的討論結束，同時中國代表團關切的重心轉移於對德和約的簽字問題，未再討論國聯問題。

4月28日，美國總統在和會大會中報告盟約草案修正情形，並建議推舉英籍段呂蒙 (Eric Drummond) 為國際聯盟第一任祕書長；行政院九會員除五常任會員國外，推定比利時、巴西、希臘、西班牙四國任臨時非常任會員，任期至正式大會選定為止。大會通過，國聯盟約及初步人事組織遂得完成。⑥ 國聯盟約體現了國際聯盟的精神，並規範會員國之權利義務，及國聯的組織，是國聯的根本大法。盟約序言開宗明義，言明：「締約各國為增進國際間協同行事，並保持其和平與安寧起見，特允承受不事戰爭之義務，維持各國間光明平允榮譽之邦交，確守國際公法之規定，以為各國政府間行為之軌範，於有組織之民族間，彼此待遇維持公道，並恪遵條約上之一切義務。」對國力薄弱，飽受強權欺凌的中國，有相當的鼓舞作用；並使中國與其他會員國立於平等地位。而第十條規定：「聯合會會員擔任尊重並保持所有聯合會各會員之領土完全，及現有之政治獨立，以防禦外來之侵犯；如遇此種侵犯，或有此種侵犯之任何威嚇，或危險之虞時，行政院應籌履行此項義務之方法。」是則中國領土主權之完整獨立，在盟約中已得保障，不待華盛頓會議議定之九國公約矣。

中國代表在此盟約制定過程中，最感到遺憾的是：一、未爭取到行政院四席臨時非常任會員之一（詳見第三章第一節）；二、日本所提「人種平等」一案，係別有用意，欲與美國交換膠州問題。⑥ 有人

⑥　〈收議和全權大使辦事處八年五月二日函〉，1919年7月19日，《外交檔案》03-37/3-(2)。

⑥　〈收議和全權大使辦事處八年五月三日函〉，1919年7月19日，《外交檔案》03-37/3-(2)。

將中國未得行政院席位，歸罪於顧維鈞在「人種平等」案爭辯中，未支持美國，致使美國不支持中國入行政院。[68]而日本卻利用此案挾制美國，迫英、美在膠州問題讓步；陸徵祥對此有詳細報告，稱：

> 蓋美總統尤注意於國際聯盟會之成立，乃日本先提種族問題以為抵制；該問題美國大忌，英尤不能容納。彼此磋商，日本遂讓步而提邦國平等議案，英仍不能照允。日本於聯盟股所提各聯盟三個月內不得有軍備一節，原為議決通過之案，至第十五次會議，又經英代表之動議本處刪去，均詳四月十二日電。英國固注意於日本體面，且尚有同盟及其他關係者；於自國利益既不能稍有犧牲，則他國問題當然可藉以調劑。故日本不惜拋棄其上述兩端之主張，以別項問題為交換；英即不能不於膠州問題維持日本，以向美總統力爭。請觀東電所述：美總統稱日本退出聯盟會時，英國亦將不肯加入之言；英於膠州問題維持日本之情，顯然可見。況日本退出聯盟會後，更有聯絡德俄另組一團之說；故施使亦於上月三十日得有消息，謂美總統已為英法兩總理牽制，而日本已洞見及此，敢致前後通牒於該兩總理，責以雖與美總統決裂，亦所應為等情。夫英既助日，則法近有與日商訂密約之說，其情自不待言。[69]

---

[68] *G. E. Morrison Diary*, April 29, 1919, MP, item 112; May 2, 1919; 引自 Stephen Craft Ph. D. Thesis草稿，Ch–4 Faith in America and the League, 1919～1921, p.6.

[69] 〈收法京陸總長電——魯案在和會失敗之複雜情形由〉，1919 年 5 月 17 日，《外交檔案》03–33/150–(2)。

綜觀整個盟約制定過程，顧維鈞積極參與，維護國家利益，並對一些爭議提出中肯建議，協助會議進行；其意見形諸盟約文字的有第20條及第15條(8)款。未形諸文字而有重要影響的，如對行政院常任會員國與非常任會員國之間的關係等。其傑出表現，贏得委員會中同仁及史家的稱許；所有對國聯草創時期的研究專著，都公認顧維鈞對國聯盟約起草貢獻很大。⑩顏惠慶對顧氏表現的評價為：

> 顧維鈞博士因參加國聯約章起草委員會，我國代表團曾提出不少有關保障集體安全，維持國際公道，促進民主政治的原則，構織於約章之內。我國對於國際聯合會 The League of Nations，所締盟約二十六條之貢獻，堪稱偉大。⑪

甚至在1945年8月聯合國籌備委員會的執行委員會中，會議主席仍稱

⑩ 英文專著討論國聯盟約者，對顧維鈞的傑出表現一致稱道，如：

Florence Wilson, *The Origins of the Covenant: Documentary History of its Drafting*, Hogarth Press, London, 1928, pp.76～82.

Elmer Bendiner, *A Time for Angels: The Tragicomic History of the League of Nations*, Alfred A. Knopf, New York, 1975, pp.112～113.

C. Howard-Ellis, *The Origin Structure and Working of the League of Nations*, George & Unwin, London, 1928, pp.94～96.

Felix Morley, The Society of Nations: *Its Organization and Constitutional Development*, Brooking Institute, Washington, 1932, pp.83、166 & 193～196.

David Hunter Miller, *The Drafting of the Covenant*, G. P. Putnam's Sons, N. Y. & London, 1928,Vol. I, pp.152、331～332 & Vol.II, pp.390～391.

⑪ 顏惠慶著，姚崧齡譯，《顏惠慶自傳》，頁99。

許26年前顧氏在巴黎和會「國際聯盟委員會」中對國聯盟約的傑出貢獻。**⓻**

二、中國與1921年國聯盟約修正案

1920年11月15日到12月18日，國聯第一屆大會在日內瓦召開。會前丹麥、挪威、瑞典三國分別提出盟約修正案。**⓽**外交部將此修正案交「和約研究會」，**⓾**該會研究結果，以三國提案四端，「皆為弱小國家謀利益，我國似應贊同」。**⓿**11月8日，外交部指示中國出席大會代表，於會中提議修改盟約，電文云：

> 聯合會開會在即，丹瑞那各政府曾建議修改盟約，我國似可乘機提議，於該約第三條第三款下，或於他條適當處，增加一款，大致謂各國代表於蒞會時，應正式表示對於會議事件純以世界最高利益為前提，發表意見處置事務，應脫離政治關係，而以本身天良及國際道德為指歸云云。如無異議，希斟酌字句，按照提案手續辦理。**⓿**

代表顧維鈞與唐在復於18日復電，婉轉反對云：

> 八日電敬悉，我國擬提議增加盟約一款，立意甚善，惟大會已

⓻ 顧維鈞著《顧維鈞回憶錄》，第五分冊，頁618。

⓽ 〈收駐英使館八月十日函〉，1920年9月23日，《外交檔案》03–23/109–(1)。

⓾ 〈函和約研究會〉，1920年11月6日，《外交檔案》03–23/109–(1)。

⓿ 〈收和約研究會公函〉，1920年12月4日，《外交檔案》03–23/109–(1)。

⓿ 〈密電顧唐代表〉，1920年11月8日，《外交檔案》03–23/109–(1)。

開六次，各國代表均自信天良純潔，道德高尚，驟提此案，易生誤會，或轉有傷感情，且尋繹擬提一節，近於個人宣誓，與盟約弁言之純從國際立論者，未盡融洽。竊以為國際聯合會協會之總會將在歐開第五次大會，屆時我國當有代表赴會，如將來仍須提出，不妨先向該會提議，冀能喚起輿論，以為日後提案地步。⑰

　　丹、瑞、挪三國所提盟約修正案，先在研議國聯內部組織的第一股會議中討論，11月22日該會「因多數決定反對修改，不將原議案交大會討論」。⑱12月2日大會中，第一股報告該股議決：⑴此次大會不得將盟約修改；⑵請行政院組織委員會研究丹挪瑞三國所提修正盟約案。後又決定各國如有修正盟約提議，也可在3月21日前提交。⑲國聯新行政院第12次會議於1921年2月21日至3月4日在巴黎召開，顧維鈞代表中國出席。經多次討論，推出11國委員組織「修正約法委員會」，顧氏被選入為第9位委員。顧氏報告云：「查此項委員會於修正案外，並須擔任與美接洽入會問題，我國似以加入為有益」；但因個人事繁並避免與行政院代表重覆，顧氏建議由大理院長王寵惠代表中國出席，在王氏未到歐開會以前，仍由顧氏出席。⑳

　　外交部函商王寵惠，3月1日王氏允任；經具文呈請，8日得大總

---

⑰　〈收法京顧唐代表十八日電〉，1920年11月24日，《外交檔案》03–23/109–(1)。

⑱　〈聯合大會案〉，《外交檔案》03–44/55。

⑲　〈收法京顧唐代表二日電〉，1920年12月6日，《外交檔案》03–23/109–(1)。

⑳　〈收法京顧代表廿一、廿二日電〉及〈收法京顧代表廿二、廿四日電〉，1921年2月24、26日，《外交檔案》03–23/109–(1)。

統令「即派王寵惠充修改國際聯合會盟約委員研究會委員」。 王氏於18日離北京，4月3日由上海經加拿大赴歐。⑧王氏在加拿大溫哥華(Vancouver)時，公開申明中國有三大重要敵人： 1.國聯盟約第21條，2.英日同盟， 3.藍辛石井協定。⑧可見當時中國對門羅主義之重視。

外交部「和約研究會」討論盟約修正問題，認為第四、十及二十一等3條較重要。對第四條「屢經討論，均以贊同丹瑞那三國提案為最公允，於我亦有利益」。對第十及二十一條則擬提出修正如下：

> 第十條　聯合會會員擔任尊重並保持所有聯合會各會員之領土完全，及現有政治上獨立，以防禦外來之侵犯，如遇此種侵犯，或有此種侵犯之任何威脅或危險之虞時，行政院應籌履行此項義務之辦法。

認為被侵之國應可自行動議，故建議改為行政院依聯合會任何會員之請求，及早召集會議，以籌履行此項義務之方法。

> 第二十一條　國際契約如公斷條約，或區域協商類似孟羅主義者，皆屬維持和平，不得視為與本盟約內任何規定有所抵觸。

以其中「區域協商」(Regional understanding) 一詞範圍太廣，則「藍辛石井換文」也不難含混牽入，影響於我者甚鉅，亟應加以修正，以杜後患。建議云：

---

⑧　見1921年3、4月各函電，《外交檔案》03–23/109–(2)&(3)。

⑧　吳相湘〈王寵惠是蜚聲國際法學家〉，《傳記文學》第44卷第1期，頁31。

該條原為保全孟羅主義而設，則公斷條約或區域協商本係陪襯，不妨刪去，既表善意於美國，並免一切不利于我之誤會。茲擬改為「承認孟羅主義與本盟約任何規定無抵觸之處」，但此條在我視之極為重要，提出之時，恐受某國反對，不易通過，須與修正盟約委員會各國代表先行接洽，以期達到目的。[83]

外交部將此意見電達顧維鈞。[84]顧氏復電反對提第十條修正；其主要關心為盟約第四條——行政院非常任會員選舉辦法（分洲主義）及任期問題；以及廿一條修正案——門羅主義問題。[85]外交部接受了顧氏的意見。

「修正約法委員會」前後開會三次，第一次於1920年4月6至7日在日內瓦開會，第二次於6月1至7日移至倫敦討論，第三次於9月1至9日回到日內瓦再議。第一次會由顧維鈞代表中國出席，第二、三次會則由王寵惠出席。會中討論各國提出之盟約修正案，中國所提有二：1.盟約第四條，行政院非常任會員產生之分洲主義；2.第二十一條對門羅主義之限制；但都未成功。[86]

4月4日，顧氏赴日內瓦與會；6、7兩日共開會三次，[87]由英國政

---

[83]　〈收和約研究會函〉，1921年3月9日，《外交檔案》03–23/109–(2)。

[84]　〈電顧代表——修正盟約事〉，1921年3月12日，《外交檔案》03–23/109–(2)。

[85]　〈收英京顧代表廿二日電〉，1921年3月24日，《外交檔案》03–44/55；〈收英京顧代表廿二日電〉，1921年3月24日，《外交檔案》03–23/109–(3)。

[86]　〈收王寵惠送修改約法委員會第二第三屆會議報告〉，1922年4月12日，《外交檔案》03–23/110–(1)。

要白爾福(Arthur J. Balfour)任主席。各國提案統分兩類，一屬政治性質者數案，包括中國對盟約第二十一條提出修正案，「正在準備說明書，一俟就緒，即先送會，再於下屆會晤時口頭詳述」。主席裁決：「或以代表未到，或以所具說明書未詳，或以應俟法代表由美回歐，主張均俟下屆討論」。二屬於法律性質者，主席提議此類提案應即指派少數委員組織分股，詳加研究，提出報告後，續行討論，眾表贊成。主席又請各委員未交分股前，在大體上略為陳說理由。顧氏對第四條詳細宣言，大旨謂：行政院四非常任院席應依分洲主義，即規定為歐、美三席，其餘各地一席；因行政院關係全球利益，按洲分配始能公允顧及全體。中國曾在國聯第一屆大會提出此案，在第一股會議通過，並得大會通過為當次選舉之願望案；希望能將此辦法列入盟約第四條。(88)

王寵惠於5月21日抵英，與顧維鈞接洽後，隨即參加「修正約法委員會」第二、三次會議。(89)該會於6月1日至7日開會10次，9月1日至9日開會5次。王氏在會中對盟約第四條反覆申說分洲主義之利，但遭會中多數歐、美國家代表反對，另一亞洲國家日本也不贊成，眾寡懸殊，王氏報告外交部云：「與其再與爭持，顯遭投票否決，不若仍作懸案，猶留緩圖餘地。要之，分配主義各國委員亦多贊同原則，惟

(87)〈收英京顧代表七日電〉，1921年4月10日，《外交檔案》03-44/55；〈收聯合會代表辦事處函——約法修正委員會第一次會議報告〉，1921年7月6日，《外交檔案》03-23/110-(1)。

(88)〈收聯合會代表辦事處五月十一日函〉附〈修正約法預備會報告〉，1921年7月6日，《外交檔案》03-23/110-(1)。

(89)〈收倫敦王院長寵惠廿二日電〉，1921年5月23日，《外交檔案》03-23/109-(3)。

不以納入約法為然耳」。(90)第二十一條，王氏提議刪減為：「茲認孟羅主義與本約法無論何條不相抵觸」；主旨在刪去「區域協商」等字樣。但除日本反對刪除外，東歐小協約諸國希冀得國聯贊助，反提議擴充本條範圍，並得法國大力支持。經反覆辯論，最後法國提修改案，維持原條文，得多數支持。王氏見情勢不利，「與其坐待否決，不若附以條件贊成該修改案」，臨時提議在「區域協商」下加一但書，云：「但此種協商以無害第三會員國之權利為限」。英、日代表以但書之意旨已為盟約精神所概括，反對獨於此條加此但書。表決結果，法國修正案獲通過。王寵惠總結云：「大國既同其利害，協以拒我；小國又以事非干己，不敢忤大國意；眾寡不敵，該修改案遂不附但書，完全通過矣。當場惠聲明保留，以示抗議」。(91)王寵惠在6月會議後，以未達任務，電外交部云：「斯二端者，雖未饜望，聊勝於無；然宏願終不能償，專對才短，慚疚殊深」。並以下屆會期尚遠，加以參加亦未必有裨益，擬早日回國。(92)外交部復電云：「本屆會議深佩賢勞，雖主張未盡貫徹，要亦國勢使然；下屆開議為期尚不甚遠，政府正需借重，仍希留歐為盼」。(93)王氏遂留歐，繼續代表中國出席9月會議。最後所有「修正約法委員會」會議報告，提交國聯第二屆大會第一股審查。

1921年10月國聯第二屆大會在日內瓦召開，北京政府指派顧維鈞、王寵惠及駐義大利公使唐在復代表中國出席。會中由第一股討論

(90) 〈收王寵惠修改約法委員會第二第三兩屆會議報告〉，1922年4月12日，頁5、6，《外交檔案》03-23/110-(1)。

(91) 同上，頁14。

(92) 〈收英京王代表寒電〉，1921年6月15日，《外交檔案》03-23/119-(3)。

(93) 〈電英京王院長〉，1921年6月17日，《外交檔案》03-23/110-(1)。

盟約修正案，並向大會提出報告。10月5日大會通過盟約修正案，與中國有關者為第二十一條，維持原文不加修正；對中國所提但書，報告謂：該條規定對於此項但書之用意並未屏棄。另外第六條修正，增入新定分攤會費暫時辦法。(94)大會結束後，顧維鈞與王寵惠赴美國參加華盛頓會議。1922年2月華會結束後，王氏直接回國，不久出任北京政府內閣總理。顧維鈞先返倫敦任所，不久也奉召回國，8月出任外交總長。

1922年8月3日，在倫敦之中國「國際聯合會代表辦事處」（以下簡稱國聯辦事處）電外交部，轉回到北京之顧維鈞，云：國聯「修正約法委員會」1日致函王寵惠委員，以又有新案提出，準備開會，並詢王代表可否來歐。7日顧維鈞函告王總理，22日王寵惠復函，告以本屆修正約法會議未能赴會。(95)國聯辦事處23日電詢：「約法修正理應派員出席，如何辦理?」(96)顧總長電駐比王景岐公使云：「修改盟約委員會繼續開會，王總長未能前往，擬請執事代理出席」。(97)王景岐復電請示與會方針，外交部函詢王總理。(98)王氏回函請外交部核辦。(99)9月11日「修正約法委員會」在日內瓦開會，無重要決議。(100)

---

(94) 〈收英京顧唐王代表五日電〉，1921年10月7日，《外交檔案》03-23/110-(1)。

(95) 〈總長交王總理函一件〉，1922年8月24日，《外交檔案》03-23/110-(2)。

(96) 〈收英京聯合會辦事處二十三日電〉，1922年8月25日，《外交檔案》03-23/110-(2)。

(97) 〈電駐比王公使〉，1922年8月29日，《外交檔案》03-23/110-(2)。

(98) 〈收駐比王公使電〉，1922年9月2日；〈函院秘書廳〉，9月5日，《外交檔案》03-23/110-(2)。

(99) 〈收國務院函〉，1922年9月15日，《外交檔案》03-23/110-(2)。

三、北京政府批准盟約修正案

國聯盟約修正案在第二屆大會中，經詳細討論，於1921年10月5日通過十四件盟約修改議定書，由秘書廳分送各會員國政府。1922年6月6日，外交部收到國聯辦事處寄到第二屆大會修改盟約議定書十四件之簽字批准文件。(101)十四件議定書中以第四條加（二乙）款：「大會應以三分之二之多數，決定關於選舉行政院非常任會員之條例；而以決定關於非常任會員任期及被選連任條件之各項章程為尤要。」及第六條（五）款經費分攤辦法改為：「聯合會經費應由聯合會會員依照大會決定之比例分擔之。」最為重要，與中國關係也最鉅。(102)

中國為行政院會員之一，1922年1月30日駐國聯代表辦事處接國聯秘書長函稱，盟約第六條業經第二屆大會通過修正；而盟約修正須於22個月內得三分之二以上會員國批准，其中又須行政院各國全體批准，始得生效；故1月14日行政院議決通知列席行政各國政府，對此修正案是否贊同。(103)外交部函復國聯辦事處稱：「我國為列席行政院之一，自應與在院各停同一步趨；究竟該案現在已有若干國批准？其列

---

(100) 〈收駐比王公使七日電〉，1922年9月8日；會議詳情見〈收日來弗王代表十一日電〉，9月13日；及〈收駐比王公使九月二十日函〉附件〈修改盟約委員會第四屆會議報告書〉，11月9日，《外交檔案》03-23/110-(2)。

(101) 〈收聯合會代表辦事處四月二十六日函〉，1922年6月6日，《外交檔案》03-23/110-(1)。

(102) 〈修改國際聯合會盟約議定書〉，《外交檔案》03-23/111-(2)。有關中國在國聯負擔會費比例問題，詳見第四章第一節。

(103) 〈收聯合會代表辦事處二月八日函〉，1922 年 3 月 26 日，《外交檔案》03-23/110-(1)。

席行政院八國除中國外，業有何國聲明採納？未經採納者現持若何態度？相應函請貴處查明見復，以憑核辦」。[104]出席行政院代表唐在復5月6日復電稱：「已得英、法同意，請我國政府速示能否批准，俾在下屆行政院決定辦法，請速核示電復」。[105]外交部復電云：「英、法雖已同意，其他各國究持若何態度，希從多數酌辦」。[106]而國聯秘書處又催中國早日批准，[107]唐氏電復：除英、法外，「比與西班牙已提出議院，巴西由政府核准，義準備批准，日本在外交會議審查」。[108]8月16日唐氏又電催從速批准盟約第六條修正案。[109]外交部終於在9月7日復電稱：「修改盟約第六條甲項，我國尚可贊同，現趕辦批准，日內即可提交國會」；[110]中國代表遂以此通知秘書長。[111]當時中國要競選連任行政院席位，而會費拖欠未繳，對盟約修正案又遲遲不批准，國聯秘書長對中國頗為不滿。

　　1922年9月國聯第三屆大會通過議決案，要求各會員國速行批准盟約修正案。10月4日，行政院同意秘書長通知各國速行批准四、六兩條。11月7日，國聯辦事處函告外交部。唐在復也函稱第四、第六

---

[104]　〈函聯合會代表辦事處〉，1922年4月6日，《外交檔案》03-23/110-(1)。

[105]　〈收英京唐代表六日電〉，1922年5月10日，《外交檔案》03-23/110-(1)。

[106]　〈電日來弗唐代表〉，1922年5月11日，《外交檔案》03-23/110-(1)。

[107]　〈收聯合會代表辦事處四月二十及三十日兩函〉，1922年6月6日，《外交檔案》03-23/110-(1)。

[108]　〈收英京唐代表六日電〉，1922年6月8日，《外交檔案》03-23/110-(1)。

[109]　〈收英京唐代表十六日電〉，1922年8月20日，《外交檔案》03-23/110-(2)。

[110]　〈致日來弗唐代表電〉，1922年9月7日，《外交檔案》03-23/110-(2)。

[111]　〈收國際聯合會代表九月十八日函〉，1922年10月30日，《外交檔案》03-23/110-(2)。

兩條關係重要，中國為行政院一員，「如無正當理由而延緩不辦，則漠視會務，故予障礙等謗辭勢將叢集於我。此鑒於本屆選舉時秘書長之密告，有不可不請注意者」。[112]但外交部以會費新攤費辦法會增加中國之負擔，遲遲不願處理。1923年1月18日，外交部呈國務總理，以修正案十四件各國多將各案分別辦理，尤以第四、第六兩條之修正案，各國多從審慎；建議將該兩件暫緩批准，將其他十二件先行批准。並將翻譯之議定書及盟約原文各九百冊呈國務院，請轉呈大總統鑒核，提交國會徵求同意。[113]次日電唐在復云：「批准修改盟約事，移譯校印手續較繁，現當國會開會期內，辦理批准必先徵求兩院同意。除第二第四兩附件外，業將全案咨送國務院提交國會徵求同意；俟兩院通過後，方可批准，因之不免濡滯」。[114]外交部對盟約第六條兩附件中國應攤65股，表示財力未逮，電詢唐在復是否可以暫行觀望各國態度。唐氏覆函，稱本年應攤會費業經大會通過，勢難更改。[115]

國聯辦事處又催修改盟約第六條甲項，云：「現查聯合會發來通告，該項修改案在會多數國均已批准，我國為列席行政院國之一，不予批准，即無可實行，影響全體；勢不容緩；擬請大部再行轉催，早予批准為荷」。[116]3月14日，外交部函國務院稱：「截至本年八月五日

[112]　〈收國際聯合會代表辦事處十一月七日函〉，1922年12月21日，《外交檔案》03-23/111-(2)。

[113]　〈咨呈國務總理〉，1923年1月18日，《外交檔案》03-23/111-(2)。

[114]　〈發義京唐代表電〉，1923年1月19日，《外交檔案》03-23/111-(2)。

[115]　〈收駐義唐公使二十日電〉，1923年1月21日；及〈收國聯唐代表一月二十三日密函〉，1923年3月25日，《外交檔案》03-23/111-(2)。

[116]　〈收聯合會辦事處一月十五日函〉，1923年3月10日，《外交檔案》03-23/111-(2)。

為批准最後之期，倘我國不能先期加以批准，則該項修正案即全部不能發生效力。誠如代表辦事處所稱，影響國際前途實非淺鮮。應請查照，咨催眾議院提前開會議決，移送參議院早日議定」。[117] 眾議院外交委員會於3月20日審查國聯盟約議定書。[118] 4月11日，外交部再催國務院：「轉催眾議院提前議決，並早日移送參議院議定」。[119] 眾議院終於在13日將修正國聯盟約議定書，除附件二、四外，其餘十二件通過，並移送參議院。參議院於20日開議，至23日通過國聯盟約修正案。[120] 5月2日，外交部呈大總統批准，並予明令公布；[121] 終於完成所有的批准程序。

小　結

中國之加入國聯，顧維鈞是靈魂人物。他因任駐美公使，對威爾遜總統創立國聯的信念有較深的瞭解。一方面要聯好美國，以在和會中爭取國權；一方面也認同國聯理念，憧憬在一個基於公理的國際新秩序下，可以去除中國所受各種條約束縛；因此顧氏自始注意國聯的進展，並大力向北京外交部推介。在巴黎和會中更敏銳的掌握國際新外交的脈動，積極參與國聯的創立。顧維鈞在和會中，以33歲之青年

[117] 〈函國務院〉，1923年3月14日，《外交檔案》03-23/111-(2)。

[118] 〈收眾議院函〉，1923年3月19日，《外交檔案》03-23/111-(2)。

[119] 〈函國務院〉，1923年4月11日，《外交檔案》03-23/111-(2)。

[120] 參議院通過國聯盟約修正案過程，見〈電羅馬唐代表〉，1923年4月18日；〈收參議院秘書廳函〉，4月20日；〈函國務院〉，4月23日；〈收國務院函〉，4月28日，《外交檔案》03-23/111-(2)。

[121] 〈呈大總統〉，1923年5月2日，《外交檔案》03-23/111-(2)。

得到國際外交界的矚目，不只是因為他在山東問題的精彩發言，更重要的是他參與「國際聯盟委員會」，與全球知名外交家們共聚一堂，為制定國聯盟約作出重要貢獻，贏得各國代表由衷的讚譽。顧氏的努力，維護了中國的權益，也提升了中國的國際聲譽。尤其是小國代表皆以顧氏從容與大國周旋，表示敬佩；為日後中國在國聯的地位，奠下良好的基礎。中國代表團雖因山東問題，拒簽對德和約，仍能以簽署對奧和約，成為國聯的創始會員國之一，並在國聯初始階段，有相當不錯的表現。

就國聯盟約的訂定及修改過程看，當時中國最關切的問題是門羅主義，大小國間的關係及人種平等等問題。中國擔心日本以門羅主義為護符，在遠東肆行其霸權，反對將門羅主義列入盟約，其後又力主將門羅主義意涵加以限制，但都未能成功。顧維鈞又堅持大小國利益之平衡，主張小國在行政院中應多佔席次；並主張所謂「分洲主義」，強調行政院非常任會員代表性的地域平衡，獲得部份成功。當日本提出將「人種平等」列入盟約時，顧維鈞雖一貫主張聯美制日，但在此問題上則站在亞洲共同利益的立場，支持日本。總之，在盟約制定及修改過程中，中國代表極力維護國權，然而因國勢不振，主張多不能成功。國聯雖以公理正義為號召，大國間現實利益交換色彩仍很明顯，如日本提出「人種平等」，脅迫美國對膠州問題讓步，中國代表的苦心反而被利用。

顧維鈞在國聯初創時期表現傑出，為中國爭取到許多榮譽，讓中國成為國聯重要的參與者，承擔第一等會費，被舉為行政院非常任會員，參與禁煙委員會，修正盟約委員會等等；然而這些假象與中國當時的實際狀況及國力有不小的差距。在華外籍人士對中國在國聯所受的禮遇頗不以為然，英籍人士伍德海(H. G. W. Woodhead)主編的《京

津泰晤士報》(*Peking and Teintsin Times*)於1921年9月14日刊出一篇名為"The Wisdom of a Dove"的評論，指出在華外籍人士認為中國根本不配受到如國聯這般重要國際組織的禮遇。顧維鈞以駐倫敦公使的身份，充分發揮其受過美國最高等教育的優點，加上在巴黎和會中引人注目的表現，完全爭取到英國公眾的好感；顧氏本人又於1921年8月擔任國聯行政院主席，主持處理如薩爾(Saar)區等歐洲大事，並以此身份擔任國聯第二屆大會的臨時主席，使其個人及中國的國際聲望達於巔峰。但是這絕非中國的實況，反而減低國聯在在華外人心中的地位。中國軍閥縱橫，罌粟遍野，內部問題重重，自己尚不能履行各種國際義務，如何能處置國際大事。英國駐北京公使將此評論寄給倫敦外交部，並批評道：顧維鈞個人才能優異，但當他在歐美宣稱中國種種進步時，本身已離開中國多年，與中國實情完全脫節了。⑫這篇評論與英國駐華公使的報告指出了顧維鈞與中國在國聯的問題：顧氏表現優異，營造出的假象與中國現實相去太遠；使中國在國聯初期的重要地位與國際聲望，不能長久維持。這是「北洋外交」在國際層面的一個根本問題。

---

⑫　Sir B. Alston to F. O., Sept. 19, 1921, FO371/5341 [F3950/1297/10].

第二章 中國對國際聯盟的期許

　　中國加入國聯的主要目的，有以下諸端：一、期望國聯可以維持國際和平，主持正義；如顧維鈞向北京政府提出的報告中所云：「參加這樣一個世界組織是符合中國利益的。由於缺乏一個以國際法則為指導，能夠阻止在國際關係中使用武力的國際組織，中國過去在與西方世界的交往中吃盡苦頭」。❶二、解決山東問題；朝野在巴黎和會後，都有將山東問題提出國聯的主張。三、改變中國所受不平等對待；巴黎和會將中國所提「希望條件」及廢止二十一條，推給國際聯盟。中國對國聯因此有相當的期望，如一份外交部內部文件所云：「竊維國際聯合會成立以來，以保和護法維持正誼為號召，世界各國屬望甚殷。吾國久受不平等條約之束縛，昔年所以毅然加入聯合會者，恐實有俟機平反恢復國權之意存於其間」。❷此外，除了以上較積極的目的外，也有消極的藉國聯阻止外力進一步干預內政的想法。本章分別就這四方面探討中國對國聯的期許，與實際交涉的情形。

第一節 國人對國聯的看法

　　北京政府對國聯的期許，可由顧維鈞於1920年12月12日在國聯第

---

❶　顧維鈞著《顧維鈞回憶錄》，第五分冊，頁391。

❷　〈國際聯合會欠費辦法解決方法意見書〉，1927年1月17日，《外交檔案》
　　03−38/41−(1)。

一屆大會期間，接見新聞界時的講話看出，他說：「中國之問題，為能否脫離外界之束縛，而自謀國內之發展。……吾人希望國際聯盟會將有以助成其志願。以夙信正義與公斷如吾國者，其歡迎聯盟會自更誠切」。❸民間對國聯也有相當的期許，巴黎和會期間國內關切外交事務，民間紛紛成立團體研究外交，蔚成一股「國民外交」的潮流。其中一些團體專門研究國際聯盟事務，由這些團體的成立情形，可考察當時國人對國聯的看法。

一、梁啟超與國際聯盟

國人中較早注意到國際聯盟的當推梁啟超，及他的好友林長民等人。1917年底，梁啟超一派被安福系排擠，結束了梁氏的正面政治生涯，但他並未就此與政治絕緣。1918年底歐戰告終，梁氏想一遊歐洲，親身體驗西方文化。經過接洽之後，北京政府給他一個「歐洲考察團」的名義，算是中國出席巴黎和會代表團的會外顧問。梁氏此行，籌劃相當周密，隨員有各方面的人才：政治張君勱、軍事蔣方震、外交劉崇傑、經濟徐新六、科學丁文江等，於1918年底啟程。❹梁啟超於行前已注意到國際聯盟的發展，並發表了一些有關國聯的言論。《東方雜誌》第16卷第2號載有梁氏〈國際同盟與中國〉及〈梁任公在協約國民協會之演說詞〉兩篇與國聯有關的文章。於前一文中，梁氏指出國際同盟之理想與我國「平天下」之世界主義性質相類，春秋時之會盟即其原型；「國際同盟即達此世界大同理想之最良手段，吾國自當竭力贊助之」。於後一文中，梁氏又強調「中國政治學者之理想為大

---

❸ 天一〈開會一月後之國際聯盟會〉，《東方雜誌》第18卷第3號，1921年 2月10日，頁115。

❹ 張朋園《梁啟超與民國政治》，頁152。

同，大同者，四海一家之意；國際大同盟，功成圓滿，即達此境；故中國人對於國際大同盟之贊成，必不遜於他國人也」。❺

梁氏一行於1918年12月28日自上海首途，1919年2月11日抵倫敦；1920年1月22日離馬賽回國。在歐洲將近一年，以巴黎為中心，行止據其《年譜長編初稿》云：

> 先生以二月十一日抵倫敦，十八日至巴黎，少留觀察和會情形，並代表中國，為輿論之鼓吹。三月七日自巴黎出發，考察各處戰地，遊畢仍返居法國。六月七日起遊英國者一月。七月一日致電汪伯棠、林宗孟兩氏，請轉南北當局，速捐私見，以謀統一。七月末旬遊比國。八月初旬遊荷蘭，末旬遊瑞士。九、十月間遊意大利，遊畢仍返巴黎，居兩月。十二月十日起遊德國者一月。次年一月十一日復返巴黎，便做歸國的準備了。❻

梁氏在巴黎和會期間，曾被謠傳為親日，破壞中國代表團在和會中對日交涉。3月中旬，美國舊金山《中國世界報》主筆電北京大總統徐世昌云：「頃聞謠傳梁啟超呈請大總統將歐洲和會委員會召還，並派新委員以代之，由梁啟超為領袖。又日本利用梁黨勢力迫令我國政府不得將密約在和會宣布云云，以上謠傳是否確實，即請電示」。❼外交部查梁啟超抵歐之後，僅於2月23日及3月6日兩次致電外交部，

---

❺　《東方雜誌》第16卷第2號，1919年2月，〈國際同盟與中國〉，頁161～163；〈梁任公在協約國民協會之演說詞〉，頁166～169。

❻　丁文江編《梁任公先生年譜長編初稿》，頁554。

❼　〈收國務院函——謹譯美國舊金山中國世界報（譯義）主筆來電，3月19日到〉，1919年3月22日，《外交檔案》03–37/8–(1)。

請代呈大總統。前電〈青島等問題望政府確定方針毋辜民望由〉云：

> 總之此次和會為國際開一新局，我當乘此機力圖自由發展，前
> 此所謂勢力範圍特殊地位，皆當切實打破，凡章約類此原則者，
> 當然廢棄，青島其一端耳，內外當局切宜統籌兼顧進行次第極
> 當注意，美國固相愛，英法同情尤為要著。至關稅領判兩事，
> 失此不圖更無機會，亦斷不容遲延。又裁兵為救國第一義，國
> 際聯盟草案已列專條，我宜首先自定兵額，誠意勵行，勿待他
> 人越俎。凡此諸端，望政府確定方針，毋辜民望。❽

後電〈電陳英法美對於山東問題態度，又高徐順濟路約實授日人以口
實由〉云：「去年九月德軍垂敗，政府究何用意，乃於此時結此約以
自縛；為今計惟有使訂約之人擔負，庶可挽回，展開新局。不然千載
一時良會，不啻為一二人毀壞，實為婉惜」。並強調：「超漫遊之身，
除襄助鼓吹外，於和會實際進行，未嘗過問；惟既有所聞，不敢不告，
以備當局參考，乞轉呈大總統」。❾具見梁氏愛國之情，並未有干涉中
國代表團之事。外交部遂電告《中國世界報》，謠傳「全屬子虛」。

　　梁啟超於 6 月 9 日與梁仲策一長書，述及中國在和會失敗之原由，
云：「所最負疚者，此行於外交絲毫無補也。平情論之，失敗之責任，
什之七八在政府，而全權殊不足深責，但據吾所見，事前事後，因應
付失當者亦不少，坐視而不能補救，付諸浩歎而已」。並談及3、4月

---

❽　〈收法京梁前總長二十三日電——青島等問題望政府確定方針毋辜民望
　　由〉，1919年2月26日，《外交檔案》03–33/150–(1)。

❾　〈收法京梁任公六日電——電陳英法美對於山東問題態度，又高徐順濟
　　路約實授日人以口實由〉，1919年3月11日，《外交檔案》03–33/152–(2)。

間國內謠傳並攻擊其賣國事件的原因，云：

> 其實此事甚明瞭。製造謠言只此一處，即巴黎專使團中之一人
> 是也。其人亦非必特有惡於我，彼當三、四月間興高采烈，以
> 為大功告成在即，欲攘他人之功，又恐功轉為他人所攘，故排
> 亭林排象山；排亭林者，妒其辭令優美，驟得令名也。排象山
> 者，因其為領袖，欲取而代之也。又恐象山去而別有人代之也，
> 於是極力謀□其人，一紙電報，滿城風雨，此種行為鬼蜮情狀，
> 從何說起。❿

蓋指王正廷之造謠也。

梁啟超於抵歐之日，被研究系的朋友們舉為在北京成立的「國際
聯盟同志會」理事長。在巴黎和會期間，梁氏一行除在英、法、德、
意、瑞士等各國到處遊歷外，大部份時間居於巴黎附近，觀察和會進
行，並親睹國際聯盟的草創，乘便收集數十種有關國聯的書籍。並在
冬季閉門讀書寫作，詳見梁氏所作《歐遊心影錄》，其中即有〈國際
聯盟評論〉等多篇包括數篇介紹與評論國聯的文章。隨行之張君勱也
於3月11至13日，出席在倫敦舉行之「各國促進國際聯盟協會」第二
次會，並發表數篇討論國聯的文章。⓫

梁氏於1920年1月17日自巴黎起程歸國，3月5日抵上海。在滬時

---

❿　丁文江編《梁任公先生年譜長編初稿》，頁557～560。

⓫　〈戰地及亞洛兩州紀行〉，《歐遊心影錄節錄》（臺北：中華），頁104；
　　張君勱〈再致王亮疇先生論中國加入國際聯盟書〉，收於吳品今《國際
　　聯盟及其趨勢》，頁198；及同書頁287附錄〈各國促進國際聯盟協會在
　　比京開第三次大會之報告〉。

曾對某君發表關於山東外交問題的談話，反對中日直接交涉，主張提交國聯。3月7日《申報》記其談話，梁氏云：

> 余初履國土，即聞直接交涉之呼聲，不勝駭異。夫既拒簽于前，當然不能直接交涉于後，吾輩在巴黎時對于不簽字一層，亦略盡力，且對于有條件簽字說，亦復反對，乃有不簽字之結果。今果直接交涉，不但前功盡失，並且前後矛盾，自喪信用，國際人格從此一墮千丈，不能再與他國為正義之要求矣。其間最足感人聽聞者，為英、法感情說，以為提出國際聯盟，必大傷英、法感情，此說實不值一笑。殊不知和會與聯盟會完全不同，和會代表各國，聯盟則為國際之一共同機關，和會猶如省議會聯合會，而聯盟則參議院也，雖同由省議會選出，其性質不同。⑫

梁啟超是國人中較早注意到國聯，並在巴黎密切觀察國聯創立，對國聯的瞭解遠超出一般人。梁氏回國後提供資料給吳品今，於1920年底撰成《國際聯盟及其趨勢》一書，列入梁氏主持的「共學社叢書」中，鼓吹國人對國聯的研究。梁氏並為該書作序，云：「國際聯盟，足以解決今日之時局乎？吾信其不能。雖然，吾敢預言：二十世紀下半期之世界，國際聯盟之世界也」。⑬又撰〈論研究國際聯盟之必要〉一文，列為該書附錄，其中云：

> 國際聯盟者，人類全體合同改造之唯一機能，而亦人類全體非

---

⑫　丁文江編《梁任公先生年譜長編初稿》，頁572。
⑬　梁啟超〈序吳品今「國際聯盟及其趨勢」〉，1920年12月31日。

久必達之希望也。……是故我國民之在今日，不必問國際聯盟之近效何如，不必問我之能否廁其列以求自庇；但當求使我國堂堂立於天地間，不愧為組織此「國家以上團體」之發榮滋長，而率以正軌。夫如是，則研究此初誕育之國際聯盟，察其稟性，而覘其祈嚮，豈非全國民所當有事耶？ ❹

當一般國人在1919年初對巴黎和會及國聯憧憬過高，待山東問題交涉失利後，又認為和會中強權宰制中國如故，國聯理想只是空談時，梁啟超仍堅持國聯的國際主義理想，強調調和世界主義與國家主義的重要；在其《歐遊心影錄》中即云：

我們須知世界大同，為期尚早，國家一時斷不能消滅，……若是自己站不起來，單想靠國際聯盟當保鏢，可是做夢哩。雖然如此，我們卻不能將國際聯盟這件事看得毫無價值，還要盡自己的力量，促他的進步。這回國際聯盟，總算世界主義和國家主義調和的發軔，把國家相互的觀念深入人心，知道國家意志並不是絕對無限，還須受外部多大節制。質言之，國家與國家之間，從此加一層密度了，我們是要在這現狀之下，建設一種「世界主義」的國家。 ❺

又云：

---

❹ 梁啟超〈論研究國際聯盟之必要〉，《國際聯盟及其趨勢》下卷，頁161、162。

❺ 梁啟超《歐遊心影錄》，〈歐遊中之一般觀察及一般感想〉，下篇〈中國人之自覺〉，一、世界主義的國家。

　　我們對他的希望，並不在解決目前局部問題，譬如我們的山東問題，他能夠給我們一個圓滿的解決，固然最好，就令不能，我們也不厭棄他，因為他是全世界人類共同締造的東西，我們既已是世界上一個人，總要盡我們的能力參加締造他，扶持他，發育他。我們做中國國民，同時做世界公民，所以一面愛國，一面還有超國家的高尚理想。……我們對於國際聯盟，既已認為人類進化史上一件大事，我們只盡我們的義務便了，至於有些人看見國際聯盟進行得不甚順手，就疑心這些都是空論，就說今後還是弱肉強食的世界，那可全是夢話了。⑯

足見其對國聯認識之深。

二、國際聯盟同志會與國際聯盟協會

　　「國際聯盟同志會」與研究系及北京大學關係密切，為民間主要與國聯相關的團體，有會刊之發行，後改名為「中國國聯同志會」，並一直沿續到國聯結束聯合國成立，再改名為「聯合國同志會」。⑰巴黎和會開幕後，決議將國際聯盟盟約列為和約之首，並推舉一國際聯盟委員會起草盟約，中國爭取加入該委員會，由顧維鈞代表列席；2月3日國際聯盟委員會開議。消息傳來，國人對國聯的發展密切注意；北京知名人士汪大燮、熊希齡、林長民、蔡元培、王寵惠、張謇等六

---

⑯　梁啟超〈國際聯盟評論〉，《歐遊心影錄》，頁150。

⑰　王聿均、孫斌合編《朱家驊先生言論集》（臺北：近史所史料叢刊(3)，1977），頁560；朱家驊先生於1948年3月14日在〈聯合國同志會第二次大會開幕詞〉中云：「本會前身是中國國際聯盟同志會，在聯合國成立的時候改稱今名」。

人，發起一「國際聯盟同志會」，5日在石駙馬大街熊宅開發起人籌備會，傳觀宣言書及會章草案，是日到會者27人，北京大學蔡元培、王寵惠、胡適、陶履恭、宋春舫、梁敬錞諸君與焉，皆加入發起人中。公推梁啟超、汪大燮、蔡元培、王寵惠、李盛鐸五人為臨時理事，推林長民為總務。9日於南長街事務所開第二次籌備會，通過會章，增推嚴修、張謇、熊希齡三人為理事，[18]舉梁啟超為理事長；因梁氏在國外，又公舉汪大燮為代理理事長，林長民為總務幹事，胡適為編輯主任。即日發電巴黎，告梁任公開會情形，請其在巴黎為該會代表，協助進行。[19]

　　11日在北京大學通告徵求會員，云：「本校同人公鑒，『國際聯盟同志會』……定於十二日午後二時在法科大講堂開成立會。此會純為研究性質，本校教職員諸君及學生諸君均可入會，願入會者可於本日到校長辦公室簽名，或於大會時臨時簽名均可（臨時由發起人介紹）」。[20]12日「國際聯盟同志會」在北京大學法科大講堂開講演大會，林長民致詞稱：「國際聯盟之意義，乃大同主義之第一步，合全世界各國建設一大團體大國家，在中國數千年來本有此種理想」。[21]又云近來京中新發生之對外團體其多如鯽，而該會為各團體中之有聲光力量者。並發表該會緣起與章程，其章程云：「本會以主張國際聯盟及援助其實行，促進其發展為宗旨」。事務為1.研究國際聯盟各種問題，及其他問題與國際聯盟有關係者；2.講演或刊布中外文字以鼓吹國際

---

[18]　〈國際聯盟之促進——組織國際聯盟協會與國際聯盟同志會〉，天津《大公報》，1919年2月12日，第1版。

[19]　〈北京通信（三）〉，《申報》，1919年2月13日，第6版。

[20]　同註[18]。

[21]　〈國際聯盟同志會之報告〉，《申報》，1919年2月18日，第6版。

聯盟之主張；3.與他國同類之團體互通聲氣提攜進行。❷ 〈國際聯盟
同志會緣起〉為林長民囑葉景莘撰稿而潤色之；刊於報端，其詞有云：
「中國之政治思想，夙以大同為至善。大同者，天下一家，即國際聯
盟圓滿之境也。中國民族，好和平，惡戰爭，蓋涵濡於數千年聖哲教
訓之所致；尤與國際聯盟之精神相符也。故吾人之歡迎聯盟，決不讓
於他國」。❷ 廣求全國同好加入該會。

　　然而「國際聯盟同志會」成立時內部就有爭執，研究系與安福系
競爭激烈。推舉理事時有李盛鐸無王揖唐，饒孟任指為不公，林長民
反唇相稽，引起極大衝突；經汪大燮調停，而內部暗潮尚未消釋。❷
據梁敬錞云：

> 時安福系正當事，議長王揖唐欲得理事長。在選舉理事時，忽
> 有議員數十人突至議場，聲明參加同志會，意在投票，選揖唐
> 為理事。予馳赴北大，約學生百餘人，到場參加投票，揖唐遂
> 不得與理事之選，會後惱羞成怒，自組國際聯盟協會，推李盛
> 鐸為會長，王自為副會長，而推顧維鈞、王正廷為駐外代表，
> 與同志會相抗衡。❷

2月13日《申報》〈時評〉諷刺此爭執云：

> 自來中國之廁於國家之列者，不過備位而已；於世界之大事，

❷　同註❶。
❷　〈國際聯盟同志會緣起〉，《東方雜誌》第16卷第3號，1919年3月，頁21。
❷　《申報》，1919年2月15日，第3版。
❷　梁敬錞〈林長民先生傳〉，《傳記文學》第7卷第2期，頁7。

初未嘗稍有預聞也。自對德絕交宣戰而後，中國之政府始預聞
世界之大事；自國際聯盟同志會等出現，中國之國人始又研究
世界之大事，是亦可謂國人進步之一矣。雖然，據所傳者，有
國際聯盟同志會，又有國際聯盟協會；所謂同志會、協會者，
其為一耶？何以有不相同之處。其為二耶？是外對世界而內仍
含黨派之臭味也。殆非所宜也。㉖

15日〈時評〉又譏諷云：

> 歐洲大戰，亦不過一衝突也。所謂國際聯盟者，不過防此衝突
> 也。今以國際聯盟同志會故，致生衝突。以國際聯盟之本意言，
> 其果同志耶？其果不同志耶？我嘗言之，國際聯盟同志會等，
> 中國國人對於世界觀念之初次也；特不知其用意，果向外而面
> 對世界歟，抑仍向內而對各黨各派歟。若以此次衝突之因觀之，
> 仍不過借一名目耳，不如其無也。㉗

　　王揖唐既被「國際聯盟同志會」排斥，乃另成立一「國際聯盟協
會」，並搶先一日於2月11日開成立大會。《申報》報導云：「自國際聯
盟同志會成立後，某派要人亟欲別樹一幟，以免落人後著。十一日兩
院閉會後，開茶話會，……討論及此，當由兩院議員發起國際聯盟協
會，即以是日茶會為成立大會」。㉘天津《大公報》12日詳細報導稱：
「近時各大強國有國際聯盟之提議，我國朝野人士極為注意；國會方

㉖　時評〈國人與世界〉（冷），《申報》，1919年2月13日，第3版。

㉗　時評〈衝突〉（冷），《申報》，1919年2月15日，第3版。

㉘　〈國際聯盟協會之繼起〉，《申報》，1919年2月15日，第6版。

面，昨日兩院開談話，業經決定通電各國國會，合力督促進行，並通知各省區組織支會；先在眾議院附設國際聯盟協會辦事處，由兩議長擔任籌備進行」。 並經決定簡章，以聯合各國國會促成國際聯盟為宗旨；由兩院議員發起；設總裁二人，由兩院議長兼任；並成立各科辦事；會所附設眾議院內。[29]新國會並為發起「國際聯盟協會」發出通電云：

> 各省省議會、商會、農會、教育會、各報館鈞鑒：美大總統威爾遜於歐洲平和會議提議國際聯盟，為世界謀和平，為人類求幸福，義聲仁言風動一世，凡我同人莫不欽服，爰發起國際聯盟協會，於二月十一日開成立大會，議決章程。依章假眾議院為事務所，推定參議院議長李盛鐸，眾議院議長王揖唐為本會總裁，議和專使顧維鈞、王正廷為本會駐歐代表，同心協力，以促其成。貴會為地方表率，登高一呼，萬山響應，如蒙贊助，即祈由貴會聯絡法定機關，發起分會，同襄盛舉。並隨時來電與本會接洽，無任禱盼。參眾兩院全體議員真印。[30]

兩院議員發起「國際聯盟協會」之後，推在法顧維鈞、王正廷兩專使為駐歐該會代表，並得顧、王兩使覆電同意。顧氏覆電云：「請譯轉眾議院王議長及全體議員鈞鑒，頃由都轉到真電，敬悉。鈞才疏任重，深愧不勝，忝承獎策，益覺戰兢，自當努力進行以期貫澈主張，藉報祖國及國民於萬一」。王氏電云：「外交部轉李木齋、王揖唐二先

[29] 天津《大公報》，1919年2月12日，第1版。

[30] 天津《大公報》，1919年2月14日，第1版，國際聯盟協會成立之通電。及《申報》，2月13日，第3版，新國會發起國際聯盟協會電。

生，真電敬悉，諸公應時組織國際聯盟協會，遠猷碩畫，東西相映，甚盛。謬辱推許□□□以當選，凡有俾益國利民福者，敢不殫勤盡瘁，始終不渝」。❸¹其後顧氏亦曾將歐洲民間團體有關國聯之活動，電告「國際聯盟同志會」及「國際聯盟協會」。❸²該二會為當時中國主要有關國聯之團體，唯據梁敬錞稱「國際聯盟協會」無實際學術工作，「徒欲藉是為政爭工具而已，故在國際上無地位，不若同志會之猶能周旋國際至數十年，而為今日聯合國同志會之前身」。❸³

三、其他與國聯有關的團體

巴黎和會開幕初期，國際聯盟之創立一時成為國際注目之焦點，國內除上述兩會之設立外，南北兩國會及其他有關外交之團體也都關心國聯。2月7日參議院大會中，議員魏斯炅等建議「請咨政府對於歐洲會議，首先贊成國際聯盟」，提案文如下：

> 請咨政府對於歐洲會議，首先贊成國際聯盟，並要求尊重我國之國際平等發言權建議案。國際聯盟……經美總統威爾遜之提倡，幾有一日千里之勢。所謂主權互讓、軍備限制、國際機關之組織、國際軍隊之編成、經濟壟斷之排除、種教差別之待遇種種困難問題，皆有救濟之方，措施之法，足以釋反對者之疑團，而閉執讜夫之口也。歐戰停止以來，事機愈見成熟，我國若不先機主動，首先加入聯盟，不獨酷好和平親愛友邦之真誠，莫由表示；徘徊中路，必受他動之提攜，則損害國權豈能究詰；

---

❸¹ 天津《大公報》，1919年2月23日，第1版。

❸² 〈收駐美顧公使十四日電〉，1920年7月18日，《外交檔案》03-44/54-(4)。

❸³ 同註❷⁵。

此本員主張首先贊成之理由也。

即付表決，獲多數通過，送交國務院。❸❹林長民也曾於國會外交委員
會提出一文申論其事；林氏並於1921年5月在英國期間，被推為「國
聯同志會」首席代表，前往義大利米蘭出席世界國聯總會大會，同行
者有張君勱、王世杰、梁龍、朱文懿諸人。❸❺廣東舊國會亦研究國際
聯盟問題，有「國民外交後援會」之組織。❸❻

「國民外交協會」對國聯也頗關心，此會由國民外交後援會、平
和期成會、財政金融學會、蘭社、戰後外交研究會等團體於1918年12
月開講演大會，邀蔡元培、梁啟超諸人演說；又邀京師商會、政治學
社等各團體加入，共組而成，於1919年2月16日開成立會。其宗旨為
「本會專為研究外交團體，不涉內政，會中組織亦無黨派界域之分，
以示對外全國一致；⋯⋯一方面表示公正之民意，一方面為政府後
援」；選張謇、熊希齡、王寵惠、嚴修、林長民、范源濂、莊蘊寬七
人為理事。❸❼4月8日致書梁啟超，請梁氏為該會代表，主持向巴黎和
會請願各事。❸❽該會於2月中呈大總統徐世昌〈陳擬關於外交事項辦
法意見書〉，云：

---

❸❹ 〈國務院公函〉辰字第1565號，1919年2月14日，《外交檔案》03-37/
7-(3)。

❸❺ 同註❷❺。

❸❻ 《申報》，1919年2月28日，第7版。廣州政府在聯俄之後，對國聯態度
轉變，攻擊其為帝國主義控制，大國壓迫弱小國家民族的工具；見李玉
貞《孫中山與共產國際》(臺北：近史所，1996)，頁489。

❸❼ 〈國民外交協會成立紀〉，《申報》，1919年2月20日，第6版。

❸❽ 丁文江編《梁任公先生年譜長編初稿》，頁557。

顧當歐戰以前，東西列強方持侵略主義，欲議改正條約，挽回利權，必不能得友邦之承認。今也大戰告終，強權失敗，公理伸張。文明各邦，知國際不平等之事，實為誘起戰禍之厲階。為謀消弭亂源，爰有國際聯盟之議，其目的在保障和平，其精神在依據公理。此迴綠轉黃之新世界，既以正義人道為維持和平之前提，則凡曾蒙不平之苦痛者，苟提案而請解除之，我文明友邦，在理實不可不承認。天相中國，既予以千載一時之機，則求振國權時不可失。

並特具意見書，呈請總統電示和會專使，提出巴黎和會，請求列國承認，為本國挽回已失之利權。此意見書中第一款即為：

一、贊助國際聯盟之實行。國際聯盟已成世界公論，和平會議之委員會亦既議具草案提交大會矣。吾中國國民素愛和平，自昔有世界大同之理想。今幸逢茲嘉會，深願贊助其進行，以形剷除世界禍亂之根源，俾成永久太平之局。本會關於組織國際聯盟之主張如下：
　　甲、請各國裁減海陸軍備，限於一定之額數，以後不得擴張。
　　乙、設立各項永久聯盟機關，分任執行、仲裁、裁判等職務，由列國各出同數委員組織之。
　　丙、禁止秘密外交，國際條約概須公布。
　　丁、經濟平等，不得結片面最惠的通商條約。
　　戊、對於叛盟之國，宜嚴定制裁之法。
　　己、改造世界之組織，凡國際間，或甲乙兩國間，前此由誘逼訂立之不公平條約契約，一概解除，遂照將來各國公

訂之國際法另行規定。

總統府秘書廳將此意見書交外交委員會核議，外交委員會於4月24日開會詳加討論，建議將該意見書交國務院及外交部，電令代表在和會或國聯會中乘機提案。國務院於25日函外交部稱：「查該會核議各節，似可由貴部摘要酌電陸專使注意察辦」。❸❾

巴黎和會前及和會之初，即1918年底到1919年2月中旬，是中國朝野對和會及國聯期望最高的階段。國人對擬議中的國際聯盟抱有相當的憧憬，常以中國傳統的「平天下」、「世界大同」等理想，期許公理戰勝強權後，以人道正義維護世界和平的國聯。民間贊助、研究、鼓吹國聯的團體紛紛成立，國會也重視之；其心理如梁啟超所云：「謂將操此券以責世界改造之大業，而含冤負屈之弱小民族，亦各自謂將有所赴愬以得直」；❹❶「本來威爾遜一班人，調子唱得太高，我們聽著了，以為理想的正義人道，霎時可以湧現，以為國際聯盟這個東西，就有鋤強扶弱的萬能力；不獨將來的和平靠他保障，便是從前的冤抑也靠他伸理」。❹❶甚至連研究國聯的團體也一時奇貨可居，成為爭權奪利的工具，引發了「國際聯盟同志會」與「國際聯盟協會」的紛爭，幾乎是研究系與安福系競爭的又一戰場。

然而巴黎和會中強權把持依舊，中國未得進入國聯行政院，山東

---

❸❾ 〈國務院公函〉，1919年2月25日，《外交檔案》03–37/8–(2)。北洋政府時期有過三個「外交委員會」，此為第一個，成立於1918年12月中旬，設於總統府內，於1919年5月3日結束；詳見葉景莘〈巴黎和會期間我國拒簽和約運動的見聞〉，載《文史資料選輯》第2輯。

❹❶ 梁啟超〈國際聯盟序〉，1920年4月3日，《飲冰室文集》之35，頁40～42。

❹❶ 梁啟超〈國際聯盟評論〉，《歐遊心影錄》，頁149。

問題又以失敗告終，國人對國聯的態度遂有了一百八十度的轉變。梁啟超云：

> 及幾經波折，聯盟之約僅得列於載書，而精神已迥非其舊。綜其已然之效，不過於德殖民地之委任統治尸一虛號，此外遂無所表見。而號稱強有力之大邦，或至今未及與盟，或且思脫盟而去。於是近見者流忽復根本致疑於國聯之價值，謂曾是海牙保和會之不若。❷

國人對之興趣不再，理想主義色彩褪去。其後北京要人梁士詒曾於1924年6月在日內瓦，與國聯秘書長段呂蒙會談時，亦提及國人認為國聯只重歐洲，對遠東事務漠不關心。❸只有梁啟超等少數人肯定國聯理想長遠的價值，鼓吹國人重視國聯。

第二節　山東問題與國聯

國聯成立之初，國人對之有極高的期許。除較高層次的主持正義、維護國際和平等抽象原則外，具體的期望就是解決山東問題及修改條約這兩個問題，山東問題尤其是自巴黎和會以來國人關心的焦點。過

---

❷ 同註❹。

❸ 梁士詒於1924年3月5日自香港起程赴歐美遊歷，8月29日回抵上海。梁氏於6月17日在日內瓦，午赴國際聯盟會公宴，下午3時訪國聯秘書長段呂蒙爵士，晚赴國際俱樂部宴。與段氏談話，又在國聯正式招待會演講，其中談及中國與國聯問題，頗值注意。見鳳岡及門弟子編《三水梁燕孫先生年譜》，頁821～828。

去對山東問題的研究，多由巴黎和會跳到華盛頓會議，忽略了這兩次會議之間的國聯第一、二屆大會。本節探討由 1919 年初巴黎和會到 1921年中美國提議召開華盛頓會議期間，中國對向國聯提出山東問題的討論，藉以瞭解國人對以國聯為核心的世界新秩序理想，由高度期許到回歸現實的過程。

一、巴黎和會中的山東問題與國聯

中國對巴黎和會寄望頗高，以為各國均已承認以威爾遜提出之「十四款」為休戰之基礎，欲在和會中一舉除去一切束縛，使中國取得自由平等之國際地位。代表團在和會中共提出四份說帖，分別是〈德奧和約中應列條件說帖〉、〈中國要求膠澳租借地、膠濟鐵路暨德國所有他項關於山東省權利之直接歸還的說帖〉、〈要求廢止一九一五年五月二十五日中日條約換文事之說帖〉、〈中國希望條件之說帖〉，所望甚奢。但受制於國際現實，強權操縱和會如故，除德奧和約中應列條件外，多不能如願，山東問題的處理尤其讓國人失望。

和會開幕之初，中、日激烈辯論山東問題，國人原以為以顧維鈞傑出之表現，與美國對華之同情，應可壓倒日本。不料到4月22日美國總統威爾遜告訴中國代表，日本對山東權利爭持甚堅，又有條約支持，美國無法幫助中國。23日下午大會邀陸徵祥、顧維鈞出席，美總統告以：「擬將膠州問題分兩層辦法，一按照中日協定條件，一使日本繼承德國權利；中國於兩法之中何者為願?」顧維鈞稱：「若此次在會未見有公道之主張，實為失望」。美總統稱：「歐美並非不欲主持公道，無如為先時種種條件所束縛」。但強調「現幸國際聯盟會成立，該會宗旨專為維持各國獨立及領土完全，中國已為會員之一，將來如再有以強力欺陵中國者，在會各國自有援助之義務」。顧氏答以：「與

其醫治於發病之後，何如防範於未病之先」。　❹30日，三國會議決定由日本繼承德國在山東的經濟特權；並表示：「國際聯盟對於領土完全及政治獨立已設保障，此後中日兩國之關係，即全歸此項保障範圍之內」。❺而據陸徵祥之報告，美國對日本讓步原因之一就是擔心日本不加入國聯。❻

中國代表團於5月6日向「三國會議」正式抗議；❼其後中國代表團努力爭取保留，但對若保留不成是否簽署對德和約則陷入兩難之局。若不簽字，除恐開罪列強外，還擔心會失去加入國際聯盟的機會，一旦被排除在國際組織之外，則今後中國在國際社會就更加沒有發言的資格。當時英、美友人多建議中國：爭取保留，否則應先簽字，待加入國際聯盟後，再將山東問題提交國聯解決。12日，外交部參事刁作謙訪美國駐北京公使芮恩施(Paul Reinsch)，芮使云：「中國聲明保留此問題，俟諸國際聯盟之解決，大可加強中國之地位」。❽22日，王正廷、施肇基往見英專員，徵詢保留意見；英專員私人看法以或先將關於山東條款不能承認，中國將來仍有向國際聯盟提議之權利，函致

---

❹　〈收法京陸總長二十三日電——電陳出席大會討論山東問題情形由〉，1919年4月28日，《外交檔案》03–33/150–(1)。

❺　〈收法京陸總長四月三十日電〉，1919年5月7日，《外交檔案》03–33/150–(2)。

❻　〈收法京陸總長電——魯案在和會失敗之複雜情形由〉，1919 年 5 月 17日，《外交檔案》03–33/150–(2)。

❼　〈收法京陸總長六日電——電陳中國代表向三國會議抗議情形由〉，1919年5月13日，《外交檔案》03–33/150–(2)。

❽　〈收刁參事往晤美館芮公使問答〉，1919年5月16日，《外交檔案》03–33/150–(2)。

會長，聲明以免誤會；此事關係甚大，文字尚須經公法專家格外斟酌。❹5月下旬，日外相內田康哉半正式宣言將來歸還青島，國務院電陸徵祥，以北京英、法公使均主張簽字，美使謂：「如保留辦不到，只可簽字，將來國際聯合會內當可極力協助，否則協助較難」。❺英國駐北京公使朱爾典(John Newell Jordan)也表示：「本使亦以中國簽字為然，俾貴國將來可以享受世界聯盟會之利益，世界聯盟會之公論可以有實地上減輕貴國在山東及所有各處為難之作用」。❺

5月27日，陸徵祥、顧維鈞會見威爾遜討論山東問題，威爾遜稱英、法受與日密約之束縛，山東問題不能解決，將來在國聯提出時美國可支持中國。並稱日本已宣言所得經濟權及租界外，將政治權完全歸還中國，云：「日本有此聲明，以後即可由國際聯合會保障履行。根本問題在日本此次可要求者，他國亦經先有；故我以為將來聯合會中協助中國之計，應先將各國對於中國所有不平等之權利，如領事裁判及勢力範圍等設法取消」。❺28日，中國全權代表團秘密會議，討論是否保留簽字問題，經反覆討論仍無法決定。會中伍朝樞提及山東問題可於國聯提出，但不簽字則不能加入國聯。陸徵祥則對提交國聯沒把握。❺6月6日，陸氏電北京云：「保留一層現仍竭力堅持，英專

❹ 〈收法京陸總長二十二日電〉，1919年5月28日，《外交檔案》03–33/150–(2)。

❺ 〈收國務院抄交致法京陸總長電〉，1919年5月27日，《外交檔案》03–33/150–(2)。

❺ 〈收次長會晤英國朱公使問答〉，1919年5月29日，《外交檔案》03–33/150–(2)。

❺ 〈收法京陸總長五月二十七日電〉，1919年6月2日，《外交檔案》03–33/150–(2)。

員所擬聲明關於山東條款中國將來有向國際聯合會提議之權一層，再四斟酌，萬難預向」。❸而北京政府對是否簽署對德和約，一直無明確指示。這個兩難之局，最後因顧維鈞與美國代表詳細討論後，發現只要簽對奧和約，也同樣可成為國聯創始會員，才疑慮盡去，決定對德和約保留不成則拒簽。❺

6月28日，中國代表拒簽對德和約，並發布宣言，說明中國代表因感覺大會對山東問題解決辦法之不公道，雖經盡力調和，多方聲請保留，都遭大會拒絕；為遵循對國家及國民之義務，不得已而不簽字。又在各報刊登聲明，云：

> 中國全權之此舉實出於不得已，惟於聯合國團結上有所損失，殊覺遺憾。然舍此而外，實無能保持中國體面之途，故責任不在中國，而在於媾和條款之不公也。媾和會議，對於解決山東問題，已不予中國以公道，中國非犧牲其正義公道愛國之義務，不能簽字，中國全權願竭誠布陳，靜待世界之裁判。❺

陸徵祥於7月3日電北京政府善後辦法，即強調稱：「奧約須往簽字，則中國仍在協約國團體之內，且仍可為國際聯合會發起會員之一；雖此間東鄰委員團微聞有藉詞拒我單簽奧約之意，惟近日會中各股開會照常邀我列席，目前尚無為難情形發生，此後自當步步注意，以達往

❸　〈中國代表團秘密會議〉，1919年5月28日，《外交檔案》03-33/11-(3)。

❺　〈收法京陸總長六日電〉，1919年6月8日，《外交檔案》03-33/150-(2)。

❺　顧維鈞著《顧維鈞回憶錄》，第一分冊，頁205。

❺　〈收法京陸專使六月二十九日來電——電陳未簽約後中國代表團在各報所登宣言由〉，1919年7月4日，《外交檔案》03-33/151-(1)。

簽目的」。❺❼國務院復電云：

> 德約既未簽字，此時善後挽救辦法亟宜注重，奧約簽字以加入
> 國際聯合會為目的，希於簽訂奧約一節，務期辦到，並就加入
> 聯盟之各種方法，與英法美方面詳細研究，預為布置。此次拒
> 簽德約，實因山東問題，前電所述美國及英、法方面均有調停
> 之議，現在調停辦法進行程度如何？最好調停能有效果，否則
> 惟有以適當辦法在國際聯合會提案。❺❽

惟總統府美籍顧問福開森(John C. Ferguson)有不同意見，自美京華盛
頓致電徐大總統云：「籲請鈞座訓令現駐巴黎之中國各專使切勿簽署
奧約，以現勢論實不宜加入國際聯合會，而應根據正義將中國所應要
求各節訴諸世界；現在美國人公論對於和約內關於山東各條款甚為反
對」。❺❾

　　8月初陸氏赴英，11日偕駐倫敦公使施肇基及外交部參事嚴鶴齡
往見英國外相；雙方談及山東問題，陸氏云：「敝國對於國際聯合會
極為贊成」。英國外相則稱：「此會尚未成立，其功效一時自未能發
現」。❻❶21日，陸氏密電北京大總統、總理，陳山東問題不宜直接交

---

❺❼　〈收法京陸專使三日電——電陳與各全權所商善後辦法二端由〉，1919
　　年7月7日，《外交檔案》03–33/151–(1)。

❺❽　〈收國務院抄收致巴黎陸總長電〉，1919年7月13日，《外交檔案》03–
　　33/151–(1)。

❺❾　〈收美京福開森電〉，1919年7月16日，《外交檔案》03–33/151–(1)。

❻❶　〈收英京陸總長十一日電〉，1919年8月16日，《外交檔案》03–33/151–
　　(2)。

涉，將來辦法約有三端云：一、待美國保留山東條款後，中國援例要求保留，補簽德約；待美與各國重行磋商辦法，或可得較優結局。二、若美批准全約，再與日本交涉。三、如認為與日直接磋商為不利，或磋商後無效，則向國際聯合會提案。❻國務院復電云：「現美、法兩院尚在抗議，在我自應持以鎮靜，相機因應；目前自未便與日本直接相商」。❻9月10日，中國簽署對奧和約，得以成為國際聯盟創始會員國之一。

二、和會後拒絕直接交涉與提交國聯之主張

中國拒簽對德和約，並加入國聯之後，解決山東問題的可能途徑有：中日直接交涉，由第三國調停，及訴諸國際聯盟等方法；當時國人多主張提交國聯，日本政府則希望中、日兩國談判交還膠州灣及解決關於山東之善後問題，引發了所謂「直接交涉」問題。1920年1月10日，凡爾賽條約換約生效；19日，日本公使館致北京外交部一節略，云：「現在平和條約案已發生效力，日本政府為遵照歷次宣言交還膠州灣，並解決關於山東之善後問題起見，欲與貴國政府開始商議，庶本案可以迅速誠實妥為解決」。❻北京政府允拒兩難，在巴黎和會中因山東問題拒簽對德和約，現若與日談判，前後立場不一致；但不談判，山東為日所佔，無法解決。而民間輿論及廣州政府都堅拒直接交涉，

---

❻　〈收法京陸總長二十一日電〉，1919年8月24日，《外交檔案》03–33/151–(2)。

❻　〈收國務院抄交復巴黎陸總長電〉，1919年8月26日，《外交檔案》03–33/151–(2)。

❻　〈收日本使館節略〉，1920年1月19日，《中日關係史料──山東問題》上，No.5，頁2、3。

主張將山東問題提交即將成立之國際聯盟。[64]當時民情激昂，強烈反日，主要論點為若中日直接交涉，則與巴黎和會中立場相違背，無異承認德約，國民堅持拒簽運動成果，盡付東流，且失國際人格。此外對國際聯盟主持公道，及對美國國會對德約持保留案，將在國聯中大力支持中國有很高的期望。由於北京政府未立即拒絕日本提議，報端有將直接談判的傳言。2月上旬，京津學生基於愛國熱忱，遊行演講反對直接交涉；部份天津學生遊行日租界，遭軍警逮捕。北京各大學、專門學校校長聯名向北京政府呈請曰：「此次京津學生之呼籲，跡雖過分，而心實無他，政府但能博採輿情，明白表示，不獨學生別無苛求，即全國當亦同深感佩」。[65]全國許多人民團體，及吳佩孚為首的直系將領，紛紛上電反對與日本直接交涉山東問題；此實為上年「五四運動」拒簽和約後，國民關心外交之延續。[66]

北京政府初步看法為國聯不可恃，而民意不許與日直接交涉，乃

---

[64] 如〈收江蘇省教育會等電〉，1920年1月18日，《中日關係史料——山東問題》上，No.2，頁1；及同書中各人民團體電文，均一致主張堅拒直接交涉，提付國際聯盟解決。另參見沈雲龍著《徐世昌評傳》下，頁543～550。張一志編《山東問題彙刊》（臺北：文海出版社翻印），序中即言明此書主旨以拒絕中日直接交涉，提訴國際聯盟為目的。

[65] 〈收院交蔡元培呈〉，1920年2月13日，《中日關係史料——山東問題》上，No.85，頁43、44。

[66] 見上書各電；及《三水梁燕孫先生年譜長編》1920年2月6日〈北京政府關於山東問題通電各省區當鎮靜電〉；14日〈明令禁止學生干政〉；15日北京警察廳解散學生聯合會、職教員聯合會；29日軍警解散北京國民大會；4月14日上海全國學生聯合會通電罷課，以電請政府駁回日本對魯案通牒未得答覆故也；等各條。

徵詢各方意見，謀求善策。外交部很重視留在巴黎的顧維鈞的意見，
於接到日使館照會之次日即電顧氏，告以日本要求開始商議山東問題，
「此事在日本為履行條約，而在我因未能保留之，實覺允拒兩難，且
國際聯盟能否處理山東問題，亦屬疑問。政府現正籌商應付辦法，執
事當有卓見，務希詳籌電復」。❻❼26日，顧氏復電云：「山東問題今昔
情形不同，日政府既將交還辦法請我商議，似難拒絕。中國不可以過
去之條約換文為依據，而就事實商談」。❻❽外交部接電後，於28日更
進一步徵詢顧氏對魯案提出國聯之意見，稱：

> 二十六日電悉，所稱各節切中竅要，政府正以此事允拒兩難，
> 擬抱定拒簽德約之宗旨，撇開中日協約及和約三款，就事實上
> 互商相當解決；倘彼不允，其咎亦不在我，將來仍有交付聯盟
> 及由各國調停之餘地。茲准尊使電，政府宗旨益形確定，深用
> 佩慰。惟西南及國民多數意見頗主張提出國際聯盟，惟此舉於
> 法理事實難免有種種阻礙，在我亦應籌及，此中關鍵執事知之
> 最審，尚望詳細電部，以為政府與各方面開誠討論之材料，解
> 釋誤會。群情迫切，盼迅核電復。❻❾

顧維鈞復電，認為提出國聯之時機尚未成熟，徒滋窒礙；云：「該會

❻❼ 〈發法京顧公使電〉，1920年1月20日，《中日關係史料——山東問題》
上，No.8，頁3。

❻❽ 〈收法京顧專使二十六日電〉，1920年1月28日，《中日關係史料——山
東問題》上，No.26，頁10、11。

❻❾ 〈發法京顧專使維鈞電〉，1920年1月28日，《中日關係史料——山東問
題》上，No.30，頁14。

甫經成立，美為山東問題助我最力者，而尚未入會；各大國主張執行
德約為首務，我若遽爾提出，恐難收效果」。而且中國如拒不允議，
不但各國人士不能諒解，將來國際聯盟以此詰難，中國亦難自解。「故
不如竟允與議，將來彼若於條件不肯讓步，以致會議中止，則咎不在
我，彼時再向國際聯盟要求處理，當為自然之步驟，較易喚世人之同
情」。❼

　　外籍顧問也多認為拒絕與日開議逕提國聯為不妥。福開森建議以
法律解決：即中國應復日本照會，表明中國未簽德約不受拘束，且民
四條約已無效力；若日本不肯放棄該二約，則形成國際義務之爭端，
可依國聯盟約規定，請國聯行政部提出海牙公斷院，即可達法律解決
之目的。❼外交部法律顧問狄谷(M. Henri de Codt)依國際聯盟之組織
精神，從盟約條文推敲後，認為：「聖日耳曼條約未生效力，並未經
中國批准，中國尚非聯盟會會員，自不能提交國際聯盟會。進而言之，
就現在情形，縱使此種手續均已辦妥，中國將山東問題提交國際聯盟
會，恐亦被駁也」。❼法籍顧問寶道(M. George Padoux)認為中國法律
上之論據薄弱，而根於政治及公正之主張反較堅強。若要訴諸國聯，
不論依據盟約第十一、十二、十五、十九條，都應先加入國聯，且應
先與日本從事協商。建議云：

❼　〈收法京顧專使維鈞電〉，1920年2月2日，《中日關係史料——山東問題》
　　上，No.44，頁22、23。

❼　〈收衡州吳佩孚等電〉，1920年2月22日，附件一〈顧問福開森關於山東
　　問題說帖〉，《中日關係史料——山東問題》上，No.112-1，頁61、62。

❼　〈收狄顧問說帖〉，1920年3月11日，《中日關係史料——山東問題》上，
　　No.146，頁106～108。

中國果欲訴諸國際聯盟必須妥慎從事，使人無可訾議而後可也。在擇定最後辦法以前，得知他方真實之傾向並可確證其意志，不能謂為無益。如在非正式或半正式之談判中，日本表示之意志難得圓滿之結果，當此之時，亦僅自茲伊始，中國即可執定何者為其所當訴，果訴諸國際聯盟，應取若何之程式始較有益，即可從事進行矣。[73]

　　總之，駐外使節及法律顧問多由國際法觀點，主張應先堅持中國立場與日本交涉；若日本不能接受中國立場形成爭議後，再提出國聯。且若提出國聯必先充份準備，爭取大國支持，方可從事。而民間輿論則力持一旦與日直接交涉，等於默認德約及中日間各種協約；交涉失利再訴諸國聯為先失所據，況提交國聯失利，亦與直接交涉之害相等。國立北京大學國際公法教員萬兆符著〈山東問題與國際聯盟〉述之甚明，頗具代表性；其結論為：「提交國際聯盟之害輕而利重耶，則將山東問題提交國際聯盟，以俟世界公共法庭之公斷，復何疑?」[74]
　　當北京政府陷入兩難遲遲未能答覆，日本使館於4月26日又照會外交部催促云：「請中國政府從速決意，依照前次帝國政府所開辦法辦理」。[75]日本公使小幡酉吉並會晤外交總長顏惠慶商談此事，顏氏稱：「閣議時，以為按照現在外界情形，政府尚不能放手辦理，此事

[73]　〈收寶道顧問致次長函〉，1920年3月2日，及附件〈關於山東問題意見書〉，《中日關係史料——山東問題》，No.129-1，頁71～76。

[74]　〈收政治學報社函〉，1920年3月15日，附件，《中日關係史料——山東問題》，No.151-1，頁119～125。

[75]　〈收日本使館照會〉，1920年4月7日，《中日關係史料——山東問題》上，No.171，頁148、149。

開議一層，仍須從緩。」又云：「政府所以不能開議，實因國民群起反對之故」。 日使詢以國民反對直接交涉，則必提付國際聯盟？顏氏答稱：

> 貴公使既說到如此，鄙人亦開誠布公據實答復。中政府對於此案，實極力顧全兩國邦交，方主緩議，否則此案發源於巴黎和約，中國未嘗簽字於德約，即不能承認該約所定之辦法。故以理言之，貴國提議此案之公文，中國應當退還，不能接受，然中政府因重視兩國邦交，終不肯出此，尚望貴政府對於中政府之苦心，加以諒解也。⑯

5月22日，外交部正式以節略答覆日使，云：「中國政府對於膠澳問題，在巴黎大會之主張未能貫澈，因之對德和約並未簽字，自未便依據德約，遂與貴國開議青島問題」。⑰

日使於6月14日會晤外交次長陳籙，陳述日本政府對山東問題意見；強調日本在山東權利早在民四條約中得中國承認，與中國簽不簽德約無關。⑱此即所謂日本因魯案交涉的「第三次通牒」，又引起國人群起攻擊。7月初，日本外相內田康哉在新議會中演說，有「不幸中

---

⑯　〈收日本小幡公使會晤問答〉，1920年4月29日，《中日關係史料——山東問題》上，No.174，頁149、150。

⑰　〈發日本小幡公使節略〉，1920年5月22日，《中日關係史料——山東問題》上，No.188，頁175、176。

⑱　〈收日本小幡公使會晤問答〉，1920年6月14日，《中日關係史料——山東問題》上，No.215，頁186、187；及〈收日本使館節略〉，1920年6月16日，同前書上，No.218，頁188、189。

國以拒絕簽字及內亂為理由，不應帝國還附之請求；然此後無論何時，中國倘希望開議，日本仍有應其所請之決心」等語。[79] 由於中國政府拒絕與日本開議，山東問題遂成懸案。

三、國聯第一屆大會前北京政府對山東問題的籌畫

對奧和約於1920年7月16日在巴黎換約，中國因而正式成為國際聯盟會員。國聯第一屆大會定於11月15日在日內瓦召開，北京政府在8月派駐美公使顧維鈞，及駐荷蘭公使唐在復為出席代表，並開始籌備各項事宜。9月15日，外交部指示顧、唐二使「應提出國際聯合會各項問題」，云：「國際聯合會業告成立，所有我國應提問題種類不一，亟應先事籌備。……本部意見，我國自應先儘具體問題提出；其餘可提出大綱，如違反國際平等原則及有礙中國國力發展各約，均在要求修正之列」；並詢顧、唐二人意見。[80] 顧維鈞詳細覆電，認為在國聯大會提山東問題並無把握，但仍應提。電文云：

> 鄙意山東問題雖提出聯合會，結果如何，毫無把握；惟此事創鉅痛深，平反原案，眾望慕重，政府既已議決交會辦理，各國亦認為重要懸案，注目已久，自應儘先提出。至提出機關，尋繹該會憲法，似以先交行政院為宜，但一面仍可在此次大會內設法鼓吹公論，以為後盾。

---

[79] 〈收駐日莊代辦璟珂六日電〉，1920年7月7日，《中日關係史料——山東問題》上，No.229，頁194。

[80] 〈發駐美顧、和唐公使電〉，1920年9月15日，《外交檔案》03–37/4–(4)。

至於其他希望條件與二十一條，顧氏認為太過複雜，應待山東問題辦有頭緒後再提。[81]

10月間外交部積極為山東問題提出國聯作準備，著重於探詢各大國政府及公法專家之意見。14日，外交部「和約研究會」致函總長顏惠慶，云：

> 今日本會開會討論山東問題，各會員以上年巴黎和會開會時，列強對於山東問題之態度殊不一致；現事隔經年，其中有無變遷，如我國將前項問題提出國際聯合會，該會能否受理？若不受理，預料彼將何詞以拒我各節，均應詳細偵訪，以資參考而便策應。為此函請總長轉電駐外各使，向各駐在國政府及英、美、法公法專家探詢意見，隨時電部抄交本會研究。[82]

同日，外交部依此意見電駐英、美、法、義四國公使。[83]駐英施肇基公使於20日回電，謂與英國外交部東方股長晤談山東一案，渠稱國聯大會似屬法律性質，此次中國如提案，應根據法律方面著手云云。[84]

---

[81] 〈收駐美顧專使維鈞電〉，1920年9月23日，《中日關係史料——山東問題》上，No.243，頁203、204。

[82] 〈收和約研究會函〉，1920年10月14日，《中日關係史料——山東問題》上，No.252，頁217。「和約委員會」應於9、10月間成立，參見註[37]引文。

[83] 〈發駐英施、美顧、義王公使、法岳代辦電〉，1920年10月14日，《中日關係史料——山東問題》上，No.250，頁216。

[84] 〈收駐英施公使肇基二十日電〉，1920年10月22日，《中日關係史料——山東問題》上，No.259，頁274。

　　駐美公使顧維鈞對美國的態度及自己的看法報告得十分詳細，也最有影響力。他在赴歐出席國聯第一屆大會前，不斷與美國國務院及國際公法專家接觸，討論國聯與山東問題，也一直與北京外交部交換意見。16日，顧氏覆電，稱魯案提出國聯一層，與美國公法專家探詢結果，認為國聯應不致拒絕受理，但受理後之結果則難預料。[85]同日，顧氏又電告其與美國國務院東方股長私人談話情形，彼以此時中國提山東問題有三不利：一、美未入會，本國輿論又多反對，美政府地位困難，無從助華。二、英、法、義各國乃助日獲得山東權利之國，國聯與和會雖屬二事，各國代表之態度不能完全脫離其政府在和會所行之政策。三、山東問題，美國在和會維持中國最力，各國殆視同美國問題；此次美參議院反對和議，以山東各款為最；而美為國聯之發起人，反未入會，各國見此種種，對於該會問題或胸懷成見，不能秉公辦理，不如緩提。顧氏則以提案之利益為：「各國輿論對於該會尚未能一致贊成，其間反對者，均以該會為大國所操縱，全為保守歐戰勝利，不能恃以主持公道，保持和平，該會為袪除謬見，排解反對起見，或能格外考量」。彼贊同此說，但仍建議中國於會前接洽英、法、義政府，探其對中國提魯案的態度。[86]顧氏次日又電，以美國11月2日選舉總統，民主黨贊成國聯，共和黨反對；選舉結果與山東問題關係頗鉅。[87]18日，顧氏再電，報告密聘美前國務卿藍辛(Robert Lansing)

[85]　〈收駐美顧公使維鈞十六日電〉，1920年10月22日，《中日關係史料——山東問題》上，No.263，頁276。

[86]　〈收駐美顧公使維鈞十六日電〉，1920年10月23日，《中日關係史料——山東問題》上，No.266，頁277、278。

[87]　〈收駐美顧公使維鈞十七日電〉，1920年10月20日，《中日關係史料——山東問題》上，No.257，頁273。

為中國出席國聯代表之法律顧問；藍辛意見為國聯對中國提山東問題
似未便堅不受理，但恐難得良好結果，此案應待美國加入國聯後提出
較好。[88]同日，顧氏又與國聯秘書晤談，其個人意見以魯案提出國聯
當無困難，但須極注意援引適當之盟約條文。另中國似應先向行政院
提案，而非大會；因第一屆大會，「性質類乎成立大會，所重者在組
織上居多；開會伊始，全球瞻仰，恐不願以難題自困，致有失望，故
中國如欲提案大會，當待至下屆為宜」。[89]

　　顧氏20日又電外交部，詳述駐美使館顧問國際公法專家莫爾
(John B. Moore)意見；彼謂若中國提出魯案，國聯勢難拒不受理，但
「該會成績未彰，受理後能否秉公判決，殊難逆料」。且就實際狀況
而言，列強多已批准德約，行政院及大會中恐均不能幫助中國，云：

> 行政院內八國均已批准德約，英、法、義三國復有前次密約關
> 係；巴西雖隸南美洲，至難自由；比利時、希臘及西班牙等國
> 則係素依協約，即使未簽德約，恐於投票時亦均不能自由助華。
> 至就大會論，除院內八國已如上述外，其餘各國雖未一律批准
> 德約，惟多數因各種關係亦不免依附英、法、義、日。

再就日本而言，必有備而來，云：「日本方面必藉口曾經一再請華開
議，要求該會拒不受理；並將謂須受理仍勸告中國承受日本之提議，
和衷磋商圓滿解決，此層中國於提案時應特別注意」。[90]顧維鈞於21

---

[88]　〈收駐美顧公使維鈞十八日電〉，1920年10月20日，《中日關係史料——
　　　山東問題》上，No.258，頁273、274。

[89]　〈收駐美顧公使維鈞十八日電〉，1920年10月21日，《中日關係史料——
　　　山東問題》上，No.260，頁274、275。

日結束在華盛頓的職務，經紐約赴歐；在紐約時會見共和黨某領袖，詢以如該黨選舉得勝，美國是否加入國聯之事。該領袖提及山東問題，謂：「美未加入以前，聯合會究有無干預能力，頗屬問題云」。[91] 整體而言，美國因國內政爭尚未加入國聯，雖在山東問題上同情中國，但愛其能助；中國提案國聯不能反對，但居於關鍵地位的歐洲列強顯然不會祖護中國。

外交部於10月26日再電駐英、法、義使節，請探明三國政府對我提魯案態度，電文云：「查歐洲列強之態度，於山東問題前途關係匪細，希將我國有意提出聯合會一層，先期密告英、義、法政府；並可謂前在和會貴國因密約關係不能助華，此次與日本有無接洽在先，務請見告；藉以探其對我交會一層是否贊成，在會能否助我」。[92] 駐義公使王廣圻27日電復，稱「山東問題此間各方意見聯合會當可受理」。[93] 11月初又報告云：「據義次長答稱，該問題之詳細非研究未易預言，所可告者，義不必樂為援助中國，惟望中國對義亦有相當之表示」。[94] 法國則表示：「山東問題，日本曾以前經文請中國開議未得要領一層告知法政府。現中國擬向國際聯合會提出，如得加入此次大會議事日

---

[90] 〈收駐美顧公使維鈞二十日電〉，1920年10月22日，《中日關係史料——山東問題》上，No.264，頁277。

[91] 〈收顧代表十月廿二日電〉，1920年11月2日，《外交檔案》03-37/4-(4)。

[92] 〈發巴黎岳代辦、羅馬王公使、倫敦施公使密電〉，1920年10月26日，《中日關係史料——山東問題》上，No.269，頁283、284。

[93] 〈收駐義王公使廿七日電〉，1920年10月27日，《中日關係史料——山東問題》上，No.272，頁284。

[94] 〈收駐義王公使電〉，1920年11月9日，《中日關係史料——山東問題》上，No.278，頁289。

程，則討論時贊助一層，容俟商酌後，與本國派赴日來佛代表接
洽」。❾駐倫敦公使施肇基亦報告稱：「山東問題據稱預料中國必在聯
合會提議，英亦頗為體會；惟中、日山東與義、塞菲姆，當日英為密
約掣肘愛其能助，現在提議廢除約款，英既有密約在先，能否出助，
須待研究；第恐彼責英不顧信用耳」。❾ 11月初，外交總長顏惠慶分
別與英、法駐北京使節晤談，詢問兩國對中國在國聯大會提魯案的態
度。英館克代辦(R. H. Clive)答以英政府仍受1917年英日換文之拘束，
但英國所派國聯大會代表得自由按照各種案情作適當之主張，而不為
本國之政策所束縛；並允電英政府查詢。法國公使柏卜 (Auguste
Boppe)則云法國可不受法日密約約束，並言今年國聯大會各種問題皆
可送入討論。❾總之，歐洲列強均不願因幫助中國而得罪日本。

　　另「和約研究會」於10月底建議，若無合適條文可將魯案提出國
聯大會，不如提解除二十一條，以為斧底抽薪之著；其文云：

　　　　膠澳及山東問題，業經本會迭次討論，據本會夏會員清貽之意
　　　　見，謂細察國際聯合會盟約條文，如將山東問題提交該會，似
　　　　於盟約條文上無可依據。而就國內情形而論，舍提交國際聯合
　　　　會又別無辦法。再四思維，不如以二十一條提出該會，如二十
　　　　一條能達解除之目的，則山東問題自可迎刃而解等語。除由該

---

❾　〈收駐法岳代辦電〉，1920年11月14日，《中日關係史料——山東問題》
　　上，No.281，頁291。

❾　〈收駐英施公使十二日電〉，1920年11月14日，《中日關係史料——山東
　　問題》上，No.282，頁291、292。

❾　〈收英館問答〉，1920年11月3日；〈收總長會晤法柏使問答〉，6日；《中
　　日關係史料——山東問題》上，No.275，頁287、288。

會員口頭陳述外，並提出議案付會討論，本會以為茲事體大，非集思廣益不足以召鄭重而臻周密，究竟二十一條及山東問題應以何者為入手，擬請大部電達顧專使詢意見，以憑參考。[98]

26日，外交部將此意見電顧維鈞；顧氏反對先將二十一條提出國聯，主張仍應先提山東問題。[99]

　顧維鈞於11月1日抵巴黎，探詢各方態度後向外交部報告云：「茲分探聯合會內容及各國態度，均以為魯案此時提出，在會各國均不能協助，恐難收效，核與上月迭次電陳各公法專家意見相符」。而美國尚未入會，中國孤立；且總統選舉共和黨獲勝，該黨一向攻擊巴黎和會解決山東問題辦法，並反對加入國聯；應待美國加入國聯後再提，以免孤立無援。故顧氏建議云：

　　竊謂此事關係重大，總以能實行收回權利為主；現察國際氣象，若提出判決，不能直我，轉無挽回之餘地。而觀國內情形，不提誠無以慰眾望，事處兩難。經一再籌商，似惟有採用上月十八日電內所舉前外交當局某顧問之建議，先將我政府有意提出一層向會中聲明，如此辦理，既可以表示我國並未放棄提出之權，亦可藉免即時提出之不良結果。政府意見如何，盼速裁示。[100]

---

[98]　〈收和約研究會函〉，1920年10月26日，《中日關係史料——山東問題》上，No.268，頁279～282。

[99]　〈收法京顧代表電〉，1920年11月9日，《中日關係史料——山東問題》上，No.277，頁288、289。

[100]　〈收法京顧代表五日電〉，1920年11月8日，《中日關係史料——山東問

由此觀之，在國聯第一屆大會前，外交部與顧維鈞考慮到國際局勢不利；如本次大會以內部組織為主，不宜提出棘手問題；美國未加入國聯，不能助我；英、法、義等大國也不能支持中國；加以日本早有準備，中國所持理由未必有勝算。外交部已傾向於不提出山東問題，但為安撫國內民心，仍應在大會聲明中國未放棄將來在適當時機提出之權利。

四、國聯大會中北京政府對山東問題提案的態度

顧維鈞、唐在復於11月11日抵日內瓦，15日大會開幕。16日，日本駐英大使林權助約顧維鈞細談，詢及中國對山東問題如何辦理；顧氏答以「國內輿論一致要求即行提出聯合會處理」；林權助又稱，俟中國允諾開議，即將交還辦法告我。⑩外交部接獲報告後，認為日本曾在中國拒簽德約之前，兩次對華接洽過歸還條件，「此次林權助晤談各節，是否該國政府授意仍循舊轍，當有線索可尋」；⑩指示顧氏此事可妥慎籌議，但要小心，云：「惟一經允與開商，能否進行尚難逆料，而彼或即藉此向歐美各國聲言中日已自行談判，則與我向會保留提出之權有無妨礙，希酌裁」。⑩「和約研究會」也懷疑日本的動機，

題》上，No.276，頁288。電中所提外交顧問應指藍辛。

⑩　〈收日來佛顧、唐代表十八日電〉，1920年11月26日，《中日關係史料——山東問題》上，No.289，頁296。

⑩　〈發日來佛顧代表密電〉，1920年12月3日，《中日關係史料——山東問題》上，No.296，頁299、300。

⑩　〈發日來佛電顧代表電〉，1920年12月4日，《中日關係史料——山東問題》上，No.297，頁300。

函外交部稱：

> 查日本對於山東問題，所以極不願我國提出聯合會者，非必恐
> 致失敗也。彼以東亞主人自居，以為東亞之事日本力能自了，
> 不勞他國之預聞，倘我國一經提出，即打破其東亞主人之體面，
> 而不復為歐美列邦所重視耳。顧代表十一月十八日電之末節，
> 謂林權助之意，俟中國允諾開議之後，即將交還辦法告我，可
> 知其言雖甘卻不能視為條件。倘歆於其甘言一與開談，彼即可
> 對於歐美各國宣言，謂中日已自相接洽，俾堅固其東亞主人之
> 資格，而杜我提議之機會，恐其目的只有得我開議之允許，未
> 必希望開議之有成。彼國外交信用，我人所素知，似不可不
> 慮。❿

中國代表團遂未再與日本接洽此事。

顧維鈞於國聯大會中表示，將於適當時機提出魯案、二十一條及
修改條約等問題。11月30日，顧氏於接受記者訪問時稱：

> 中國欲復其完全之主權，得其完滿之發達，非除去外力之侵掠
> 不可，此種侵掠本與歐美所主張列國宗主權之旨相背。於各種
> 問題之中，如山東交涉，一九一五年中國被逼於日本所簽之二
> 十一條要求，此二問題影響及於中國之獨立。中國國民深望國
> 際聯合會能秉至公之理判決之。其餘若治外法權、經濟範圍、
> 改訂稅則等問題，亦當於相當之時，提請國際聯合會處理

❿ 〈收和約研究會函〉，1920年12月6日，《中日關係史料——山東問題》
上，No.300，頁302。

者。⑩

　　事實上，其時外交部與顧氏已決定不於大會中提出山東問題。11月22
日，外交部復電同意依據 5 日顧氏致外交部電中所述辦法，只於大會
中作一中國保留隨時提案權利之聲明。29日，顧、唐代表擬就向大會
聲明文稿，漢譯電外交部。⑩12月2日，外交部復電云：「聲明文稿甚
為妥協，希相機提交」。⑩

　　國人對中國於國聯大會提出山東問題頗為關切；12月4日，施肇
基、林長民自倫敦電北京詢問云：

> 大總統、靳總理、顏總長鈞鑒：國際聯合會開會已逾兩星期，
> 我國山東問題是否提出？前聞顧、唐二使已有準備，最近法報
> 頗傳我國不提此案消息，而日本駐英林大使前此亦有中國不能
> 提出之言，林親往日奈佛旁聽，法報所傳，不為無因。肇基等
> 以為我國去年既不簽約，今若不提則前後逕庭；且舍此更無辦
> 法，人將以為默認，閉會之後日本若再提議直接，彼時恐更難
> 應付。聯合會形勢雖不免為一二強國所左右，無論如何此案須
> 留一線生路，以為主張公道之地。此時急當提出，即未能立與
> 解決，亦須有正當之聲明。且去年保留簽字之請，竟不我容，

---

⑩　〈參與國際聯合會第一次大會星期報告〉，1920年11月28日～12月4日，
　　（八）中國所望於聯合會者，《外交檔案》03-38/3-(1)。

⑩　〈收日來佛顧、唐代表二十九日電〉，1920年12月1日，《中日關係史料
　　——山東問題》上，No.292，頁297、298。

⑩　〈發顧、唐、魏三代表電〉，1920年12月2日，《中日關係史料——山東
　　問題》上，No.294，頁298。

是為國際創例，前此無不許保留者；現在列強對美尚盼其加入
聯合會，該會亦不能悍然不顧公義，我國提議卻是好機會。去
年我國所提希望條件，和會復文本有應在聯合會提出之語，現
在似亦應再申請，……事機已急，乞速定方針逕電日奈佛，毋
任迫切。⑩

7日，外交部復電云：「魯案早經預備提出，嗣因該會本屆會議注重內
部組織，於世界各國政治問題，概未預備討論；迭經本部與顧、唐兩
代表往返電商，決定向會聲明保留隨時提出之權。此項文件計不日送
會，與尊電主張留一線生路者用意正同」。⑩並電顧、唐二使云：「保
留提案權之聲明文件諒已送會，近接施使等電稱，山東案急宜提出，
即不能立與解決，亦須有正當之聲明等語。會中情形，駐外各使未能
明晰，除由部電復外，以後會事請酌電各館，以資接洽」。⑩

外交總長顏惠慶於12月上旬分別會晤挪威及美國駐華公使時，也
都談到暫不提出山東問題。顏總長云：

本國以本屆國際聯合會專事會務組織，會議光景極形爽洽，似
不宜驟行提出困難政治問題，致令大會分出派別，破壞會中和
諧的空氣。並聞職此之故，日本亦不在本屆開會期內提出人種

---

⑩ 〈收英京施肇基、林長民四日電〉，1920年12月5日，《中日關係史料——
山東問題》上，No.299，頁302。

⑩ 〈發駐英施公使密電〉，1920年12月7日，《中日關係史料——山東問題》
上，No.302，頁303。

⑩ 〈發顧、唐代表電〉，1920年12月10日，《中日關係史料——山東問題》
上，No.303，頁303。

平等問題。但本部已訓令中國全權在大會中聲明，謂為維持會
內之和協起見，中國全權不願提出問題，致與會內現狀有礙。
惟所有關係中國之利益問題，則不因於此屆會期之內未經提出
遽放棄之。俟將來有合宜時機，中國全權得酌量提出大會裁
決。 ⑪

顧維鈞於 12 月 12 日接見新聞界時，有記者詢及山東問題有所發表否？
顧氏答稱：「中國國內人民之要求提出此問題，其熱度如何，無俟贅
言；惟吾人深知此屆大會，注重內部機關之組織，不能望其即行處理
此類案件。吾人現正靜候一新時機，此時機或在下星期，或在下屆大
會，或在行政院」。 ⑫最後，中國代表顧維鈞於12月18日大會最後一
天發表宣言，云：

　　本全權代表敝國政府，並奉敝國政府之囑託，特向聯合會聲明
　　曰：茲有關係中國極大之數項問題，足以牽動國際間之友誼者，
　　中華民國有意依據國際聯合會盟約之規定，請求大會或行政院
　　注意；為惟因聯合會初次開會，方注全力以求聯合會機關之完
　　備，並於該機關之權利義務，載在約法者，為之釐定，而中國
　　全權代表團之意，以為聯合會為所當為，故於此次開會之時，
　　不以該數項問題提交於聯合會。但本全權今以中國全權代表團

---

⑪　〈收總長會晤那威米使問答〉，1920年12月10日，《中日關係史料——山
　　東問題》上，No.304，頁304；〈收總長會晤美柯使問答〉，12月11日，
　　內容十分接近，同前書，No.306，頁304、305。

⑫　天一〈開會一月後之國際聯盟會〉，《東方雜誌》第18卷第3號，1921年
　　2月10日，頁116。

之名義，謹聲明凡該數項問題，此次雖未提請聯合會注意，本全權保留中華民國入會提案之完全權利，於日後較為相當之時，將此數項問題，交至大會或行政院，凡中華民國得享之一切權利，本全權並不放棄。⑬

《東方雜誌》記者報導稱：「至山東問題，本擬在議會提出，嗣以會期迫促，議案山積，各國代表，似又未嘗顧慮及此，則提出後之成敗，尚在未知，顧使乃聲明其保留提出之權，將於適當時期再行提出」。⑭另一篇報導則云：「山東問題之解決，亦頗呈樂觀之象。議會輿論對於吾民意志，已多瞭解；將來中日懸案無論在國際法庭或在第二屆議會提出，必能得多方面之贊同」。⑮

　　在顧氏發表宣言同日，外交部函「和約研究會」云：「山東問題本屆國際聯合會原擬提出，嗣以此次開會專注重於內部組織，前項問題業經決定由本國代表向會聲明保留在案。萬一於實行提出之先，由第三國出而調解，則其中利弊若何? 似不妨豫為研究」。⑯「和約研究會」復函稱：

---

⑬　〈參與國際聯合會第一次大會星期報告〉，1920年12月13日～18日，(十一)中國代表宣言，《外交檔案》03-38/3-(1)。

⑭　幼雄〈國際聯盟第一次議會概況〉，《東方雜誌》第18卷第3號，1921年2月10日，頁26～36。

⑮　羅羅〈國際聯盟議會閉幕之感想〉，《東方雜誌》第18卷第1號，1921年1月10日，頁4。

⑯　〈發和約研究會函〉，1920年12月18日，《中日關係史料——山東問題》上，No.309，頁306。

按第三國出而調解，其性質本異於公斷，利弊若何，須視擔任
調解者為何國，調解之時須視國際間之趨向，故應行研究之處
不在原則而在事實。……至調解與公斷性質不同者，第三國所
擬調解之方法，從違由我自擇，益我則從，損我則違，不如公
斷之勉受束縛。惟調解無論如何，應以第二屆聯合會開幕前一
個月為限，免借調解為名，妨我提案之權。⑰

是則外交部當時準備於國聯行政院或第二屆大會提出魯案等問題；或
由第三國調解。顧維鈞在第一屆大會中努力爭取，使中國選入行政院
為非常任會員國，其目的之一就是方便在行政院或大會提案。結果魯
案終未在國聯中提出，1921年美國邀集與亞太有關各國，召開華盛頓
會議，山東問題得以在該會解決。

五、對國聯由期許到回歸現實

山東問題就國際層面而言，與國際聯盟關係密切。在巴黎和會中
的魯案就與國聯的成立密切相關；威爾遜為使國際聯盟順利創立，對
日本妥協，不能堅持山東歸還中國。不料引起中國拒簽對德和約；美
國國會也以山東為藉口攻擊對德和約與國聯，導致不批准對德和約，
美國因此未加入國聯。迨共和黨哈定總統(Warren G. Harding)執政後，
召開華盛頓會議，才解決山東問題。中國為了聯美，及對威爾遜十四
點原則的期盼，大力支持國際聯盟的成立，以得美支持爭回山東利權，
及其他不平等對待的修改。然而因美國不能支持到底，山東交涉失敗，
不得已拒簽和約，差一點不能參加國聯。後以簽署對奧和約得以加入

---

⑰ 〈收和約研究會函〉，1920年12月29日，《中日關係史料——山東問題》
上，No.311，頁307。

國聯，但以美國未加入，國人對國聯已意興闌珊。對國聯失望後，重心轉移；有關中國實際問題的解決，由國聯轉移到以美、英、日為核心的所謂「華盛頓體制」， 如山東問題、不平等對待之調整等。國聯本以美國總統威爾遜大力鼓吹，其他列強虛與附和，但美國因內部爭執未加入國聯，國聯也因而轉變為以歐洲列強為中心，處理歐洲事務的組織；對遠東問題，無意也無力處理。

　　由整個山東問題提出國聯的過程看，中國原來對國聯主持正義期望很高，巴黎和會之後，民間輿論及廣州政府堅決拒絕日本提議之中日直接交涉，力主提交國聯。加以美國國會對德約山東條款保留，後又不批准對德和約，對國人心理有鼓舞作用。北京政府則由實際考慮，先由國聯盟約看提交國聯的可行性；初步認為提交國聯應不致遭拒，但對引用那些條文？提交大會或行政部？提交之後能否有利？等問題並無把握。再探詢各大國態度，得知列強並不能支持中國，加以美國未入會，明瞭國聯仍為大國把持分贓之場所，決定遷就現實不提魯案於大會，而聲明保留日後提出的權利。整體而論，北京外交部的作法相當務實，對國聯並無過高奢望。由決策過程看，北京外交部相當重視駐外使節的意見；尤其是出席國聯代表顧維鈞的意見。而顧氏又與其美籍顧問莫爾及藍辛關係密切，⑩顧維鈞自始不主張提交國聯，建議中日就事實談判，與國內輿論主張不同。外交部也重視廣州政府及民間輿論的意見，它們都堅拒與日本直接交涉，力主提交國聯。

　　無論是外交部或是民間輿論，在整個魯案提出國聯問題上，對國

---

⑩　莫爾與藍辛對中國外交的貢獻，見 Stephen Craft, Chinese's Secret Legal Advisers: John Bassett Moore, Robert Lansing and the China Question, 1918～1922;發表於「近代中外關係研討會」八十四學年度第七次研討會，1996年5月25日（臺北：中央研究院近代史研究所）。

聯都是失望的。顧維鈞在歷經國際政治現實後，在給外交部的報告中，總結了他對國聯第一次大會的觀感，稱：

> 竊以為此次情況與巴黎和會貌異而實同，各大國務求於會中保守其在和約所得權利。細加審察，覺其一舉一動悉循舊轍，直將以國際聯合會為數大國之外交機關。對於中小各國，早已密籌對付，縱有發言，若違拂數大之意，斷無良果。……不徒問題之同時有損於各強國者如是，即無損於各強國而不能得其多數之同意者，亦往往不能解決。……不徒問題之不得諸大多數之同意者不能通過，即其中有一二國之反對，亦半歸無望。……中小各國所望於聯合會者，幾無一願可償。若欲其出而排難解紛，恐成一種空想。[119]

國際聯盟在國人心目中的理想光環，在巴黎和會中因山東問題處理之不如人意，已褪色許多；到第一屆大會時，更是消逝殆盡，認識到國聯仍受大國操縱，不過是維持戰勝國利益的機構。列強在巴黎和會中，將不能解決的問題都推給國聯；而國聯成立後，既無心也無力處理這些不急之務。國人對國聯過高的期許，終於幻滅，回歸到國際政治的現實。

第三節　修改條約問題與國聯

歐戰爆發之後，列強在中國的條約體系鬆動，中國於1917年8月14日對德、奧宣戰，與德、奧間條約一律廢止。俄國大革命後，蘇俄

---

[119]　〈顧、唐代表電外交部〉，1920年12月8日，《外交檔案》03–38/7–(1)。

政府於1919年7月25日發表對華宣言，聲明願意放棄舊俄時代俄人在華之一切特殊權利，廢止中、俄間一切不平等條約。北京政府乃乘機收回對俄已失權利，1920年9月23日，大總統令停止舊俄駐華公使領事待遇。此外，北京政府也決心追求獨立主權國之地位，於1919年夏國務會議決定：「嗣後與無約國訂約，均須締結對等條約，不予約定稅則及領事裁判權」。[120] 於是1919年10月8日中國與瑞士互換批准於上年6月13日簽訂的「中瑞通好條約」就成為最後一個所謂「不平等條約」了。1919年12月3日，北京政府與波利維亞(Bolivia)簽訂通好條約，即完全基於平等互惠原則，為近代中國以獨立主權國身份，第一個以完全平等地位，與外國建立外交關係。1920年6月1日，中國與波斯(Persia)亦締結平等條約；同時堅決拒絕智利、捷克、希臘、立陶宛及波蘭等國，要求領事裁判權締結通商友好條約。[121]

　　除了取消戰敗國及俄國在華特權，及不再讓與特權外，北京政府在巴黎和會中更欲一舉除去一切束縛，使中國取得自由平等之國際地位；提出〈中國希望條件之說帖〉，要求廢除外國人在華七項特殊利益：1.捨棄勢力範圍，2.撤退外國軍隊、巡警，3.裁撤外國郵局及有線、無線電報機關，4.撤廢領事裁判權，5.歸還租借地，6.歸還租界，7.關稅自由權；此為中國首次在國際會議中要求修正對華不公正對待。但和會對此希望條件及要求廢止中日民四條約（即所謂二十一條）兩說帖未予受理；僅得和會議長法國代表克里孟梭(Georges Clemenceau)於5月6日正式通知中國代表謂：「聯盟共事領袖各國最高會議充量承認此項問題之重要，但不能認為在和平會議權限以內，擬請俟萬

---

[120]　〈發駐義王公使電〉，1920年4月9日，《外交檔案》03-44/8-(11)。

[121]　參見 Zhang Yongjin, *China in the International System, 1918～1920*, p.139.

國聯合會行政部能行使職權時，請其注意」；⑫於是修約問題就由和會推給草創中的國聯了。國聯盟約第19條規定：「大會可隨時請聯合會會員重行考慮已不適用之條約，以及國際情勢繼續不改或致危及世界之和平者」；提供了以和平方式改變國際條約的可能途徑，國人對此頗有期許，曾嘗試循此途徑修改條約。

一、國聯第一屆大會中的修約問題

國聯第一屆大會於1920年11月中旬在日內瓦召開，北京外交部於9月15日電顧維鈞、唐在復兩代表，討論應提出國聯大會的各項問題，指出：「本部意見，我國自應先儘具體問題提出，……如違反國際平等原則及有礙中國國力發展各約，均在要求修正之列」。⑬顧維鈞復電表示希望條件與二十一條問題太過複雜，應待山東問題辦有頭緒後再提；電文云：

> 其希望條件與二十一條兩案，前既提出和會，並經會長函稱，應交聯合會辦理，在我亦應及早提出。惟希望條件，係修改條約問題，研究聯合會憲法條文，或應交大會處置。但此項問題複雜，欲求解決，勢須彼此詳細磋商；大會有三十九國代表，討論龐雜，恐難得頭緒。將來能否設法提交行政院，邀請其他有直接關係各國一併派員到席，在歐先與商辦，須聯合會秘書長接洽。又山東問題急待解決，若將他項問題同時並提，恐致案情夾雜，歐美輿論轉難貫注，各會員或嫌我紛繁，而東鄰反可抑揚播弄，轉生障礙。且我國希望條件，前提七件，原係舉

---

⑫　《外交公報》第8期（1922年2月），頁（專件）28。

⑬　〈發駐美顧、和唐公使電〉，1920年9月15日，《外交檔案》03-37/4-(4)。

舉大端，此外凡有違反國際平等原則，及有礙我國國力發展各
約，誠如大部所言，亦均在要求修正之列，似可先事通盤準備，
再定提出辦法。至修改二十一條條約案，情形雖異，性質相同，
似亦以俟山東問題辦得略有頭緒，再行提出為妥。⑫

　　結果在國聯大會中因美國未加入國聯，整體國際局勢對中國不利，
而且第一屆大會中有許多國聯內部組織的重要問題要優先討論等種種
原因，北京政府決定暫不提出國人最關心的山東問題，遑論修改條約
問題了。只由顧維鈞於11月30日接受記者訪問時宣稱：中國欲復其完
全之主權，得其完滿之發達，非除去外力之侵掠不可；山東及二十一
條影響中國之獨立，中國國民深望國聯能秉公裁判；「其餘若治外法
權、經濟範圍、改訂稅則等問題，亦當於相當之時，提請國際聯合會
處理者」。⑫最後，中國代表於12月18日大會最後一天中發表宣言，
表示有關中國極大之數項問題，因此屆大會全力求國聯機關之完備，
不提出討論，保留日後較適當時機再提出。⑫

　　北京政府原擬於國聯第二屆大會再提修改條約等問題，後因接到
美國邀請參加1921年底到次年初的華盛頓會議，遂改於華會中提出
「中國之十款」。得華會列強部份善意的回應，然而因種種因素未能
落實，被國人譏之為「口惠而實不至」。迨1925年五卅慘案之後，國

⑫　〈收駐美顧專使維鈞電〉，1920年9月23日，《中日關係史料——山東問
　　題》上，No.243，頁203、204。

⑫　〈參與國際聯合會第一次大會星期報告〉，1920年11月28日〜12月4日，
　　（八）中國所望於聯合會者，《外交檔案》03-38/3-(1)。

⑫　〈參與國際聯合會第一次大會星期報告〉，1920年12月13日〜18日，（十
　　一）中國代表宣言，《外交檔案》03-38/3-(1)。

人民族意識高漲，北京政府才又在國聯第六屆大會中，提出修改條約的聲明。

二、國聯第六屆大會中的修約提案

五卅慘案之後，北京政府於6月24日照會北京外交團，提議「將中外條約重行修正，俾適合於中國現狀暨國際公理平允之原則」。列強遲遲未回覆，而國聯第六屆大會於9月7日召開。會前北京政府任命駐義公使唐在復，駐英代辦朱兆莘及駐法代辦王曾思為代表出席。當時臨時執政段祺瑞之親信徐樹錚正以「考察歐美日本各國政治專使」身份，在歐洲考察。❼徐氏以國聯大會各國要人齊集，為全球注目之所，遂與駐瑞士之陸徵祥，駐法之陳籙，駐德之魏宸組，駐比之王景岐四公使，及海牙國際法庭副法官王寵惠，公擬電文，準備呈請段執政，要求段氏「電訓我國代表援引盟約，要求臨時動議修改條約」。徐樹錚稱會前以此電稿示唐在復，囑其預為接洽籌備，不料唐氏一閱此事，竟託病不敢到會。❽另朱兆莘對修約也很重視，於9月1日電外交

---

❼　徐樹錚於1925年1月4日為段執政特派為「考察歐美日本各國政治專使」，4月上旬抵法國，以巴黎為中心，遍遊法、英、瑞士、義、德、俄、比、荷各國，10月初赴美國，再經日本回國，11月抵上海，12月入北京，見段執政，29日離京，次日晨於廊坊遇害，考察資料皆隨車散失。然閱徐道鄰編著《徐樹錚先生文集年譜合編》（臺灣商務印書館，1962），書中所錄朱佛定〈考察歐美日本各國政治日記〉；以及《中外雜誌》23卷1集至25卷1集連載之吳國柄〈徐樹錚與我——陪徐專使考察歐美日本各國記〉，均未提及徐樹錚與國聯大會中國代表提出修約要求之事。

❽　〈徐專使十四日自巴黎來電〉，1925年9月15日，附於〈收府秘書廳函〉，1925年9月23日，《外交檔案》03-38/12-(2)。

部云:

> 自修約議起，各國對我提議淡然若忘，謂宜向本屆國際聯合會
> 大會多做宣傳工夫。開會第一星期，例為對會務普通發表意見
> 時期，我國代表團宜乘機將修約理由詳為聲敘，以博與會各國
> 之同情一也。大會期內全球報界集於一方，宜分途聯絡，痛陳
> 不平等條約為遠東和平之障礙，為鼓吹以樹聲援二也。如大部
> 以為可行，請逕電代表團遵照，折衝樽俎，願效微勞。⑫⑨

4 日，華會八國照會外交部回覆修約要求，表示拒絕全面修約，但是
允許召開關稅特別會議及法權會議。外交部 5 日電出席國聯大會代表
團云：「修改不平等條約事，朱代表一日來電謂宜向大會宣傳；查華
會八國照復我國修約照會，業於本日另電奉達；可酌量相機宣傳，惟
問題重大，措詞宜加注意」。⑬⓪徐樹錚乃致電段執政云：「適聞各國照
復允認修約，遂停公電，商由朱代辦到會宣言中國國情，俾世界共
曉」。⑬①

　11 日，朱兆莘在國聯大會演說，「先稱頌聯合會一年成績，旋即
乘承政府之意，痛述現行不平等條約不可不改之理由，而注重關稅自
主、法權恢復兩端。並乘機聲明近來中國之愛國運動並不稍含排外或
過激之意味」；⑬②引盟約第十九條，請大會贊助中國向列強提議修改不
平等條約，稱：「不平等條約忍辱數十年，但考察全國心理，已至忍

---

⑫⑨　〈收駐英朱代辦一日電〉，1925年9月2日，《外交檔案》03–38/12–(1)。

⑬⓪　〈電日來弗王唐朱三代表〉，1925年9月5日，《外交檔案》03–38/12–(1)。

⑬①　同註⑫⑥。

⑬②　〈收國聯代表辦事處函〉，1925年10月19日，《外交檔案》03–38/12–(2)。

無可忍之時，故用和平手段請求修改，中國政府與人民，皆極信仰盟約，各國已有滿足之答覆，此為盟約第十九條實行之第一次，可為聯盟會賀者也」。並強調：「今日痛陳各節，並非請求議決案，但望與會各國力助中國脫此羈絆，共躋平等。此次大會表示同情，足使赴關稅會議各國得良好之印象以討論關稅問題，或異時討論條約全部問題時，予以滿意解決」。　❸朱氏之演說得到與會各國代表熱烈掌聲；徐樹錚14日電段執政云：

> 會日朱代辦演說，詞意切實，聲情激昂，聽者感動，全場拍掌如雷，較法總理英外長演說時贊美歡愛聲高數倍。國際觀感實外交先導，前途利賴，正無窮極，樹錚已傳鈞座命，撥洋兩千元，俾資交際，益廣聯絡。敢請獎以美詞，益壯其氣；鈞座明褒，榮逾華袞，甚願用之此際，為國家鼓舞賢材也。❹

徐樹錚又電請以朱氏為公使；❺段執政批示：「外部嘉獎之；英不相宜，有他公使出缺儘先記存，併交外部酌辦」。❻

　　朱氏演講獲輿論讚譽及各國代表表示贊助後，乃進一步向大會提出臨時動議，提案請國聯大會贊助中國與各國修改條約；文曰：「聞中國代表□議中國現狀應實行盟約第十九條，極為注意；又聞中國將

---

❸　〈收日來佛王朱代表十一日電〉，1925年9月13日，《外交檔案》03-38/12-(1)。

❹　同註❷。

❺　〈徐專使十三日自巴黎來電〉，1925年9月15日，附於〈收府秘書廳函〉，1925年9月23日，《外交檔案》03-38/12-(2)。

❻　〈收府秘書廳函〉附件，1925年9月23日，《外交檔案》03-38/12-(2)。

與關係各國會議討論各問題，極為快意；本大會盼望早日圓滿解決」。
朱氏積極尋求各國支持，12日電外交部云：「此案如得全體讓步，可
使此種輿論對於要求修約問題，同樹聲援。英外相張伯倫，法外長白
利昂，日本大使石井目下接洽，願順潮流一致贊同。聯盟會秘書長及
秘書廳股長美國人從中援助，深資得力，必無他國敢持異議」。[137]朱氏
並廣為鼓吹。[138]外交部對提案一事，態度較謹慎；16日復電云：「據
十二日來電擬向大會臨時動議提出此案等語，查此事關係至鉅，必須
向各方接洽妥帖，再行提出，萬一被大會否決，或遭擱置，則於修改
條約及關稅法權兩會前途，反有妨礙；務希注意，隨時電部核辦」。[139]
同日，朱氏復電稱各方已接洽妥協，提案已於14日提交「議事日程委
員會」審查；該會波蘭代表恐德國援例要求修改凡爾賽條約，對提案
文句有意見，經朱氏與日本石井菊次郎大使斡旋，又得秘書廳法律股
長疏通，酌易數字，其文曰：「聞此次代表□議應照盟約十九條之精
神考慮中國現狀，極為注意；又聞中國將與關係各國會議討論各問題，
極為快意。本大會盼望早日以期解決」。朱氏強調：「下週一再開大會
即可全體通過；各方空氣甚佳，必無異議」。[140]20日，朱氏報告稱法
國代表又為免德國援例引用盟約第十九條修改條約，再商請中國代表

---

[137] 〈收日來弗王朱代表十二日電〉，1925年9月13日，《外交檔案》03-38/
12-(1)。

[138] 〈收日來弗王朱代表十五日電〉，1925年9月16日，《外交檔案》03-38/
12-(1)。

[139] 〈急電日來弗王朱代表（密件）〉，1925年9月16日，《外交檔案》03-38
/12-(1)。

[140] 〈收日來弗王朱代表十六日電〉，1925年9月17日，《外交檔案》03-38/
12-(1)。

修改提案文字，只用照盟約之精神等字樣；秘書長主張當付委員會審查。朱氏再次強調：「各方接洽均妥協，決定逕列入大會議事日程全體通過」。 **⑭**由英國外交檔案看，英國出席國聯大會代表21日急電倫敦，詢以是否在次日發言支持中國提案。22日中午，倫敦外交部指示應對中國修約提案表示同情，並強調英國希望關稅特別會議及法權調查會能獲致良好結果。**⑭**

22日大會，中國提案列為議程第一項，朱氏登臺演說，謂提案有兩理由如下：

> 其一照盟約第十九條之文字及精神，中國仰望國際聯盟為道德上之援助；其二國際情形變遷，有危世界和平之虞，恃有盟約十九條為之救濟，此條對中國初次採用，不特鞏固聯盟會之地位，且足令世界對聯盟事業及其成績益加信仰，從此國際爭端皆向聯盟會請求指導公平處理。此案如得通過，可令十月二十六日在北京舉行之特別關稅會議，及異時照公平相互之原則另開修改不合時不適宜之條約會議時，得一良好之印象。深信與會各國與我同意對於中國與關係各國修改條約早日圓滿解決，抱同一之熱望。聯盟會玉成其事，極有價值，華人對此道德上援助，深為感激。

---

⑭ 〈收日來弗王朱代表廿日電〉，1925年9月21日，《外交檔案》03–38/12–(2)。法國及波蘭擔心德國援例要求修改條約，見〈參與國際聯合會第六屆大會總報告〉，《外交公報》第66期（1926年12月），頁（專件）20、21。

⑭ *His Majesty's Consul Geneva*, Sept. 21, 1925, FO371/10923 [F4667/2/10].

朱氏演說獲得全場鼓掌，該提案也得大會全體通過。同日，中國代表團又將中國現時國際情形變遷，亟應修改不合時不適宜之條約，以免危及世界和平之理由，及提案所稱盟約之精神包括第十條、第十九條、第二十條在內，向報界發表，宣言公道。❹24日，中國代表團午讌全球報界，朱兆莘演說，指出：「段執政受全國推戴，大局敉平；內政則由草訂憲法，召集國民會議下手；外交則關稅會議將開，可望達到關稅自主之目的。修改條約提案得國際聯盟大會通過，兩股輿論為我後援，必得良果」。外國報界領袖也相繼演說，祝中國關稅會議成功，修改條約得手。❹

其時國內報界紛傳中國提案在大會被刪改，反應不佳。如《東方雜誌》報導：「出席國際聯盟代表提出〈贊成中國修約議案〉於聯盟大會，因南美代表反對，通過時所有最關重要之贊助修約詞句，盡被刪除」。❹《國聞週報》更諷刺云：

二十二日開大會時，以南美代表之反對，將原提案中最關重要之贊助修約詞句刪去，故是日雖投票通過朱之提案，但已非原案真相。……此項空洞措詞，以愚之蒙昧，曾不知其有何益處。顧朱兆莘則已專電本國，自表其功；而徐樹錚亦且專電保薦，

❹　〈收日來佛王朱代表廿二日電〉，1925年9月23日；及〈參與國際聯合會第六屆大會代表呈執政文〉，1925年11月1日，《外交檔案》03–38/12–(2)。英國外交報告見*League of Nations Communicate*, Sept. 23, 1925, FO371/10923 [F4749/2/10].

❹　〈收日來佛王朱代表廿四日電〉，1925年9月25日，《外交檔案》03–38/12–(2)。

❹　《東方雜誌》第22卷第21號（1925年11月10日），頁129。

以記名公使任用。雖欲不謂之自欺欺人，不可得也。⑭

外交部似受國內報章報導影響，28日電朱氏云：「此次大會我國提案
雖經南美各國反對，未能全部通過；毅力折衝，深堪嘉佩」。⑭朱氏於
次日回電云：「此次提案確經全體通過，並無南美各國反對之事；往
來電碼是否錯誤，尚乞查示」。⑭依據英國《外交檔案》，22日大會中，
中國修約提案各國都未發言。⑭

　　此次中國修約提案與徐樹錚密切相關，其目的應如其9月13日致
段執政電所云：「除求鈞座威德宣馳域外，別無他望」。⑮唐在復於國
聯大會開幕前，以病請辭總代表職，北京政府改派朱兆莘攝行總代表
事務。會後北京政府臨時執政10月31日令：「外交總長沈瑞麟呈，駐
義大利國特命全權公使唐在復因病懇請辭職回國調治，唐在復准免本
職」。同日「任命朱兆莘為駐義大利國特命全權公使」。⑮又於11月9
日任命顏惠慶為國際聯合會全權代表。⑮然而顏氏並未赴英國就駐英
公使職，也未就國聯代表。由整個修約提案過程看，外交部似不甚積
極，國內報章報導亦不友善，相當不尋常，個中原委有待進一步探究。

---

⑭　《國聞週報》〈國內外一週間大事紀〉，1925年9月24日至30日，頁19。
⑭　〈發日來弗朱代表〉，1925年9月28日，《外交檔案》03–38/12–(2)。
⑭　〈收日來佛朱代表電〉，1925年9月29日，《外交檔案》03–38/12–(2)。
⑭　Mr. London, Geneva, Sept. 23, 1925, FO371/10923 [F4698/2/10].
⑮　同註⑬。
⑮　《外交公報》第55期（1926年1月），頁（僉載）1；參見11月1日《政府
　　公報》。
⑮　《外交公報》第55期（1926年1月），頁（僉載）1；參見11月10日《政
　　府公報》。

三、第六屆大會以後中國在國聯中的修約要求

國聯第六屆大會通過中國所提贊助修約案，對中國修約或關稅特別會議及法權會議之進行，並無實際幫助。關稅會議於1925年10月26日在北京正式開幕，11月19日通過中國關稅自主案；然而因內戰又起，**⑬**關稅會議進度受戰事影響，而列強代表見中國要求關稅自主，認為已超出華會範圍不能讓步，遂多方挑剔，延長會期。**⑭**加以英、美、日三國對華會附加稅用途意見不同，**⑮**關稅會議進行緩慢。到次年7月3日，各國全權發表聲明，以中國政局混亂，中國代表不能出席為藉口，決定暫行停會；俟中國代表能出席時，再行繼續開會；關稅會議遂無結果而中止。調查法權會議於1926年1月12日於北京開議，到9月16日共開會21次，並分赴各地考察，撰成報告書，認為裁撤領事裁判權尚非其時；並提出建議案，建議中國司法應改革的各項目。**⑯**

---

⑬ 1925年11月22日郭松齡反戈回師奉天；12月李景林部與馮玉祥國民軍在京津一帶交戰；24日郭松齡敗死。1926年1月11日張作霖宣言東三省與北京政府斷絕一切行政上關係。不久，吳佩孚、張作霖聯手進攻北京馮玉祥。4月馮部退出北京，行前逐段祺瑞，19日段氏通電下野。北京由直、奉系控制，然陷入無元首狀態達一年兩個月，直到1927年6月18日張作霖就大元帥職。

⑭ 見朱兆莘致梁士詒，1926年7月，《三水梁燕孫先生年譜》，1926年8月6日，頁963、964。

⑮ 英、美、日在關稅會議中意見不同，見 F. O. Minute, July 30, 1926, FO371/11653, [F3110/8/10].

⑯ 法權會議簡要經過見：李恩涵《北伐前後的「革命外交」(1925～1931)》，頁155～157。

國人對此兩會之無結果非常失望。

　　1926年9月國聯第七屆大會召開，北京政府仍派朱兆莘出席。❶
一年以來，修約唯一成果是1925年10月19日簽訂的「中奧通商條約」，
於1926年6月15日在維也納換文，3個月後生效。❶此實質上第一個平
等新約生效之日，適逢國聯大會會期，中國代表於同日在大會中演說，
強調「我國久受不平等條約之害，切望舊約已滿期及將滿期者，重加
修正，悉以中奧新約為標準」。❶朱兆莘報告外交部其對修改條約問題
在會中發言如下：

　　　　茲有一事願請大會諸君之留意者，即上屆大會中國代表團依據
　　　盟約十九條，提出關于修改中國與列強間現存之不合時宜不適
　　　實用之不平等條約案是已。中國輿論現正集中於不平等條約之
　　　修改，此乃時勢要求之舉動；中國政府尊重輿論，已與列強從
　　　事此問題之解決矣，正在北京進行之關稅會議既決定中國三年
　　　後關稅自主，更考量于此過渡期中為合理之稅率增加。然以去
　　　年大會之決議作觀察，則吾人實期望關稅會議之能早收圓滿結
　　　果，為不平等條約修正之前驅。……中國甚願與列強為新約訂

---

❶ 朱兆莘於1926年7月致書梁士詒書云：「國際聯盟九月大會，因駿老不來，
　　仍派莘暫充首席代表，此為對外宣傳極好機會；且我國恢復行政院一席，
　　經莘向各方接洽，九月改選頗有把握，倘院席成功，國際地位漸見增
　　高」。見《三水梁燕孫先生年譜》1926年8月6日，頁963、964。

❶ 中奧新約之簽定過程，參見廖敏淑〈第一個平等新約──1926年中奧通
　　商條約之初步研究〉，《中興史學》第三期（1997年5月）頁111～136。

❶ 〈收國聯代表辦事處十月九日公函〉， 1926年12月15日，《外交檔案》
　　03-38/33。

定之會商，而對約期正滿或將滿之締約國，尤所歡迎。德奧所
訂之平等相互新約，中國實可引為慰情者也。中國代表團已受
政府訓令，將中奧新約在國際聯合會秘書廳登記，登記之日期
為九月十五日，即中奧新約開始發生效力之日也。 **⑯**

1927年6月7日，國際勞工組織第八屆大會在日內瓦舉行，朱兆莘
與駐瑞士使館秘書蕭繼榮代表中國出席。朱氏於會中又痛陳中國受不
平等條約之害，雖主席請其勿談政治問題，朱氏仍繼續發言，認定不
平等條約與中國勞工問題有密切關係，要求將不平等條約依盟約第十
九條之精神，修正或廢棄之。 **⑯**

四、中比修約案

除了在國聯大會及相關會議中發言要求修約外，北京政府的修約
努力與國聯相關的，尚有中比修約問題。1926年北京政府欲執行「到
期修約」的修改不平等條約新方針，於將在該年底屆滿修約年限的日、
法、比三約中，擇定以「中比和好通商行船條約」為修約新法的試金
石，中比雙方即為到期修約之法在國際條約中是否適用有過爭議；比
利時主張訴諸國際法庭，北京外交部則主張提交國聯大會。此一具有
意義的個案，是北京政府在北伐期間推動的所謂「修約外交」的第一
個試金石。 **⑯**

---

⑯ 〈參與國際聯合會第七屆大會總報告〉，《外交公報》第71期（1927年5
　　月），頁（專件）13、14。及《外交檔案》03–38/3–(1)。

⑯ 北京《晨報》，1927年7月2日，第3版。

⑯ 所謂「修約外交」指1925～1928年間，北京外交部以中外間原有條約「情
　　勢變遷」為由，用到期修約的方式，向個別列強要求修改條約的外交策略。

中比條約於1926年10月27日到期，北京政府於4月16日照會比國
使館要求修約；比國公使華洛思(M. le Maire de Warzee d'Hermalle)以
原約第46條中規定，只有比國有權提出修約要求。外交部則堅持舊約
到期失效，但在新約未議定之前，可先以臨時條款(modus vivendi)規
範雙方關係。雙方各執一詞，爭執到 8 月，比國宣稱兩國對條約看法
不同，要將條約解釋提出國際法庭；但在此之前，仍想知道中國建議
之臨時條款的內容。9月2日，外交部提出一臨時條款，大致依據舊約，
但強調平等新約應於六個月內議定。比國表示反對，認為臨時條款應
一直有效到新約議定，不同意新約要在一定期間議定。此後雙方為議
約是否要有期限爭執不下，到舊約滿期之日，比國仍表示無法接受中
國所提之臨時條款，堅稱中國無權片面宣布廢約。中比交涉陷入僵局，
比利時決定將中比條約第46條提交國際法庭解釋。11月6日，北京外
交總長兼攝政內閣總理顧維鈞斷然宣布中比條約失效。比國表示難以
承認，並認為中國已拒絕比國提交國際法庭之提議，10日照會外交部，
稱比國不得不單方面提出此種陳訴。16日，北京外交部答覆稱：

> 中國政府之宣布特定十年期滿廢止該約，係為裨益中比兩國良
> 好諒解與合作起見。此項宣布實與國際聯合會盟約第十九條之
> 明認關於不適用條約之國際情勢變遷原則之精神相符，是以如
> 果向國際機關提出申訴，中國政府深信此案件應照盟約第十一
> 條提出於國際聯合會大會。❿

詳見筆者〈北京政府與國民政府對外交涉的互動關係，1925～1928〉，《興
大歷史學報》第4期（1994年5月），頁77～103。

❿　〈中比廢約案如向國際機關申訴應提出於國際聯合會大會備忘錄〉，1926年
11月16日致比華使，《外交公報》第69期（1927年3月），頁（條約）5。

11月25日，比利時將此案提出國際法庭，北京政府則宣稱將拒絕出庭，要將此案提交國聯，同時強調談判隨時可開始。當時國人有退出國際法庭之主張。

比利時原希望在華列強能支持比國，一致強硬對華；不料居列強馬首地位之英國反而於12月18日發表其「對華政策建議案」，主張各國應正視中國修約要求，與中國談判。比利時見大勢已去，於1927年1月13日照會外交部，表示願與中國開始會商修約，中止在海牙國際法庭之訴訟。17日，雙方正式展開修約談判，比使並主動宣布願放棄天津租界，以表示對華善意。❿此案不僅為北伐期間北洋修約外交的重要成就，也是國聯對如何和平修約的一個案例。

第四節　抗議外力侵犯與抵制國際干預

中國在國際聯盟中，除積極的試圖要求收回山東權利及修改條約外，也消極的引用國聯盟約條文抗議外力的侵犯，並抵制國際干預。前者如 1926 年抗議英國砲轟萬縣，1927 年抗議英國增兵上海，以及 1928 年試圖抗議日本在濟南的暴行。後者如抵制英國於 1924 及 1927 年，兩次以國聯名義介入中國內政的企圖。

一、抗議外力侵犯

---

❿　中比交涉雙方往來公文見*The China Year Book*, 1926, pp.766～786；《外交公報》第69期（1927年3月），頁（條約）4～12。交涉經過見筆者〈北京政府與國民政府對外交涉的互動關係，1925～1928〉，頁87～89；及〈北伐時期的北洋外交〉，《中華民國史專題論文集第一屆討論會》，臺北國史館（1992年12月），頁322、323。

　　1926年8月底，控制四川東部的「討賊聯軍第一軍總司令」楊森，因與英籍輪船在長江中發生衝突，扣押英船；9月5日，英國砲艇轟擊萬縣縣城，致使許多無辜平民受害，是為「萬縣慘案」。事件發生時，正逢國聯第七屆大會開會，中國代表朱兆莘於24日臨時商得主席許可在大會發言，抗議英國暴行，稱：「本代表團又得政府電稱此事已訓令地方官在可能範圍內，為和平了結云。此項非常重大之國際慘案，深恐危及遠東和平，故特向大會報告，作為備案」。英國代表答辯稱：「頃聆中國代表宣言，不勝詫異；本代表團未得政府訓令提出此案，殊難置答。但余所得關於此事之消息，與中國代表所言者不盡符合；現聞此案已在中國就地談判，深望早日和平了結」。**⑯**

　　1927年初，當國民革命軍高唱「打倒列強」口號，沿江東下進軍長江下游時，英國派遣約一萬四千名所謂「上海防衛軍」(Shanghai Defence Force) 來華，駐防上海租界，以實力嚇阻中國強行收回其在華主要利益所在之上海公共租界。北京外交部照會英國駐華公使藍普森(Miles Lampson)提出抗議，以英國未事先徵求中國同意，為此超越尋常之行動；引用華會九國公約，各國應尊重中國主權，願將未得條約或協約許可在華服役之軍隊撤退，英國顯然違背該約。又引國聯盟約第十條，中英兩國均為國聯會員，應共同擔任尊重，並保持所有國聯各會員之領土完全及現有之政治上獨立，與防禦外來之侵略；強調「茲增派海陸重兵來華，與各議決案及國際聯合會盟約之精神相背」。**⑯**

---

⑯　〈參與國際聯合會第七屆大會總報告〉，《外交公報》第71期（1927年5月），頁（專件）14、15。

⑯　〈英國政府派遣重兵來華與華府會議之各議決案及國際聯盟會盟約精神相背特提出抗議請速撤回以固邦交照會〉，1927年1月31日致英藍使，《外

　　中國雖未正式向國聯抗議英國出兵，英國則有不同看法；2月8日，倫敦外交部致函國聯秘書長段呂蒙，強調中國內部混亂狀況，為英國派軍辯護，並總結云：「英國政府非常遺憾現在無任何國際聯盟可以協助中國，解決其困難的方法。但是一旦有任何國聯可盡力的機會出現，英國政府會樂意協助」。**⑯** 英國外交部於內部討論時，出席國聯代表珊西爵士云：「將中國問題依盟約十一條提出行政院的困難是，我不知道我們要請求國聯做什麼?」外相張伯倫(Austen Chamberlain)也認為：「關於行政院，我不禁會想提出此事只會使它困窘，……暴露它的無能與可笑，對國聯會有損害」。遠東股股員斯全(William Strang)總結道：「以上兩個意見顯示了將中國問題提出國聯的真正困難，就是 1.我們很難知道要請求國聯做什麼? 2.中國不是國聯熟習或能勝任的那類問題，中國問題的癥結是根本沒有中國」。**⑯**

　　1928年5月國民革命軍與日本派遣軍在濟南發生衝突，造成所謂「濟南慘案」。南京國民政府主席譚延闓於10日電國聯秘書長，請依國聯盟約第十一條第二項，即行召集行政院會議，實行國際調查或公斷。12日得復電云：「已轉告各國際聯盟會員及中國代表陳籙矣」。**⑯**

交公報》第67期（1927年1月），頁（政務）1。

⑯ F. O. to Drummond, Feb. 8, 1927, FO371/12443 [F115/115/10].

⑯ Strang's Memorandum, Dec. 22, 1927, FO371/12411 [F9267/2/10].

⑯ 〈國民政府主席為日軍在濟南啟釁通告國際聯盟要求國際調查公斷電〉，及〈國際聯盟秘書長覆國民政府主席電〉，《革命文獻》第十九輯，頁1297、1298。英國外交檔案見M. Avenol (deputy secretary-general of League of Nations) to F. O.,FO371/13198 [F2327/65/10]. 日本政府為中日濟南衝突致國聯秘書長信函，見Incidents between Japanese and Chinese Troops at Tsinan-fu, C.235, M.77, 1928, VII, League of Nations-Official Journal,

當時國民政府尚未獲得國際之承認，國聯之中國代表陳籙，為北京政府所派，故在提案程序上發生困難。國際聯盟雖接到南京政府為濟南問題向該會申請召集會議之電報；然以該政府並未列入國聯會員之內，故該種申請文件，除非有北京政府或第三國出面擔任，重行向國聯申請外，則不能由國聯接受之。⑩當時胡漢民正抵巴黎訪問，譚延闓致電胡氏，促將濟案提交國聯。胡氏運用其與北京外交總長羅文榦私交，以個人名義致電羅氏，請其依法將「濟案」提交國聯。羅氏覆電則提出南北停戰一致對外意見。時王寵惠適至巴黎，胡漢民乃與王氏商議後，電覆羅文榦，告以必須奉張退出關外，始有和平可言；惟不能與「濟案」提交國聯問題混為一談也。此電去後，羅氏終無答覆。北京政府出席國聯行政院代表陳籙駐法多年，與國民黨人亦多有私交；而王寵惠奉南京政府電令赴日內瓦活動，王氏與陳籙私交頗厚。加以當時中國駐歐各使，有聯名電到北京，請政府息爭禦侮，故陳籙與王寵惠頗有協力對外之可能。但最後陳籙往見胡漢民，陳述向國聯提案證據蒐集之困難，且謂「濟案」問題非國聯所能即時解決；胡漢民亦以國聯無能制裁日本侵略，此案遂告擱置。⑪

二、抵制國際干預中國內政

1920年代初期，因中國局勢混亂，外籍人士屢有國際共管中國之議；⑫1923年中國政局動盪加劇，5月發生臨城劫車案，6月總統黎元

June 1928。

⑩ 天津《大公報》，1928年5月15日，第2版。

⑪ 胡漢民〈在法交涉山東事件之經過及其他〉，《革命文獻》第19輯，頁1396、1397。

⑫ 國際共管中國之說，早在歐戰之後不久；即有英人伍德海（H. G. Wood-

洪被逼下野，國際共管之說更是甚囂塵上。加以中國在國聯因欠費嚴重，於9月國聯第四屆大會中，競選行政院非常任院席失利，是為國際地位下降的警訊。英國外交部鑒於中國內政問題嚴重，而國聯在整理奧地利及匈牙利財政問題上，獲得相當的成功，遂於1924年初也想依同一模式，由國聯出面來整理中國財政，協助穩定政局。2月5日，英國第一位工黨閣揆兼外相麥克唐納 (Ramsay MacDonald) 致函駐北京公使麻克類(Ronald Macleay)云：

> 也許國聯可以是救中國出泥淖的途徑。如果中國國際關係可以交給國聯，保證不受一個或數個列強的惡意設計，一方面可消除中國對外國人的疑慮，另一方面也可抵銷日本的消極抵制政策。若此策可行，可鼓勵中國要求國聯保護。繼續下去，則可逐漸成為正常之實行。

麥克唐納坦承此策之困難在美國對國聯之態度，英、美在華利益大致一致，兩國合作才能壓制日本；若然則英國可助國聯幫助中國。另一困難為中國對國聯的態度，及其尋求國聯協助之意願。故要求麻克類對此表示意見，並云：「此想法可能是不太實際，但我想仍是值得嘗試的新途徑，至少在中國無政府狀態下，外人在華生命財產飽受威脅，任何可能的藥方都要試一試」。❼

麻克類的答覆是：將中國國際關係交給國聯保護，可協助中國由

---

head) 首倡，華盛頓會議前，此議復燃。參見林明德《近代中日關係史》（臺北：三民書局，1984），頁246～249。

❼　Ramsay MacDonald to Ronald Macleay, Feb. 5, 1924, FO371/10259 [F 83/83/10].

無政府與分裂狀態中恢復，並能免於列強侵略；但是「中國對任何國際控制的惡感與不信任並無消失的跡象，由其對新國際銀行團的態度，及不願將護路警察交由外國人監督中就可看出」。 中國不信任外國其來有自，並不斷要求擺脫條約約束；「在華盛頓要求廢除治外法權，收回關稅自主權的中國人，是不可能接受國聯的監護，或是讓國聯指導其外交的」。 加上中國政府對國聯相當失望，巴黎和會中國之要求被推給國聯，1920 年國聯第一屆大會，中國代表想提出山東問題等，因情勢不利作罷；次年第二屆大會中也未提，反倒是在華盛頓會議中解決了。中國對國聯的失望更因1923年喪失行政院非常任院席更加深了。麻克類的結論是：

> 在中國很少人真正關心國際聯盟，認為國聯太遙遠，而且太注重歐洲問題了，不會介入解決中國的困難，或幫助中國擺脫條約對中國主權與獨立的束縛。中國青年大多把希望放在美國身上，認為美國比較同情中國，對中國的要求比較瞭解，也較可保護中國不受強鄰的侵略。美國不是國聯會員的事實，影響到國聯做為一個保護弱國免於強國侵略與控制的組織在中國眼中的價值。……我因此認為中國自願將自己交由國聯監護以脫出泥淖的可能性是微乎其微。

最後強調除非中國情況太壞，真正需要外國的財政協助，中國才會在兩害相權取其輕之下，選擇國聯；或是有個強鄰欺壓中國太甚，逼使中國非向國聯求援不可。❹

　　英國外交部收到北京使館的意見後，總結云：中國對國聯不信任，

❹　Macleay to F. O. April 15, 1924, FO371/10274 [F1914/237/10].

自認為有能力解決自身的問題，而且為了面子與國家主權，不會接受國聯監護；加以在中國統一之前，很難進行什麼計劃。[175]而且國聯在奧地利與匈牙利整理財政之可能成功，是因為有重建歐洲之公意在背後支撐；並有個有組織的政府執政。這些條件中國都不具備，若國聯要介入中國，就得是從上到下全面接手才行，[176]於是放棄整個構想。

　　直到北伐期間，1927年下半年到1928年初，南京政府於艱苦擊敗孫傳芳部後，全力團結內部，謀寧漢之復合。控制北京的張作霖則與馮玉祥、閻錫山爭戰不休，南京、北京之間有半年以上無戰事。英國認為這是促和良機，想利用國聯介入，使南北代表坐下來談。[177]1927年底，北京外交總長王蔭泰告訴英國駐華公使藍普森，南北雙方都缺錢，戰事無法持久；同時，南方也因與蘇聯全面決裂，有與北方停戰的表示。[178]英國外交部收到此報告後，認此時由國聯出面調停最為適宜；遠東股於是開會討論國聯介入中國的可能性，決定先徵詢駐華公使藍普森的意見。12月31日，致電駐北京公使館，詢問：「是否有借外力，例如國聯，促成此運動(南北和議)的可能？……一方面中國情況日益惡化，另一方面正好有一位中國代表在行政院當主席；是否國聯行動成功的可能性會比1924年好一點？」[179]

　　但是南方很快就改變態度了；英國駐漢口代表報告，國民政府內部認為當時正是革命高潮期，應一鼓作氣完成北伐；若於此時停止，

---

[175]　E. W. P. Miller's minute, June 16, 1924, Ibid.

[176]　S. P. Waterlow's minute, June 19, 1924, Ibid.

[177]　參見筆者〈英國與北伐時期的南北和議，1926～1928〉，《興大歷史學報》第3期，1993年4月，頁129～139。

[178]　Lampson to F. O. Dec. 15, 1927, FO371/12411 [F9267/2/10].

[179]　F. O. to Lampson, Dec. 31, 1927, Ibid.

勢須再等十年才有機會再北伐。梁士詒也告訴藍普森，南方沒有鞏固的領導中心，加上馮玉祥為張作霖之死敵，南北之間已不可能和平。於是藍普森向倫敦報告：由國聯調停一案不可行，稱：「就我所知，國聯未曾干預過一國之內部困難或內戰，只處理過直接與兩國相關；或是一國政府有能力以統一國家名義訂協定並有效執行的（例如奧地利、匈牙利與保加利亞）問題」；　中國處於南北分裂之下，國聯調停中國內戰有許多困難，例如：要南、北都提出要求國聯協助重建秩序，或一方提出即可？ 其他國家也會質疑。　⑱英國外交部接到藍普森的意見後，認為「國聯之介入只有在中國願意之下才可能成功，現在中國根本不可能提出這樣的要求，若由外國提出此案，中國是不會同意的」。⑱於是英國想以國聯名義介入中國內政的企圖，又一次胎死腹中了。由以上英國內部的文件，可看出當時國人對國聯介入內政的不信任，使得英國至少兩次企圖根本無法實行。

小　結

國聯創立前後，國人對之興趣濃厚，期許也很高。1919年初，報章雜誌對國聯的介紹與討論頗多，朝野紛紛成立相關團體；甚至有以國聯為奇貨，爭奪相關團體的領導權，成為派系政爭的另一戰場。由當時的言論看，國人對國聯的反映過於極端，初時將其理想化，視之為世界大同理想的實現，期許其能維持世界和平。待巴黎和會處理山東問題讓國人失望，而中國又未列名行政院，許多人又痛恨強權如故，懷疑國聯的價值，對之興趣大減。就實際層面而言，國人希望國聯能

⑱　Lampson to F. O., Jan. 5, 1928, FO371/13198 [F65/6/10].

⑱　Strang's minute, Jan. 7, 1928, Ibid.

公平處理山東及修改條約問題。巴黎和會之後，日本屢提中日直接交涉山東問題的建議；但民間及西南政府反對此議，主張提交國聯。北京外交部多方探詢各國態度，在國聯第一屆大會前，已知沒有美國加入，國聯不能主持正義，在山東問題上左袒中國；故僅於會中宣言，保留日後提案之權利。1920年底，國聯第一屆大會後，中國朝野對國聯的期許盡皆幻滅。此後一般人對國聯漠不關心，很少再看到有關國聯的討論與報導；只有梁啟超及其友人對國聯的認識較深，在國人對國聯意興闌珊時，仍肯定國聯理想長遠的價值，繼續鼓吹對國聯的研究。

　　由中國在國聯中要求修改條約的經過看，國人原來期許國聯能主持國際正義，對盟約第十九條──以和平方式改變國與國間的條約寄以厚望。事實上該條款只是一個理想，並無強制力；美國著名國際關係學者摩根索(Hans Morgenthau)即云：「國聯盟約第19條努力為和平轉變提供一種手段，但大會只能向會員國提出建議，第19條並未授權大會迫使有關會員國接受一項解決辦法」。　●國聯盟約的和平修約理想，與國際政治的現實相衝突時，並無實際的作用；北京政府所做的努力就是一個很好的例子。1929年9月11日，國聯第十次大會時，國民政府又根據上述條款，請大會組織一委員會研究實行盟約第19條之方法。當時德國、波斯同有修改條約之望，贊成我國提案，「惟法國恐德國援例請求修改凡爾賽和約，堅決反對，結果通過一空洞議案，重行申述盟約第十九條，無論何會員國，得請求大會研究是否有修改之必要云云，此為盟約條文當然之結果，毫無增益，無結果而散。」●

●　摩根索著《國家間的政治》(北京：商務印書館，1993)，頁546～548。

●　錢泰《中國不平等條約之緣起及其廢除之經過》(臺北：國防研究院，1961)，頁117。

中國在國聯提議和平修約的努力終無所獲。主權國之間條約的修改，不只是法律或道德問題，更是政治問題，只能經由雙邊談判，其結果常取決於勢。後來聯合國對此問題索性不做明白表示。

　　北京政府時期中國對國聯的崇高期許，及解決實際問題的目標都落空後，唯一能做的只有消極的藉國聯抗議與阻止外力干預。中國數度引用盟約條文，在國聯抗議英、日在華用兵，侵犯中國主權。此外，英國曾有利用國聯整理中國財政，或是調停中國內戰的構想；但經評估後，認為中國人對國聯沒有信心，對國際共管戒心很重，不可能接受而作罷。

第三章　中國對國際聯盟行政院的參與

　　歐戰之後，以國聯為主之全球維持和平體系，包含很廣，不僅限於日內瓦的國聯而已；在組織上與國聯相互關聯的機關還有國際勞工組織與國際法庭，此三者各為獨立的組織，彼此相輔相成；❶廣義的國際聯盟，實包含這三者的活動。國際聯盟本身主要的機構，依盟約第二條規定，有大會(Assembly)、行政院（Council，或譯為理事會、行政部）、秘書廳(Secretariat)等三部份。大會依盟約第三條:「由聯合會會員之代表組織之」，為國聯最高權力機構，一年召開一次，通常從9月第一個星期一開始。下分六股分責任事:

1. 法制股: 擔任國聯之組織法與盟約之修正案，國際法庭、保衛安寧、強迫仲裁及其他法律問題。
2. 技術股: 擔任專門技術組織，如交通轉運、衛生、財政、經濟、智育互助、救濟天災組織等問題。
3. 裁軍股: 擔任裁減軍備、保衛安寧等問題。
4. 理財股: 擔任國聯預算及攤派會費、支配財源等問題。
5. 人道股: 擔任禁煙、救濟難民、保護婦孺、市政聯合等問題。
6. 政治股: 擔任新國請求入會、託管制度、禁奴問題、保護少數民族、報紙宣傳等問題。❷

---

❶　伊格敦著，梁鋆立譯，《國際政府》(臺北: 臺灣商務，1977年臺一版)，下冊，頁595。

❷　周緯〈國際聯合會之組織經過及吾國六年參與會務情形述要〉，《外交公

秘書廳則設於國聯所在地日內瓦，設秘書長一人暨應需之秘書及職員，為國聯唯一常設辦事機關，「總理事務，接洽萬端，任大責重，事繁人多。其分功任事之法，係仿照大會各股分門理事之大體，建立司科，而名目較繁，門類較多」。❸

行政院依盟約第四條規定，「由協商及參戰領袖各國之代表，與聯合會其他四會員之代表組織之。行政院開會時得處理屬於聯合會舉動範圍以內，或關係世界和平之任何事件」。由美、英、法、義、日五大國為常任會員，另四國為非常任會員；第一任四個臨時非常任會員，由五大國決定。行政院權力甚大，「為聯合會普通行政機關，兼有造法任務；其職權至為重要。且以少數國家代表環球五十五國而操縱會務，負有維持世界和平之責任，決事、判案、典章、法令往往影響環球大局，是故各會員國咸思參與，冀得其平」。❹故被認為是國聯最重要的機構，如當時中國駐國聯的外交官報告所稱：

> 就其職權而論，行政院雖有施行大會各項議決案之責，而其實權超乎大會之上；蓋一切用人行政、保護和平、排難解紛、兼籌并顧各項要政，平時悉由行政院獨負其責。行政院決定之，秘書長執行之，大會僅每年為之審查追認一次耳，雖有褒貶之權，尚無平反之實也。謂院與會有政府與議會之分別亦無不可。且按照盟約文字而論，行政院兼有造法之責，其權限實與大會

　　　報》第64期（1926年10月），頁（專件）5。

❸　見國聯盟約第六條，及周緯〈國際聯合會之組織經過及吾國六年參與會務情形述要〉，《外交公報》第64期（1926年10月），頁（專件）17。

❹　周緯〈國際聯合會之組織經過及吾國六年參與會務情形述要〉，《外交公報》第64期（1926年10月），頁（專件）9。

相等，事實上有過之無不及。❺

得列名行政院，不僅可參與國際大事的討論，也是一種國際地位的表徵，因此北京政府對爭取行政院席位，自始即不遺餘力。本章探討1919～1928年間，中國對國聯行政院院席爭取的歷程，及在行政院中的參與和表現。

第一節　中國對國際聯盟行政院席位的爭取 (1919～1922)

北京政府對行政院非常任院席非常重視，自巴黎和會中即大力爭取，未能成功；1920年底國聯第一屆大會時，突破種種困難，得被選入行政院，是當時中國外交的一大成就；其後在第二、三屆大會中都成功連任。

一、巴黎和會時的中國與國聯行政院席位問題

中國在巴黎和會的「國際聯盟委員會」中，即力爭行政院非常任會員。依據國聯盟約，行政院由五大國為常任會員，而第一任四個臨時非常任會員，由五大國決定。中國代表顧維鈞在委員會中曾建議：行政院中之四小國，「應以各國人口、幅員、商務及其所在之洲為標準選定之」；但遭日本為首多國反對被否決。❻五大國討論四臨時非常任會員時，有人曾提出以中國為其一，但多數認為亞洲有一個日本做

---

❺　同上，頁（專件）11。

❻　張君勱〈再致王亮疇先生論中國加入國際聯盟會〉，收於吳品今《國際聯盟及其趨勢》(上海：共學社，1922)，下卷，頁199。

代表就夠了。❼1919年4月28日威爾遜在和會大會中報告盟約情形時，推定比利時、巴西、希臘、西班牙四國為行政院臨時非常任會員，任期到國聯第一屆大會正式選舉為止。中國代表團團長陸徵祥5月2日報告北京外交部稱：「查聯盟會行政部五國外之四國委員，我國曾與美、法、義各國竭力接洽，請其按照歐、美、亞三洲之域分別攤派。乃第一任臨時委員，歐美各國或以參戰出力，或以中立領袖，力爭一席，至我國竟不獲預。」❽並以爭取中國列名行政院失敗，為其失職之一，云：「國際聯盟會，為本會歷史最有光榮，于和局前途至關重要。乃立法部，我國員額雖得三人，行政部臨時委員竟無一席。屢建分洲之言，兼示國人之數，徒得同情，終無實益。此祥之無狀者三」。❾

當時國人對中國未得行政院席，有相當不滿者，認為：「吾國為亞洲泱泱之大國，然在巴黎和會中，已儕於弱小國家之群，自無國際地位之可言；不特此也，乃並此聯盟行政會四員代表之一，亦不能獲得之，將謂吾國之資格不如巴西焉? 不如西班牙焉?」❿甚至有人主張中國因此不要加入國聯。1920年初，張君勱自巴黎致函國內友人，即主張從外交策略上立論，以中國加入行政院，可實行中國之所議，增高國際地位，故應以入行政院為條件加入國聯。引發國內學界對中國不入行政院應否加入國聯問題的討論。一派如胡適及王寵惠，主張中國

❼　David Hunter Miller, *The Drafting of the Covenant*, G. P. Putman's Sons, New York and London, 1928, p.477.

❽　〈收議和全權大使辦事處五月二日函〉，1919年7月19日，《外交檔案》03-37/3-(2)。

❾　〈法京陸專使等電〉，1919年5月2日，《秘笈彔存》（北京：中國社會科學出版社，1984），頁145。

❿　吳品今《國際聯盟及其趨勢》，下卷，頁45。

雖未列席行政院，但國民若能一致認定國聯宗旨，以大同主義喚起世
界各國之同情，即使不列席行政院，也應加入國聯，以免陷於國際孤
立的危險；況且日後未嘗無當選之希望。另一派如林長民及張君勱，
則力主中國不入行政院則不應加入國聯；對國聯主持正義抱懷疑態度，
中國應自立自強；強調「在美國加入以前，吾即加入，不僅無人為伸
辯，即求稍事周旋而不可得；反是，吾而不加入，則世界瞿然以驚，
必以加入之說來請者；而吾因得以提出條件與人有所預約。」 又稱：
「不求理事會之列席，而僅以列席代表大會為滿足，……若吾之數千
年來亞洲之泱泱大國，豈必亦賴此聯盟而後生存乎?」❶

　　1920年1月10日，凡爾賽條約在巴黎互換批准書，即日起發生效
力。國聯行政院遂於16日在法國巴黎外交部開成立會，顧維鈞受邀參
觀。❷自此，1920年內行政院共開會10次；中國也多次派員列席。❸

二、國聯第一屆大會的行政院席選舉

　　國聯第一屆大會於1920年11月15日到12月18日在日內瓦隆重召
開，北京政府任命方由駐美改調駐英公使的顧維鈞，與駐荷蘭公使唐
在復為代表出席。中國在此次大會中極力爭取行政院席位，一方面可
方便提案修改不平等地位，一方面可抵銷日本影響，在行政院中提出

---

❶　吳品今〈再讀凡爾賽條約〉，《國際聯盟及其趨勢》下卷，頁262；張君
　　勱〈致王亮疇先生論中國加入國際聯盟會〉， 1920年4月7日寄，前引書
　　下卷，頁187～195；〈再致王亮疇先生論中國加入國際聯盟會〉，1920年
　　4月16日寄，前引書下卷，頁195～201。

❷　〈收法京顧專使電〉，1920年1月18日，《外交檔案》03-38/2-(1)。

❸　〈收駐英施公使電〉，1920年2月20日；〈收巴黎顧專使函〉，4月28日，
　　《外交檔案》03-38/2-(1)。

山東問題。❹顧維鈞到會後，向外交部報告部署選舉情形，云：

> 歐美各國均以行政部獲占一席於國際地位國際前途相關非淺，
> 故眈眈欲得者甚眾，要以歐洲各國為尤甚。鈞等以行政部為聯
> 合會之中樞，全球注目，選舉會員自應以全球之幸福為前提，
> 我國雖遠處亞洲，與聯合會之前途關係甚大。故自到會以來，
> 一面既在第一股提案主張選舉應採分洲主義，庶法律上有得選
> 之根據；一面復向南美、暹羅、波斯暨英屬五國先事接洽，俾
> 事實上有被推之希望。❺

　　顧維鈞的佈置面面俱到，首先力爭所謂「分洲主義」。大會分設六
股，11月17日推選各股主席；第一股討論國聯內部組織，年高望重的
英國前外相白爾福被推為主席，而年僅三十四歲的顧維鈞於35票中得
24票被推為副主席。❻兩人相處甚歡，且在年高的白爾福生病請假時，
由顧氏代理主席。❼第一股的職權包括討論行政院非常任會員的選舉
方法，以提交大會。開會時顧氏主張「以全球入會國在行政部通力合
作之原則，將非常任會員四國按洲公平分配」；　但各國意見分歧。白
爾福遂組「乙號分股」特加研究此問題，指定顧維鈞為分股臨時主席。
乙號分股自11月27日至12月1日開會三次，皆由顧氏主持，討論分洲

❹　北京《晨報》，1920年12月16日，第2版。

❺　〈國際聯合會第一屆大會各股以外之報告〉戊、選舉非常任會員情形，頁
　　20、21，《外交檔案》03-38/3-(1)。

❻　〈收顧唐代表電〉，1920年11月22日，《外交檔案》03-38/7-(1)。

❼　〈參與國際聯合會第一次大會星期報告〉，　1920年11月15日～21日，《外
　　交檔案》03-38/7-(1)。

辦法、任期幾年、繼續連任以及投票方法。有人主張行政院非常任會
員應以機會均等為先，顧氏則強調：

> 入會國機會均等一層，在原則上固當承認，然行政部之聲望亦
> 不可不加以維持，今欲依據此二原則，使之互相調劑，莫若以
> 洲分國，然後分配該部之四位置。……顧同洲之國以地理上之
> 位置，歷史上之發達，文字風俗之相同，每有數種問題，彼此
> 含類似之性質。因此中國建議，非常任會員國之四，其三國
> 當從歐美諸洲入會國中選舉之，又一國當從亞細亞暨其他諸洲
> 入會國中選舉之。[18]

但在分股中，部份歐洲國家以盟約中無按洲分配辦法，且合亞、非、
澳為一部，亦不純粹；經激烈辯論後，此提議於表決中失利。顧氏乃
將按洲分配辦法略加修正，改為此次大會之試行辦法，於12月8日第
一股會議中重提此案，又在討論時，反覆說明，爭取到白爾福同情，
表決中得亞、非、澳各國支持，遂以13比12壓倒歐洲各國，得以通過。
顧氏電告外交部云：「第一股通過行政院非常任會員按洲分配辦法，
……此事於我國前途希望甚大，惟歐洲各國反對頗烈，大會能否通過，
尚難預測」；要求外交部向英、法兩國接洽。[19]11日，大會第十九次
公開會議中，又對按洲分配問題一再辯論。最後將第一股通過之議決
案(4)：「本年所選舉之四國，其三國應由歐洲及南北美之入會國中選
出之，又一國應由亞洲及他處地方之入會國中選出之」（此即中國提

---

[18] 〈國聯第一屆大會第一股報告〉戊、行政院非常任會員四國選舉方式暨
該四國之選舉，頁14、15，《外交檔案》03-38/3-(1)。

[19] 〈收顧唐代表電〉，1920年12月12日，《外交檔案》03-38/14-(1)。

案），以17:4通過為此次選舉之願望。按洲分配之法，遂在顧維鈞不懈的努力下，排除阻力，得以通過為第一屆選舉之準則，奠定了中國競選行政院席的基礎。❷⓪

其次，顧維鈞多方與各國聯絡，爭取支持；顧氏於12月8日電外交部稱：「行政院非常任會員之選舉，各以種族文言互相團結，彼此援引；其族異文殊之國，勢同孤立，連絡不易。今竭力設法，始與二十二國接洽，結成團體。但至選舉時，能否可靠，不敢逆料」。❷① 顧氏又善於利用國際有利情勢，本來英、法欲維持四個原任臨時非常任會員國，卻因希臘政變，受各國尊重的首相威尼齊洛斯下臺，希臘失去其國際同情。到選舉前，比利時、西班牙及巴西三席幾乎已內定；第四席英國支持瑞典，法國屬意捷克，而羅馬尼亞、葡萄牙、波蘭等國亦躍躍欲試。中國代表則四處奔走，先得暹羅、波斯之贊成，又爭取到南美各國支持；再得英屬五國（加拿大、紐西蘭、印度、南非、澳大利亞）之同意。但大國方面頗難著手，直到選舉前夕，英國詢問各屬國意見，決定舉中國；法國於選舉當日亦露允意。❷② 15日，國聯大會投票選舉行政院四席非常任會員，中國遂以出席39國中，在第四次投票得21票，與西班牙、巴西、比利時共同當選。❷③

❷⓪　〈國聯第一屆大會第一股報告〉戊、行政院非常任會員四國選舉方式暨該四國之選舉，1920年，頁14、15，《外交檔案》03-38/3-(1)；及〈收顧唐代表電〉，1920年12月14日，《外交檔案》03-38/14-(1)。

❷①　〈顧唐代表電外交部〉，1920年12月8日，《外交檔案》03-38/7-(1)。

❷②　〈收顧唐代表電〉，1920年12月18日，《外交檔案》03-38/14-(1)；及天一〈中國竟廁身於國際聯盟行政院矣〉，《東方雜誌》第18卷第3號（1921年2月10日），頁117。

❷③　〈國際聯合會第一屆大會各股以外之報告〉戊、選舉非常任會員情形，頁

　　中國之當選國際聯盟行政院第一屆非常任會員，為中國外交史上
光榮的一頁。顧維鈞得到許多小國代表的尊敬與支持，善用國際同情
與大國間的矛盾，合縱連橫；並運用議事技巧，努力不懈的堅持「分
洲主義」，終於突破大國壟斷，爭取到國聯行政院非常任席次，實為
中國外交史上一次得來不易的成就。中國代表於電告外交部選舉情形
時稱：

　　　開會以來，各國對我頗有聯絡感情之表示，並看重我國前途之
　　　希望。今日選舉結果，於我國際地位不無增進，各國紛相致賀。
　　　其關切者並言，行政院會員，榮譽固召，責成亦大，切盼中國
　　　舉國一致，奠定政局，速謀發展，庶能有餘力與其他大國共謀
　　　增進前途之幸福云云。❷❹

駐瑞士公使汪榮寶專電奉賀，云：「本日聯合會選任行政部非常任會員，
中國當選，實為外交上最大進步」。❷❺駐巴西公使夏詒霆亦電告外交部
云：巴西對顧氏所提按洲分配之議，十分贊成。並附巴西報紙剪報，
內稱：

　　　聯合會各國專使多稱中國專使係同僚中最有聲望者之一，籍其
　　　議論，始知維持東方和睦切實辦法。并稱中國誠心協助聯合會，
　　　其代表見識高遠，有功本會云云。蓋東方大共和國此種態度，
　　　甚增聯合會之威望，今日被選為行政會員，繼續希臘，是其大

　　21、22，《外交檔案》03–38/3–(1)。
❷❹　〈收顧唐代表電〉，1920年12月18日，《外交檔案》03–38/14–(1)。
❷❺　〈收瑞士汪公使電〉，1920年12月18日，《外交檔案》03–38/14–(1)。

勝利也。此種地位足使中國代表遵照北京政府訓令，實行其和平之宗旨。瑞士報紙多議論此事，稱贊中國之政策者甚多，關於中國專使之勤敏，尤為推許。❷⑥

國內報紙也稱：「其勝利之結果，大概均由於中國代表顧維鈞之努力」。❷⑦《東方雜誌》記者則報導云：

> 被舉以後，驚駭者若而人，慶賀者若而人，華族寓公，人人色喜。記者目擊情狀，汗流浹背；思中華民國自九年十二月十五日起，在國際上所處地位，已與列強同等矣。然一展世界統計，……即以國際言，可與人同等乎？加以南北相持，多年不解；進而南中有南，北中有北，一國之政，且不能行，乃欲在國際聯盟會行政院行世界之政，外人聞之，必啞然笑矣。引領東望，悵焉久矣。❷⑧

日本對中國爭取行政院席位的態度，頗為曖昧。顧氏報告稱原擔心中、日間有山東問題的爭議，日本必阻中國入行政院；❷⑨結果日本在分股會議及大會中，表決中國所提按洲分配時，皆投贊成票，選舉時亦允助中國。❸⓪但國內報紙報導，日本代表在會中發表反華言論，

❷⑥　〈收駐巴西夏公使函〉，1921年2月26日，《外交檔案》03–38/14–(2)。

❷⑦　北京《晨報》，1920年12月21日，第2版。

❷⑧　天一〈中國竟廁身於國際聯盟行政院矣〉，《東方雜誌》第18卷第3號（1921年2月10日），頁117。

❷⑨　〈收顧唐代表電〉，1920年12月12日，《外交檔案》03–38/14–(1)。

❸⓪　〈收顧唐代表電〉，1920年12月18日，《外交檔案》03–38/14–(1)。

並在選舉時反對中國，云：

> 我國國際聯盟代表顧維鈞此次當選聯盟理事會臨時理事，確係
> 得英、法兩國代表極力贊助之效果。日本代表林權助曾大言曰：
> 中國十年乃至二十年以內，在國際聯盟之地位，可與日本相等，
> 亦未可知。其意蓋謂我國目前尚無當選理事之資格也。當票選
> 理事時，日本代表票選何國雖不得而知，惟確未選我國。❸❶

然而日本對華之高壓，反而促成各小國對中國的同情。北京《晨報》
報導：「其餘各國亦多投顧氏之票，其所以如是贊助我國，固屬對我
表示同情之好意，而大端則因對于日本不信任之反感而起」。❸❷

　　國際聯盟第一屆大會中，顧維鈞表現傑出，實為繼巴黎和會之後，
又一次在國際壇坫為國權而奮鬥。顧氏對此次國聯大會的觀感為：「此
次情況與巴黎和會貌異而實同，各大國務求於會中保守其在和約所得
權利。……中小各國所望於聯合會者，幾無一願可償。若欲其出而排
難解紛，恐成一種空想」。❸❸《東方雜誌》對國聯第一屆大會有類似的
評論，〈國際聯盟議會閉幕之感想〉一文中云：「議會行動完全受理事
會之牽制；換言之，即受英、法、意、日四大國之牽制；小國在議會
中無自由動議之能力，在本屆議會中，實顯而易見」。對中國代表團
在此情形下，能有傑出之表現，則稱：「吾國代表出席聯盟議會，賴
顧維鈞氏之努力，頗獲良好之結果。理事會中本年非常駐委員，額僅
四名，而中國亦得佔一席。使此一年內，中國得與五大國同握聯盟之

❸❶　北京《晨報》，1920年12月23日，第2版。

❸❷　北京《晨報》，1920年12月23日，第2版。

❸❸　〈顧唐代表電外交部〉，1920年12月8日，《外交檔案》03-38/7-(1)。

行政權；此舉至少亦可增加我國之國際榮譽」。❸❹另〈國際聯盟第一次議會概況〉一文中亦云：

> 此次聯盟議會，我國所派代表為顧維鈞、唐在復二氏，在委員會所建議各案，無不受議會之採納。即其認攤一等國經費一舉，亦於增進吾國國際地位，大有裨益。初當開會之二週前，日使林權助曾言中國於此二十年內，在國際聯盟之地位，斷難與日本同等。然未幾而我國代表竟獲理事之選，其時日本投票何國，雖未明瞭，然英、法二國則確係投票中國；隱若以此懲戒日本之大言者，亦可見各國對於日本，抱有無窮之反感矣。……唯吾儕國民，觀於此次議會中之勝利，固當額手稱慶，然欲鞏固國家之基礎，發展國家之勢力，則仍責在吾民。顧使曰：中國之所求於國際聯盟者，在排除外國在華之勢力，由中國自謀救濟之道，吾人當知所以自勉矣。❸❺

選舉之後，新選各國於1921年1月1日接任。中國代表電告北京政府：「擬請從速簡定代表，以便遇有會議，即可出席。再列席行政院國，對於會中多數專門委員會，均有派員列席之權」。❸❻唐在復又電北京，大力推薦顧維鈞為最佳人選；強調選舉完後，各國代表多表示：

❸❹ 羅羅〈國際聯盟議會閉幕之感想〉，《東方雜誌》第18卷第1號（1921年1月10日），頁4。

❸❺ 幼雄〈國際聯盟議會閉幕之感想〉，《東方雜誌》第18卷第3號（1921年2月10日），頁26～36。

❸❻ 〈收顧唐代表電〉，1920年12月21日，《外交檔案》03-38/14-(1)。

此次各國協助中國當選，固係注意邦交，亦因看重貴國代表。英國代表白爾福與貴國顧代表在第一股共事，又最推重，此後行政院開會，大約以在倫敦、巴黎時為多，深盼貴國政府簡派熟悉會務，能與英、法就近接洽之員，庶幾事務進行可期便利。❸

外交總長顏惠慶在國務會議中，即以「此次大會代表顧維鈞頗為各國代表所推重，擬請即派該代表為行政院代表」，推薦顧維鈞。❸得閣議通過，1920年12月24日大總統令：「乃者國際聯合會大會選舉非常任會員，賴諸友邦贊助，我國獲預其選。榮譽所在，責成攸關，自茲以往，應如何保持榮譽，勉盡厥責」；❸並「特派顧維鈞為國際聯合會行政院代表」。❹顧維鈞、唐在復又電稱：我國既被選舉非常任理事，國際地位業已增高，擬在日內瓦設置常川辦事機關；既省往返之勞，亦可與聯合會秘書廳接洽辦事。得北京政府復電照准。❹

三、第二、三屆的選舉連任

國際聯盟第二屆大會於1921年9月5日在日內瓦召開。北京政府派駐英公使顧維鈞，駐義公使唐在復，與大理院院長王寵惠等三位代表出席。顧維鈞以第十四屆行政院會主席資格，擔任大會臨時主席，主持開會禮。❹大會議決本屆行政院非常任會員選舉，仍舉現任四國繼

---

❸　〈收唐代表電〉，1920年12月21日，《外交檔案》03-38/14-(1)。

❸　〈發國務會議提議案〉，1920年12月24日，《外交檔案》03-38/14-(1)。

❸　〈大總統令〉，1920年12月24日，《外交檔案》03-38/14-(1)。

❹　〈發顧唐代表電〉，1920年12月24日，《外交檔案》03-38/14-(1)。

❹　北京《晨報》，1920年12月29日，第2版。

任；10月5日投票，中國於與會38國中得31票多數同意，續任一年。**❸**
此屆大會中國雖順利連任，但已出現問題，該年底顧維鈞奉派為中國
出席華盛頓會議代表，由唐在復代管行政院事；次年3月9日，顧氏於
華會之後返歐接管，隨即奉召於3月底歸國，仍請唐在復代管行政院
事。唐氏才能聲望均不如顧氏，加以財務困難，國聯辦事處經費「分
文無著」；唐氏以「才力財力兩不克勝」，屢次要求辭職。**❹**最後與顧
氏商定「兩個月內由復暫代會務，費用由鈞繼續籌墊，以資維持，一
面仍請將積欠經費，設法從速撥匯，餘俟鈞到京面商再定」。**❺**然而到
四月底經費又告用罄，唐氏屢催顧氏回任，卻無下文。**❻**

　　1922年9月國聯第三屆大會，外交部派駐瑞士公使陸徵祥（未出
席），及駐奧地利公使黃榮良，助唐在復為代表。此次中國之競選連
任行政院席，遇到強力競爭。東歐小協約國與法堅結團體，欲求一席；
北歐數國也欲得一席，南美中美諸國又想多占一席，都四處運動。擬
議增加兩席非常任院席，仍不敷分配，乃擬在舊有四席中排擠一國；
而巴西、西班牙、比利時皆各有勢力，中國則因南北紛爭，無強固之
政府，瑞士各報遍傳，中國將重蹈希臘當年因內亂失去行政院地位之
覆轍。而中國所認國聯會費，延期未繳；國聯盟約修正案尚未批准；
加以亞洲之波斯、暹羅亦要求中國實踐輪替之約；中國在行政院席位

❷　〈參與國際聯合會第二屆大會總報告〉，《外交檔案》03–38/8–(1)。

❸　〈收日來佛顧唐王代表電〉，1921年10月7日，《外交檔案》03–38/14–(2)。

❹　〈收駐義唐公使電〉，1922年1月14日；及〈收英京唐代表電〉，3月24
　　日，《外交檔案》03–38/15–(1)。

❺　〈收顧公使唐代表電〉，1922年4月2日，《外交檔案》03–38/15–(1)。

❻　〈收英京唐代表電〉，1922年4月26日；及〈收英京唐代表電〉，6月17
　　日，《外交檔案》03–38/15–(1)。

陷於四面楚歌，岌岌可危。[47]北京政府則努力維持國際聲望，新成立所謂「華會內閣」（或稱「好人內閣」），成員之品學資望均佳，尤其是總理王寵惠與外交總長顧維鈞，均與國聯關係密切，稍挽頹勢。[48]外交部並指示中國代表，行政院非常任院席「如原任各國有繼續者，我國仍應主張繼續；萬一均不繼續，則按洲分配辦法為我素來主張，無論如何亞洲應占一席」。[49]此外，又運用輿論宣傳及與大國接洽等方法，極力維持在行政院的地位。

大會中第一股討論行政院席位問題，基本上有三派意見：1.增加二席非常任會員；2.全體更換或繼續；3.自由選舉，而使中國退出；[50]情勢對中國不利。駐荷蘭公使王廣圻建議：「應迅電我代表奮力抗爭，並一面以半官式宣布意見，如竟將我國單獨更換，我國寧將出會等情，以冀挽救」。[51]北京政府努力運作，外交總長顧維鈞請駐北京英、法、義公使協助。[52]並電復王廣圻云：「非常任會員改選事，業已密囑路透社及各報鼓吹，並面託駐京英、法、義三使，允電本國政府贊助」。[53]結果第一股會議議決：行政院增加兩席非常任會員。至於選舉方式，中國代表主張原任非常任會員全體出院重選，並規定按洲分

---

[47] 〈收日來弗唐代表一日電〉，1922年9月5日，《外交檔案》03-38/15-(1)；
〈收國際聯合會代表處函〉，1922年10月2日，《外交檔案》03-38/15-(2)；
及〈參與國際聯合會第三屆大會總報告〉，頁36，《外交檔案》03-38/9-(1)。

[48] 〈收國際聯合會代表處函〉，1922年10月2日，《外交檔案》03-38/15-(2)。

[49] 〈電日來弗唐代表〉，1922年9月6日，《外交檔案》03-38/15-(1)。

[50] 〈收日來弗唐黃代表電〉，1922年9月17日，《外交檔案》03-38/15-(1)。

[51] 〈收駐和王公使十七日電〉，1922年9月22日，《外交檔案》03-38/15-(1)。

[52] 〈使館問答〉，1922年9月27日，《外交檔案》03-38/15-(1)。

[53] 〈電駐和王公使〉，1922年9月29日，《外交檔案》03-38/15-(1)。

配之額。最後全體重選獲通過；但按洲分配，只允以「文化大源」字樣，立為志願案提交大會。中國代表22日報告外交部云：「查本屆選舉，既不可免，我國地位自極危險。近曾邀請陸前總長親見法國葡代表，切探大國意見，據稱毫無把握，語氣之間似露中國難望留院之意。……政情叵測，竟單獨見屏，應否有所宣言，持何態度，乞速電示」。❺❹
27日，外交總長顧維鈞指示中國代表全力爭取，云：

> 非常任會員改選情形，現已緊迫，在我此時應先行發表以下主義，即㈠中國對於一律改選，使各國有均等機會，並不反對；但原任四國中，若專屏中國於會外，恐國民對於聯合會發生不良之感想。㈡中國向持分洲主義，從前祇有四國，分洲或稍覺為難；現已加添兩國，更有分洲之必要；即使一律改選，中國退出，亦應由亞洲他國補入云云，以圖挽救。萬一終至失敗，則將中國向持分洲主義，並非自謀，實為聯合會威望著想；雖經失望，仍始終抱定主義，繼續進行之意，發表宣言，以便將來再行設法。然此不過最後之手段，此時仍應積極進行。除密囑路透社及報紙鼓吹外，並已面託駐京英、法、義三使，該使等達本國政府贊助。希仍繼續聯絡進行為盼。❺❺

同時《英文北京日報》(*The Peking Daily News*)於23日刊出〈中國在國際聯盟的地位〉(China's Position in the League of Nations)一文，強

---

❺❹　〈日來弗唐黃代表廿二日電〉，1922年9月24日，《外交檔案》03–38/15
　　–(1)。

❺❺　〈極密電黃代表──非常任會員選舉事〉，1922年9月27日，《外交檔案》03–38/15–(1)。

調中國與國聯關係之密切，地大人多，又承擔相當比例的會費，絕不應單獨被排除於行政院非常任會員地位，否則中國人民對國聯的信心將大受影響。❺❻路透社24日也發稿轉述該文的要點。❺❼

　　中國代表遵照指示，發布意見，並聯絡各國報紙鼓吹。又在第一股會議中力爭「分洲主義」，主張五席歸歐美，一席留亞洲。9月28日第一股議決：「分洲主義」仍如第一屆列為志願專條，並修正分洲字樣，其文如下：「大會選舉行政院非常任六員時，對於坤輿大勢、世界種族、宗教沿革、文化宗脈及緊要富源均應注重」。此係中國力爭按洲分派之變通，但未規定各洲額數。29日大會，波斯重提亞洲應占一席理由，中國代表發言贊助，並聲明此次第一股議決結果，現雖從眾贊成，但將來仍可自由提議。但大會仍將議決案及志願案通過，此結果對中國競選連任不利。中國代表電北京報告選舉情形時，悲觀的表示：

　　　密允贊助者，為數雖不少；惟法國主張多加入歐洲關係國，向
　　　我明示拒絕。英、義默不宣露。而秘書長傳來消息，則謂中國
　　　欠繳會費，修改約法案亦未批准，在會國大都注意渠意，中國
　　　以不競選為宜，俟回復正當情勢，當然必再被選等語。據此則
　　　英國及英屬態度又可想見。❺❽

在另一份報告中則稱：「默察各國在大會上，對於我國表示好感者甚眾，聯任一層，縱無把握，亦未絕望」。❺❾30日，大會選舉非常任六

---

❺❻　*The Peking Daily News*, Sept. 23, 1922, p.4.

❺❼　Telegram sent by Reuter's agency,《外交檔案》03–38/15–(2)。

❺❽　〈收日來佛唐黃代表電〉，1922年9月29日,《外交檔案》03–38/15–(1)。

會員，英國在最後一刻轉變態度，決定幫助中國，以制衡法國勢力；助中國在46國中得27票，壓倒南斯拉夫之15票，與巴西、比利時、西班牙、烏拉圭、瑞典共同當選。❻中國終得以在驚濤駭浪中，保住行政院席位。

第二節　第四、五、六屆大會的落選 (1923～1925)

一、第四屆大會競選連任失敗

　　1923年中國內部政局混亂，對外嚴重拖欠國聯會費，而對盟約修正案遲遲不予批准，加以鴉片種植吸食問題嚴重，在在都對國聯行政院形象有極不良的影響。國聯秘書長屢次與中國駐國聯及行政院代表交涉，都不得要領；乃請英國外交部幫忙，透過駐華公使催促北京政府繳交會費及批准盟約修正案。倫敦外交部除於3月24日訓令駐北京公使麻克類與北京外交部接洽外，並認真考慮將中國逐出行政院。❻1 5月底，英國外交次長克勞(Eyre Crowe)寫了一個備忘錄，指出中國內部混亂，又不能履行國際義務，建議不讓中國再連任行政院席位。助

❺❾　〈收唐黃代表廿九日電〉，1922年10月1日，《外交檔案》03–38/15–(1)。

❻⓪　〈收唐代表三十日電〉，1922年10月1日，及〈收日來弗唐代表電〉，10月2日，《外交檔案》03–38/15–(1)；〈收國際聯合會代表處函〉，10月2日，《外交檔案》03–38/15–(2)；及〈參與國際聯合會第三屆大會總報告〉，頁37，《外交檔案》03–38/9–(1)。

❻①　Drummond to Tufton, March 6; Tufton's minute, March 16; and F. O. to Macleay, March 24, 1923, FO371/9216 [F708/708/10].

理外次泰利爾(William Tyrrel)認為此建議有道理，但是英國應盡量不要主導此事；克勞則堅持原議，否則國聯將日益困難。❻

　　麻克類與北京外交部交涉後，5月29日在給倫敦的報告中總結云：「中國政府已失其信用，財政上已瀕於破產，權力不出都門，各部職員均已欠薪；今竟任其在聯合會行政院內佔一席，實足以使在華熟悉中國實情之外人恥笑並譏議也」。❻英國外交部接到報告後，更進一步考慮中國在行政院席位的問題。6月下旬，主管遠東事務的顧問威力斯禮(Victor Wellesley)寫了另一份備忘錄，討論中國在行政院席位問題。文中承認以中國當前的混亂狀況，在國聯行政院佔有一席確實是個醜聞，有損國聯形象；但是英國如果率先主導逐中國出行政院，必須考慮到政治後果，例如在華利益是否會受中國反英情緒攻擊等等；最後，建議應先徵詢麻克類的意見。❻倫敦於30日電詢北京使館，麻克類於7月9日覆電，表示英國若主導驅逐中國出行政院，會引發中國反英情緒；建議倫敦採較謹慎的方法，與其他國家聯絡，可達同樣目的，而不致引起中國反彈；因為除了少數留學生外，一般中國人不太關心國際聯盟，而北京政府自知理虧。倫敦接受此建議，11日致函英國出席國聯代表珊西爵士，指示其依此方針進行。珊西15日回函表示完全同意，並將盡全力將中國逐出行政院。❻

　　1923年9月國聯第四屆大會召開，北京政府派駐法公使陳籙、駐義公使唐在復及駐英代辦朱兆莘出席。行政院非常任會員的任期問題，

❻　F. O. minute, May 31, 1923, FO371/9216 [F1723/708/10].

❻　〈駐京英麻使外部大臣之報告——報告與中國政府討論撥付聯合會欠費事〉，1923年5月29日，《外交檔案》03–38/39–(2)。

❻　Wellesley's minute, June 23, 1923, FO371/9216 [F2055/708/10].

❻　Macleay to F. O., July 9, 1923, Ibid.

因盟約修正案第四條新增的：「（二乙）大會應以三分之二之多數，決定關於選舉行政院非常任會員之條例，而以決定關於非常任會員任期及被選連任條件之各項章程為尤要。」尚未得行政院會員國全體批准，還未生效；與會各國多主張全部改選。中國代表選舉前報告外交總長顧維鈞雖稱：「行政院一席，既與國際地位頗有關係，亦最縈鈞慮」；[66]但情勢對中國十分不利，云：

> 聞赤哈、波蘭、葡萄牙、波斯、印度、智利、古巴、哥倫比亞等同起競爭，我國地位甚危；南美團體似未合成；大國態度迄未明瞭。又我國時局紊亂，默察本年各國對我態度，較前冷淡，且連日此間各報登載我國對外劫案極多，幾難申辯，恐於選舉問題亦有影響。現時機已促，惟有抱定分洲主義，極力進行，以期補救。[67]

9月29日選舉，中國僅得10票落選，席位為捷克所奪。中國代表報告稱：「行政院非常任會員改選一案，本年競選者眾，赤哈鑒於上年之失敗，預在列強方面布置周密。兼之大會之時，我國憲法未頒，各地又萑苻不靖，排擠我者得資為口實」。[68]又云選前中國代表四處運動，正有頭緒，而臨時變端百出，選舉失敗，「一、因我政局不靖，故各國以從前對待希臘手段對我。二、秘書廳受人控制，不守中立；

---

[66] 〈收國際聯合會第四屆大會陳唐朱代表函〉，1923年12月12日，《外交檔案》03-38/10-(1)。

[67] 〈收日來弗陳唐朱代表電〉，1923年9月23日，《外交檔案》03-38/15-(2)。

[68] 〈國際聯合會唐代表等函〉附件，《外交檔案》03-38/10-(1)。

莘目睹秘書廳士威德君散布選舉名單，以赤哈代中國。而波斯復與我力爭，奪我十四票，分洲主義冀致為破壞」。❻⁹次日，中國代表團向各報登載所謂「中國代表團之抗議」宣言，謂：

> 本屆行政院選舉之結果，竟未遵守分洲主義辦理。此項主義素為中國代表團極力主張，且經歷屆選舉所實行。當此世界多事之秋，在行政院非常任會員中，驟缺一亞洲重要國之援助，殊為可惜。且投選三日之前，大會對於分洲主義之志願案，尚一致通過，茲竟自予破壞，實足使在遠各邦之來會者，大掃興味。而聯合會之事業，在精神上及物質上均將受其影響者也。（中國擔認會費六十五股，合一百數十萬金佛郎）況行政院之組織應以平等及公道主義為前提，此次選舉適與相背，誠恐重要各邦對於會務之熱心漸淡，則聯合會之前途可危云云。❼⁰

然而於事無補。北京《晨報》分析落選原因，也稱：「此次因我國代表不力，政府於事前又無準備，而當開會之時，各國報紙同時攻擊我國警政不修，土匪充斥，煙禁不嚴，罌粟遍地，國已不國，何能再任理事會委員」。並發出警語云：「國際空氣異常惡劣，而政府置若罔聞，毫未布置，致為捷克斯拉夫所敗，此為我國國際地位墜落之第一步，未知國人得此警報，亦有所感動否耶？」❼¹麻克類於10月24日報告倫

---

❻⁹　〈收日來弗陳唐朱代表29日電〉，1923年9月30日，《外交檔案》03-38/15-(2)。

❼⁰　〈收國際聯合會第四屆大會陳唐朱代表函〉，1923年12月12日，《外交檔案》03-38/10-(1)。

❼¹　北京《晨報》，1923年10月3日，第2版。

敦外交部，舉《晨報》言論為例，認為中國將被逐出行政院歸因於內政不修，已冷靜的接受這個事實。❼❷

二、第五屆大會的落選

1924年第五屆大會之前，北京外交部希望能重選入院，事先有所布置。首先極力爭取在國聯中舉足輕重的英國之贊助；3月駐英代辦朱兆莘託英國議員，在國會質詢云：「國際聯合會行政院所議問題甚多，全球須有充分參與權，遠東尤為特要；應否訓令英國赴大會代表團於選舉行政院會員時，堅持分洲主義」。英首相答以：「分洲主義已密示下屆大會英代表團，必牢記於心，似無膺加特別訓令」。❼❸4月29日，朱兆莘宴請正在英國訪問的北京政府要人梁士詒，邀英國樞密院長兼國聯首席代表柏摩男爵（Lord Parmoor）等貴賓。席間朱兆莘演說，提及去年行政院選舉中國被擯事；梁士詒也演說中國對國聯贊助頗多，未能列席行政院殊為可惜。英國代表表示對中國極為同情，行政院席位應增加，中國可望占一常任席；並在散席後「對梁與莘說，下屆大會必為中國助力，意甚殷勤。又我國陸續交會費，亦經向柏摩談及，渠甚滿意。經此一度接洽，莘當恪遵部諭，乘機宣傳，再接再厲」。❼❹朱氏又報告，稱柏摩男爵5月8日在白金漢國聯同志會場演說，提出常任會員應增為七席，非常任會員應增為十至十五席；「莘擬俟有機會演說時，引申其說，乘機鼓吹，期達下屆復選目的」。❼❺6月朱

---

❼❷　Macleay to F. O., Oct. 24, 1923, FO371/9216 [F3110/708/10].

❼❸　〈收駐英朱代辦廿五日電〉，1924年3月26日，《外交檔案》03-38/16-(1)。

❼❹　〈收駐英朱代辦四月三十日電〉，1924年5月1日，《外交檔案》03-38/16-(1)。

❼❺　〈收駐英朱代辦九日電〉，1924年5月10日，《外交檔案》03-38/16-(1)。

兆莘在牛津大學演說分洲主義。 ❼7月朱兆莘訪柏摩男爵於樞密院，得其應允於國聯下次大會時為中國助力。 ❼

　　外交總長顧維鈞在北京，也於8月13日與西班牙使館參贊接洽此事，西國要求今年選舉時相助，顧氏云：「去年中國落選，失去委員地位，甚為失望，致原定之分洲主義不能實行。中國在行政院委員會原可代表亞洲，若貴國能取相互主義，自可贊助」。西參贊云：「照貴總長所謂相互主義，即貴國此次贊助，將來敝國亦須贊助貴國」。 顧氏云：「正是此意」。 ❼

　　1924年8月，國聯第五屆大會召開，北京政府派駐義公使唐在復、駐瑞典公使戴陳霖及駐英代辦朱兆莘為出席代表。代表抵達日內瓦後，探詢行政院選舉消息，發現情況不利。英國之增加行政院席主張，係為德國起見；而該年德國入會不及，增席恐難實行；現有非常任六席，中國又無力取代。朱兆莘電北京云：國聯秘書廳頗顧慮中國仍照前年辦法，以退出國聯為要挾；朱氏告以：「政府無出會意，惟去歲選舉違背分洲主義，中國單獨被擯，面子上太不好看，下屆大會如無滿意表示，難禁華人不加責備」。 並建議北京：本屆大會「仍堅持提議增加院席，大部如以為然，可否密託議員提建議案，督促政府力爭，否則出會。一面由國際聯盟同志會及報界公會明電代表團，表示有力之輿論。如能，則今年雖不當選，明年增席，吾國必占其一」。 ❼

　　北京外交部接受此建議，一方面採取以輿論支持的策略。朱兆莘在日內瓦告訴論壇(Tribune)報記者，「將中國輿論督促政府力爭院席

❼　〈收駐英朱代辦九日電〉，1924年6月11日，《外交檔案》03-38/16-(1)。

❼　〈收駐英朱代辦四日電〉，1924年7月5日，《外交檔案》03-38/16-(1)。

❼　〈日館問答〉，1924年8月13日，《外交檔案》03-38/16-(1)。

❼　〈收駐英朱代辦九日電〉，1924年8月13日，《外交檔案》03-38/16-(1)。

各節，引申甚詳，對於顧撰前在行政院成績，極口稱揚」。[80]國際聯盟同志會也於21日電中國代表：「去歲國際聯合會行政院選舉，中國被擯，有違分洲主義，且非聯合會之精神；亞洲人口最盛，中國最關東亞大局，若被擯殊非公道，何必參加；今歲務力爭加額與選，全國當為後援」。[81]又派上海《華北日報》、《東方日報》、漢口《英文楚報》記者衛納氏，赴日內瓦為中國代表團辦理宣傳事宜。[82]另一方面以退出國聯為威脅；北京國會議員劉彥於8月23日提出「為國際聯合會本屆改選我國如再落選則宜決定出會建議案」。[83]此案由國務院函達外交部；[84]外交部將此函電告中國代表，並指示：「本年所匯會費已達十二萬美金，現在尚擬再匯三萬，亦可發表，以示我國對於聯合會之熱忱」。[85]北京政府這些動作，引起國聯關切；代表團報告稱：「北京路透社電稱中國國會以聯合會蔑視分洲主義為詞，要求行政院給予中國一席，否則退出聯合會云。此電登諸晨郵及其他各報」；[86]又稱：「國會建議督促政府力爭院席，否則出會，路透電傳來，秘書廳中人均大震愕」。[87]

9月1日大會開議，共49國到會。中國首先要求「分洲主義」，25日國聯大會討論中國代表所提之「選舉非常任院席分洲主義志願

[80] 〈收駐英朱代辦十八日電〉，1924年8月20日，《外交檔案》03-38/16-(1)。

[81] 〈電羅馬唐戴朱三代表〉，1924年8月21日，《外交檔案》03-38/16-(1)。

[82] 〈收駐英朱代辦廿二日電〉，1924年8月23日，《外交檔案》03-38/16-(1)。

[83] 〈議員劉彥建議案乙件〉，1924年8月23日，《外交檔案》03-38/16-(1)。

[84] 〈國務院公函第1283號〉，1924年9月10日，《外交檔案》03-38/16-(1)。

[85] 〈電日來弗唐戴朱三代表〉，1924年9月19日，《外交檔案》03-38/16-(1)。

[86] 〈收駐英使館廿五日電〉，1924年8月26日，《外交檔案》03-38/16-(1)。

[87] 〈收駐英朱代辦三十日電〉，1924年9月2日，《外交檔案》03-38/16-(1)。

案」，全體通過。[88]選舉前顧維鈞指示中國代表云：

> 聯合會會費又匯出三萬美元，乘此時機請以總長個人名義轉告
> 秘書長，大致謂前在代表任內對於會務無不竭力維持，雖歐亞
> 相隔，中國財政又適當困難，而本年數月之內，陸續籌繳會費
> 達十五萬美元，即此可為重視會務始終竭力維持之證。本屆選
> 舉非常任會員，中國國會既提出建議案，政府自當依以進行。
> 此項人民代表意思之表示，適與余從前在會主張分洲主義相
> 符。現在分洲主義既經大會贊同通過，應請秘書長對於實行此
> 案亦竭力予以維持，俾亞洲人民不至再生觖望，則聯合會公平
> 之標幟，益將見信於世界云云。[89]

此外，中國要求增加院席，然而國聯「本年各國已決定維持現狀」，秘
書長告以明年1月德國入會召開特別大會時，應有添設院席，「屆時中
國倘政局較定，最有希望；依目前紛擾情勢，深於中國不利」。中國
代表電詢外交部是否仍堅持不當選則退出國聯。[90]外交部指示云：

> 希向秘書長聲明如下：本屆選舉既決定維持現狀，國內輿情定
> 必不滿，仍請設法協助當選為盼。如實有為難，則秘書長既有
> 明年一月特開大會，提議添設議席之言，政府為尊重聯合會，

---

[88]　〈收日來佛朱唐戴代表廿五日電〉，1924年9月28日，《外交檔案》03–
38/16–(1)。

[89]　〈電日來弗唐戴朱三代表〉，1924年9月25日，《外交檔案》03–38/16–(1)。

[90]　〈收日來弗戴唐朱代表廿五日電〉，1924年9月28日，《外交檔案》03–
38/16–(1)。

暫可照此向各界解說。惟明年特別大會開會時，對於實行分洲
主義之議決案，務請竭力維持。希望屆時不致再行失望。**⑨**

結果10月2日選舉，行政院非常任會員原任六國蟬聯。**⑨** 中國代表報
告選舉失利情形云：「各國似已預有接洽，多主維持現狀；蓋競選者
眾，稍有變更，易致紛擾。蓋以我國干戈未戢，萑苻未靖，在在貽人
口實，在復等力事聯絡，百計疏通，結果僅得十四票，歷屆宣傳之按
洲分選，竟不能實踐」。 指出來年德國如果加入國聯，則常任院席勢
將增添，中國或可於此時提出增添非常任員一席，而有再行入院之希
望。最後語重心長的說：「所冀國內政象平靖，早日統一，則壇坫抗
爭較易為力」。**⑨**

選舉之後，中國代表發表宣言，表示亞洲此次不能加入理事會，
甚為失望；報載中國代表並立即退出議場，「聲稱彼等此舉，係奉北
京命令，理事部如不能取得一席，即須出此步驟，至於中國是否退出
聯盟會，或是否能於此時發出正式通告，尚未接得報告云云。」**⑨** 然而
北京外交部並未做此指示。而各國對中國代表之姿態，反應冷淡，報
載：「各國對於昨晚中國代表退出聯盟會議場，紛紛加以評論，然一
般人並不以此舉含有退出聯盟會之意味云」。**⑨** 國內對退出國聯，也有

---

⑨　〈電日來弗唐戴朱三代表〉，1924年10月3日，《外交檔案》03-38/16-(1)。

⑨　〈收日來佛朱唐戴代表二日電〉，1924年10月3日，《外交檔案》03-38/
16-(1)。

⑨　〈呈為恭報參與國際聯合會第五屆大會大概情形〉， 1924年10月15日，
《外交檔案》03-38/16-(1)。

⑨　北京《晨報》，1924年10月4日，第3版。

⑨　北京《晨報》，1924年10月5日，第3版。

議論，北京《晨報》載：「多數意見，均擬即退出國際聯盟會，以為中國對於聯盟會行動，不能滿意之表示」。 ⑯ 又轉載《華北明星報》(*North China Star*)報導：「至中國失敗而退出盟會之說，似未確當，此種傳說之由來，皆因前此國會曾議決，如中國不能取得理事會員席，即宣告退出會外」。 ⑰ 最後，北京政府仍決定留在國際聯盟。10月8日《晨報》報導：「當局方面，初亦傳播退出聯盟之空氣，終則敷衍牽就，其所持理由，則謂目下東南戰事，結束尚須時日，東北戰事亦正在開始，殊不願對聯盟會表示決絕之心，以再失國際之感情，現正決定仍再委曲求全，暫不退出聯盟」。 ⑱

麻克類於10月20日報告倫敦，稱北京中文報紙對競選行政院席位失敗，未有激烈反應；國會一度有退出國聯的主張，但很快消失了。並附上《京津泰晤士報》(*Peking and Tientsin Times*)社論「中國與國聯」，反映在華英國人的看法，其中云：中國抨擊國聯漠視分洲主義，對中國不公；但是中國戰亂分裂，不能善盡國聯一員的責任。 ⑲ 駐英代辦朱兆莘12月1日會晤英國外相張伯倫，提及中國與行政院席之事，云：奉前外長顧維鈞之命，爭取若德國被允入國聯並入行政院，中國也要得一席。張伯倫詢問朱氏中國要爭取的是常任或非常任席位，朱氏稱中國所爭的是實行分洲主義，亞洲國家至少應在非常任中得一席。有趣的是，朱氏提及顧氏已於10月底「北京政變」後下臺，現任政府對國聯不如顧氏般關心。 ⑳

---

⑯　北京《晨報》，1924年10月6日，第3版。

⑰　北京《晨報》，1924年10月7日，第3版。

⑱　北京《晨報》，1924年10月8日，第2版。

⑲　Macleay to F. O., Oct. 20, 1924, FO371/10274 [F3794/237/10].

⑳　Chinese Charge d'Affaires Conversation, Dec. 1, 1924, FO371/10274

三、第六屆大會再落選

　　1925年外交部寄望德國提出申請加入國聯，並進入行政院為常任會員，則中國可藉此要求增加非常任席次，可有機會再入行政院。結果德國因故未於該年初提出入會案，而中國內部仍是動盪不安，如五卅慘案、國奉戰爭等，引起許多國際糾紛。即使內外局勢不利，北京外交部仍努力不懈，部署爭取國聯行政院席位；8月外交部電各駐外使館，指示：「本屆國際聯合會改選行政院非常任會員，我國極盼當選，深望各國代表於投票時，予以贊助；希面向駐在國政府密為接洽。」⑩但各國反應冷淡。英國方面，朱兆莘報告與英國副外相商談情形，云：「渠謂中國前次退出禁煙會議，全不顧聯合會面子；且國內紛亂，不應攫得國際上重要位置。莘謂中國對聯合會極為重視，退院三年，本屆希望復選；英歷年助票，中國政府甚感激。渠允轉告外相，並囑莘與外相面談」。⑩比利時方面，王景歧公使回電稱：「據覆比政府表示親善，本屆中國果有把握可得多數，比國決無不予贊助。惟比外相個人意見則謂目下中國，內政外交均處於極困難地步，恐難得多數希望云云」。⑩駐瑞士公使陸徵祥亦曾晤該國政務部長，並向外交部報告稱：

[F4101/237/10].

⑩　〈密電駐和蘭、瑞士、法國、奧地利、日斯巴尼亞、瑞典、挪威、智利、丹麥、古巴、秘魯、巴拿馬、日本、比利時使館〉；同日〈密電羅馬唐、倫敦朱代表〉，1925年8月11日，《外交檔案》03-38/16-(2)。

⑩　〈收駐英朱代辦十二日電〉，1925年8月13日，《外交檔案》03-38/16-(2)。

⑩　〈收駐比王公使廿四日電〉，1925年8月24日，《外交檔案》03-38/16-(2)。

據稱瑞士代表團每逢大會改選投票，迭經贊助中國，本屆改選
當可仍予贊助。貴國在大會之提出之分洲主義，瑞士政府極表
贊同。……又稱前屆改選時，他國向鄙人進言，每以貴國無有
力之中央政府為詞，本部長密以奉告。祥答以自民國以來，對
外並無一不辦之事，彼所謂無有力之中央政府，我實不解，望
貴部長勿為彼游辭所動。祥意我國既密與各國接洽選舉為之先
著，倘會費屆期延付，必為反對者藉詞梗阻，擬請特別注意，
務請於開會前竭力籌付，免貽口實而受影響。❿

　　9月7日，國聯第六屆大會開幕，共49國到會。中國原派三名代表，
駐義公使唐在復因病請辭，由國聯辦事處秘書長周緯充任幫代表，隨
同駐英代辦朱兆莘與駐法秘書王曾思代表出席。會中選舉行政院非常
任會員，中國雖事先布置，選情仍不樂觀。代表報告稱：「行政院非常
任會員六人運動連任甚力，我國入院須以來年；但現仍遵大部電諭，
在可能範圍內分途接洽，奮鬥到底」。❺24日，中國代表在大會再提出
「分洲主義案」，朱兆莘演說強調：「行政院非常任會員六席，分配不
均，宜分院席，使各洲得充分代表權，以壯聲援而維會務；深盼本屆
改選，嚴守分洲主義等語；瑞典、波斯代表演說贊成，全體通過」。❻
北京《晨報》亦報導稱：「國際聯盟大會本日通過中國代表之動議，即

<hr />

❿　〈收駐瑞士陸公使廿五日電〉，1925年8月27日，《外交檔案》03-38/16
　　-(2)。

❺　〈收日來弗王朱代表廿三日電〉，1925年9月24日，《外交檔案》03-38/
　　16-(2)。

❻　〈收日來弗王朱代表廿四日電〉，1925年9月25日，《外交檔案》03-38/
　　16-(2)。

主張關於理事會非常任委員之選舉，希望聯盟大會妥為分配，此舉不僅可以實現聯盟大會之理想，亦可增進理事會之權威云云。[107] 26日選舉前，朱兆莘先演說，請各國勿忘分洲主義，大眾鼓掌。結果中國在49國中得26票，已過半數；惟原任巴西、烏拉圭、西班牙、捷克、瑞典、比利時六國得票較多，獲得連任。[108] 中國代表於報告臨時執政段祺瑞之呈文中云：「我國位居第七，額滿見遺，至為憾事。嗣由委納瑞拉代表臨時動議，本屆當選以明年不得連任為條件，全體贊成。足見我國地位國際上頗形重要，大會對我感情日臻親善，如國內政潮平息，不貽外人以口實，明年改選院席，我國入選可操左券」。[109]

第三節　第七屆大會的再當選(1926～1927)

1926年由於德國加入國聯，並擔任行政院常任會員，引起多國不滿，要求同入行政院任常任會員，甚至有以不如願則退會為要脅者，造成國聯成立以來最大的危機。國聯多次開會商討解決辦法，最後以增加非常任院席至九席，並以任期三年可再選連任之所謂半常任院席，安撫部份國家。北京政府利用此一機會，也以要求常任院席為手段，達到取得非常任院席的目的。

一、1926年國聯特別大會中對常任院席的爭取

[107]　北京《晨報》，1925年9月26日，第2版。

[108]　〈收日來弗王朱代表廿六日電〉，1925年9月27日，《外交檔案》03-38/16-(2)。

[109]　〈參與國際聯合會第六屆大會代表呈執政文〉，1925年11月1日，《外交檔案》03-38/12-(2)。

德國加入國聯的阻力，在 1925 年 10 月羅加洛協定 (Locarno Agreement)簽訂後排除；與約各國允許德國加入國聯，並可在行政院中占一常任席。1926年初，德國政府正式申請加入國際聯盟，附加在行政院得一常任會員席之條件。國聯於 3 月 8 日召開特別大會商討此事，同時討論行政院席次的調整；許多國家遂藉此機會也要求常任院席。2月中旬，北京外交部派駐英代辦朱兆莘代表中國出席特別大會；當時朱氏正奉令改任駐義大利公使，原定先赴羅馬呈遞到任國書後，再赴日內瓦參加國聯特別大會。⑩外交部訓令：「先逕赴日來弗，以便布置行政院增席事」。⑪朱兆莘電北京請示機宜，云：

> 德國入會本以占一常川院席為條件，報載同時希望常川院席者有多人，西班牙、波蘭、捷克；我國應否援例請求，此應請示者一。上屆大會選舉非常任會員，我國得票過半數，祇以額滿見遺，未克當選，下屆舊會員如不得連任，六席改選，我國可占一席，應否在大會演說注重此層，並堅持分洲主義，此應請示者二。俟向英、義兩外部及國際聯合會秘書長探詢對增加院席持何態度，設法聯絡，期為我助。⑫

北京外交部指示朱代表努力恢復院席，云：「我國迭次運動恢復行政院議席，曾經秘書長允俟德國加入增添席次時加以援助，現德國已決定加入，並得佔行政院常任會員一席，聞其他一席西班牙、波蘭等國

---

⑩　〈收駐英朱代辦十三日電〉，1926年2月13日，《外交檔案》03-38/17-(1)。

⑪　〈發倫敦朱代表電〉及發各外館電，1926年2月17日，《外交檔案》03-38/17-(1)。

⑫　〈收駐英朱代辦十三日電〉，1926年2月14日，《外交檔案》03-38/17-(1)。

競爭甚烈，希即切實進行冀達目的」。⑬並對朱氏的請示訓令云：「來電第一項自應援例請求，第二項仍應堅持分洲主義；除已分電各外館密請駐在國政府贊助外，特復」。⑭

2月中，朱兆莘依訓令與英國各方接洽，請求助中國入行政院；英國反對他國要求與德同時入院，朱氏17日報告稱：「此次議院增席顯分英、法兩派，英外部對中國要求不能贊同」。⑮19日，朱兆莘與英外相張伯倫會談，渠仍不願助中國提案請求常任院席，要中國自行向秘書長提出。朱氏向北京報告云：「常任院席既在不可必得之數，莘與英外相談話時經注重下屆大會改選非常任院席，按照分洲主義，中國應占一席。外相極口贊同，但云選舉頗難預料，中國當選亦無把握」。朱兆莘又與副外相談及中國援德例請求入院，「渠謂中國現狀如此紛亂，應先整飭內政，希圖提高國際地位，勸勿提案。……莘現託人登報鼓吹，並於二十七晚報界俱樂部餞讌席上演說此事」。⑯21日又報告稱：「現接各方面消息，此次特別大會祇准德國占常任院席，其援例請求者，俱難通過」。⑰23日外交部去電指示云：「行政院事請見機而行，不必追隨波蘭，如風勢不佳，我國提案可臨時撤回，惟應將分洲主義在大會切實演說，以為下屆大會改選時地步」。⑱朱氏又與國聯秘書長接洽，彼亦建議中國應集中力量於9月大會爭取非常任會

⑬　〈發倫敦朱代表電〉，1926年2月15日，《外交檔案》03-38/17-(1)。

⑭　〈發倫敦朱代表電〉及發各外館電，1926年2月17日，《外交檔案》03-38/17-(1)。

⑮　〈收英京朱代表十七日電〉，1926年2月19日，《外交檔案》03-38/17-(1)。

⑯　〈收英京朱代表十九日電〉，1926年2月21日，《外交檔案》03-38/17-(1)。

⑰　〈收英京朱代表廿一日電〉，1926年2月23日，《外交檔案》03-38/17-(1)。

⑱　〈發英京中國使館電〉，1926年2月23日，《外交檔案》03-38/17-(1)。

員。[119]27日朱氏「赴報界俱樂部餞讌，演說中國希望在特別大會得常任院席，否則下屆改選非常任院席時，須嚴守分洲主義，免中國再失望」。[120]

駐法公使陳籙也向法國外交部接洽，2月19日報告云：「法政府業經提出增加西班牙、波蘭、巴西三國，未便續提，自在情勢之內；查此次增加行政院議席，我應根據分洲主義較有把握」。陳籙並與日本駐巴黎大使兼出席國聯代表石井菊次郎晤談，請日本於行政院會議時，提出加入中國，以免歐、美增席，獨亞洲向隅。石井頗為動容，表示：日本政府從前意見，頗反對增加議席，此次宗旨如何，尚未奉到東京訓令。如果不堅持反對及奉有訓令，自當贊助中國。並稱：「近兩年來行政院選舉，甚為中國出力，屢為波斯破壞。且曾力勸波斯代表退讓，惜無成效。本年中國能善為布置，仍當極力贊助」。[121]陳籙也與適在巴黎的國聯秘書長及宣傳股長商談，報告稱：「據彼看法，今年大會選舉，中國甚有希望，但須事前布置；首席代表，各國向派資望素著之員，此層尤宜注意」。[122]22日，外交部電駐日汪榮寶公使云：「此次我國請求加入，如能由日本提出，自必較為有力，務希查照前電迅速切實密向日本政府接洽為盼」。[123]汪公使與日外務部次官出淵勝次接洽後，報告稱：「彼意增加常任委員一節，日本素持反對，英及瑞典等國亦贊成，故此議未必能通過。萬一實行增加，西班牙、波蘭、巴西等國均獲加入，則日本必為中國盡力。倘增加不成，則此次改選非

---

[119]　〈收英京朱代表廿五日電〉，1926年2月26日，《外交檔案》03-38/17-(1)。

[120]　〈收駐英朱代辦廿七日電〉，1926年3月1日，《外交檔案》03-38/17-(1)。

[121]　〈收駐法陳公使十九日電〉，1926年2月20日，《外交檔案》03-38/17-(1)。

[122]　同上。

[123]　〈發駐日汪公使電〉，1926年2月22日，《外交檔案》03-38/17-(1)。

常任委員時，日本必推薦中國」。⑭陳籙也於3月4日報告稱：「昨晤日本石井大使，稱日前已接政府訓令，德國外如有他人加入常任行政員，日本當提出中國以為交換條件」。⑮

朱兆莘與駐比公使王景岐於3月初抵日內瓦，代表中國出席國聯特別大會。⑯當時德、法意見衝突，而行政院各國對增加院席一事意見分歧；表示有意提出要求常任會員者，有波蘭、西班牙、巴西、波斯及中國等五國。⑰前三國各有手段，「波蘭有法國為之祖助，西班牙以退出盟會為要挾，巴西以否決德國入院為阻難」。⑱中國則為是否正式在此特別大會提出「請求常任院席案」頗費斟酌。5日探悉波蘭、西班牙、巴西已確定提案後，國聯辦事處秘書長周緯與國聯秘書長接洽，討論是否將中國正式請求書送出。秘書長表示中國應審慎，若正式提案又獨自被屏，「有礙下屆大會謀選非常任院席之進行」。朱兆莘電准政府後，指示周緯於大會未開之前，將請求書送達行政院，提交本屆大會予以考量。⑱其文曰：

> 奉中國政府訓令，倘國際聯合會行政院增加常任院席，中國亦請求在院得一常任席。中國政府為此請求絕對的根據於國際現狀及中國地位之重要；相對的因他國亦同時請求院席。中國在

⑭ 〈收駐日汪公使電〉，1926年2月24日，《外交檔案》03-38/17-(1)。

⑮ 〈收駐法陳公使四日電〉，1926年3月5日，《外交檔案》03-38/18-(1)。

⑯ 〈收駐義朱公使二日電〉，1926年3月3日，《外交檔案》03-38/18-(1)。

⑰ 〈收駐比王公使三日電〉，1926年3月4日，《外交檔案》03-38/18-(1)。

⑱ 〈參與國際聯合會德國入會案特別大會總報告〉，頁6，《外交檔案》03-38/20-(1)。

⑲ 〈收駐義朱王公使五日電〉，1926年3月7日，《外交檔案》03-38/18-(1)。

亞洲大陸占一重要部分，有全世界民族四分之一，擁有無量資
產，據有強大經濟力，文明最古，教化極早；倘以國際聯盟為
世界之代表機關者，則中國入院為常任會員，可為盟會威望不
少。⑬

　　提出申請後，要以何手段進行？7日朱兆莘電北京外交部請示：
「如屆時他國請求皆允，獨令中國否決，應否根據第五屆大會顧前總
長致國際聯合會秘書長密電：如院席不能恢復，中國政府或迫於輿論，
不得不照國會決議案，宣告退出盟會等詞，與秘書長作一度強硬之交
涉」。⑬北京外交部將此案提出國務會議討論，提案云：

　　就目下情形而論，我國提案似尚不無希望。然國際問題瞬息千
　　變，設將來議定除德國外，所有請求各國同遭否決，或同交下
　　屆大會再議，在我尚可允認。若德國以外他國均允加入，獨我
　　國向隅，似未便毫無表示。……此次會議結果，若令我國獨抱
　　向隅，可否即如該代表等所請之處，相應提請公決。⑬

經閣議議決後，11日外交部電中國代表，指示云：「如此次大會我國
失望，將提案留交下屆大會，可先發表宣言聲明分洲主義素為我國所
主張，九月大會我國對於院席如再失望，屆時恐不能不採取必要手段，
以示堅決；希查照相機進行」。⑬

⑬　〈參與國際聯合會德國入會案特別大會總報告〉，頁7，《外交檔案》03
　　−38/20−(1)。
⑬　〈收駐義朱王公使五日電〉，1926年3月7日，《外交檔案》03−38/18−(1)。
⑬　〈提交閣議案〉，1926年3月11日，《外交檔案》03−38/18−(2)。

朱、王代表隨即在日內瓦展開活動，往訪相關各國代表，爭取支持。於7日連發六電報給北京，報告接洽情況。該日晨先訪德國代表，渠表示：「德對他國入院仍根本反對，現各國態度如何，俟晤英、法等代表後始能明瞭。外交總長云如有機會可助中國，無不盡力云」。[134]隨後朱、王二代表往訪日本石井代表，請其支持中國在行政院得常任院席。石井答以行政院中擬議衹准德國入院，他國請求延至九月大會再議；並云：「至下屆非常任院席改選時，若波斯不再競爭，中國必可當選。現在亞洲衹日本占一席，實屬不公，院中分子均有覺悟，九月或加非常任一席以予亞洲。日本歷年投中國票，自必贊助到底」。石井又稱如院中輕視亞洲，日本必為中國說話。旋訪日本副代表杉村陽太郎，渠稱已奉東京訓令為中國幫忙，中日攜手絕無問題。[135]然後又訪捷克代表，得其表示同情，並告以行政院內各派意見。[136]又訪巴西代表，渠表示巴西主張多增院席，各國同時照准。又訪古巴、智利代表，古巴代表勸中國：「勿強爭常任，免失國際好感，九月大會必增非常任一席以予亞洲，必為中國所得」。[137]再往訪法國代表，「渠對中國請求常任院席極表贊同，謂應與波蘭、西班牙、巴西同等考慮」。又

[133] 〈電日來弗朱王代表〉，1926年3月11日，《外交檔案》03-38/18-(1)。

[134] 〈收日來佛朱王代表七日電〉，1926年3月8日，《外交檔案》03-38/18-(1)。

[135] 〈收日來佛朱王代表七日電二〉，1926年3月8日，《外交檔案》03-38/18-(1)。

[136] 〈收日來佛朱王代表七日電三〉，1926年3月8日，《外交檔案》03-38/18-(1)。

[137] 〈收日來佛朱王代表七日電四〉，1926年3月8日，《外交檔案》03-38/18-(1)。

晤瑞典代表，渠答該國仍持堅決態度，除德國之外，「他國請求延至九月大會再議」。⑱

中國代表經與各方接洽後，將行政院十國對增加院席問題之不同意見，報告外交部。德國極端反對波蘭得常任院席；波蘭因法國倒閣，助力稍弱，態度漸趨緩和；西班牙以退會為要挾，聲勢洶洶；瑞典助德，反對任何國同時入院；義、比、捷作壁上觀；英國提議除西班牙外，將其他申請案交付特別委員會審查，延至9月大會再議；日本主張對西班牙不設例外；巴西主張對德國亦不設例外，惟南美洲各國評論巴西反對德國入院為無理取鬧，斷難貫徹主張。各國輿論則為：「各報對中國請求常任院席論調頗佳，間有以內爭正烈相詬病者，俟謙報界演說，加以解釋，以期國際輿論為我聲援」。⑲

特別大會開議之後，各方意見分歧。巴西堅持要求常任院席，以反對德國入院為步驟，「德將拂袖而去，院席問題已陷絕地。我國宣言主張讓德先入院，其他各國請求書延至九月大會再議，或竟一律撤回。一則為德聲援，一則博國際感情，各國代表及報界多贊我國顧全大局」。⑳中國代表與國聯秘書長密談後，報告稱：「探悉德國先入院為確定步驟，其他請求統付委員會審查，九月再議。……詢審查委員會能否加入中國，秘書長答大約以院內分子為限。告以審查結果不得獨令中國向隅，審查報告不得評論中國內政，秘書長謂兩層均可無慮。

---

⑱　〈收日來佛朱王代表七日電五〉，1926年3月8日，《外交檔案》03-38/18-(1)。

⑲　〈收日來佛朱王代表七日電〉，1926年3月9日，《外交檔案》03-38/18-(1)。

⑳　〈收日來佛朱王代表十一日電〉，1926年3月12日，《外交檔案》03-38/18-(1)。

預料下屆大會中國至少得一非常任院席」。❹17日，大會「決定德國
入會案及行政院增席案延至九月大會再議」。❹中國代表報告：「我國
力爭院席問題，經根據大部十一日電，迭向國際聯合會秘書長密為接
洽，已得圓滿結果；本日行政院開會議決組織一改造行政院委員會，
派定會員十五人，中國在內」。❹18日特別大會閉幕。

　　本屆國聯特別大會之主要目的為德國入會一案，因巴西堅持在行
政院中投否決票，致此案未能提出大會；一場會議，竟無結果，以延
期再議而散。中國在本會之態度，「以恢復非常任院席為目的，此次
提出常任院席請求書，係順乎時勢而行，非堅決之主張也」。❹駐日汪
榮寶公使25日電外交部，云「昨據出淵密稱，此次國際聯盟松井大使
為中國道地，十分出力，現增席問題雖暫時作罷，將來非常任委員，
中國當可佔一席。惟中國積欠會費甚巨，似應設法等語。查日本意甚
殷勤，似宜由政府致電致謝，會費一層亦宜注意」。❹

二、改造行政院委員會中爭取半常任院席

---

❹　〈收日來佛朱王代表十二日電〉，1926年3月13日，《外交檔案》03–38/
18–(1)。

❹　〈收日來佛朱王代表十七日電〉，1926年3月18日，《外交檔案》03–38/
18–(1)。

❹　〈收日來佛朱王代表十八日電〉，1926年3月19日，《外交檔案》03–38/
18–(1)。

❹　〈參與國際聯合會德國入會案特別大會總報告〉，頁7，《外交檔案》03
–38/20–(1)。

❹　〈收駐日汪公使廿五日電〉，1926年3月27日，《外交檔案》03–38/18–
(2)。

特別大會無功結束後，未定事宜交給「改造行政院委員會」
(Committee of the Composition of the Council)，該會除現任院席十國
代表外，德國、中國、波蘭、挪威、阿根廷各派委員一人，共15人組
成；5月10日起在日內瓦開會，討論增加非常任院席問題，及非常任
院席選舉細則和輪流補充辦法。朱兆莘於3月20日向外交部報告他對
該會之意見云：

一、我國占委員一席，自應抱定分洲主義，擬定他洲加常任席，
　　亞洲亦照加。

二、除德國外祇普通加非常任若干席，中國須要求指定亞洲一
　　席。

三、聞有人建議全廢常任，多加非常任席，中國亦應贊同，但
　　非常任席須按洲分配。

四、如多數認分洲指席與盟約精神不符，中國須與各國占院席
　　委員及國際聯合會秘書長密訂保證亞洲一席及選舉聯票辦
　　法。

上述各節如大部以為可行，即請密授機宜，俾開會前分頭接洽，
會期中有所遵循。⓯

4月朱兆莘與阿根廷駐義公使會晤，談及在行政院改造委員會中互相
合作，堅持分洲主義。⓰該月底，波斯提出請求常任院席書，波斯駐
義公使與朱使接洽，朱氏5月1日報告外交部云：

⓯　〈收日來佛朱代表二十日電〉，1926年3月1日，《外交檔案》03-38/18-(1)。

⓰　〈收義京朱代表廿三日電〉，1926年4月25日，《外交檔案》03-38/19-(1)。

渠主張亞洲至少占非常任一席，波斯、中國、暹羅輪充。莘漫
應之如果輪充，莘以為應定任期六年，中國先充。六年中國際
聯合會組織當有變動，吾國政局漸穩，相機改為常任，亦非難
事，未知大部以為然否。波斯所謂義務全盡，指會費言，將來
必藉口中國積欠會費與我競爭院席。暹羅請求非常任院席亦提
出，似與波斯有約。**⑭**

　　5月10日，「改造行政院委員會」在日內瓦召開，朱兆莘代表中國
出席。會中辯論激烈，各大國都反對根本改造；西班牙、巴西、波蘭
及中國主張增加常任院席，遭多數反對；增加非常任院席3名，並按
洲分席成為共識。**⑭**最後決定非常任院席選舉辦法如下：

1. 任期三年，每年改選三分之一；
2. 不得連任，但經大會三分之二同意，准其再選不在此例；
3. 大會三分之二決議，得隨時將全體改選之；
4. 額定九名；
5. 初當選者分為三班，第一班一年任滿，第二班二年，第三班三
   年。**⑮**

中國在會中力爭按洲分配，原定非常任院席南美洲三名，其他共六名。
經朱氏力爭後，允定亞洲一名。朱氏又爭「亞洲及其他非歐美部分共
二名，舌辯多時，日本代表表示贊同，遂由英國代表調停，在大會議

---

⑭　〈收義京朱代表一日電〉，1926年5月2日，《外交檔案》03-38/19-(1)。

⑭　〈收日來弗朱代表十一日、十三日及十四日電〉，1926年5月13、15、17
日，《外交檔案》03-38/19-(1)。

⑮　〈收日來弗朱代表十七日電第1464號〉，1926年5月19日，《外交檔案》
03-38/19-(1)。

決書載明：中國代表請求二名字樣。」[151]非常任院席問題就此解決。朱兆莘與各國代表及國聯秘書長交換意見後，聲明「下屆大會中國不再運動選舉，請各國湊集票數助中國當選。僉稱中國當選絕無問題，此次非常任加席，半為中國入院起見」；朱氏進一步要求各國助中國得再選連任，則只得口頭保障。[152]「改造行政院委員會」於18日閉會，將討論結果提交行政院。

　　西班牙及巴西對此結果十分不滿，堅持要得常任院席，揚言不遂所願即退出國聯，造成國聯自成立以來最大的危機。18日，朱兆莘報告外交部云：「此為我國連帶要求極好時機，不成任咎，有人成則一勞永逸；應否仍遵原諭隨同堅持？」[153]25日，外交部指示：「各國對我再選連任僅允口頭保障，自難認為滿意；未知對於巴西、西班牙擔保係用何種手續；連帶要求一層，希相機酌量辦理」。[154]6月9日，朱氏復電云：

　　　　各國對巴西、古巴再選連任，亦係口頭保障，該兩國代表置若罔聞。聞巴西宣言九月大會不赴會，本月七日行政院開會，巴西常川駐會代表不出席，各國恐其拆臺，紛電巴西政府，今晨始出席。西班牙代表被召回國，派一代辦出席，會務甚悲觀。

[151]　〈收日來弗朱代表十七日電第1467號〉，1926年5月19日，《外交檔案》03-38/19-(1)。

[152]　〈收日來弗朱代表十七日電第1472號〉，1926年5月20日，《外交檔案》03-38/19-(1)。

[153]　〈收日來弗朱代表十八日電〉，1926年5月21日，《外交檔案》03-38/19-(1)。

[154]　〈發日來弗電〉，1926年5月25日，《外交檔案》03-38/19-(1)。

莘遵大部意旨，聲明如巴西、西班牙得常任，不能獨令中國向隅；日本對此亦表同情。現行政院開會期內，各國要人均在此，莘正分途接洽。⓯

6月初，行政院開會討論「改造行政院委員會」報告，決定接受除德國外不增加常任院席的建議，巴西及西班牙非常不滿。13日，朱兆莘報告云：「巴西政府訓令代表宣言：抨擊國際聯合會偏重歐洲輕視美洲，先將非常任院席辭去，如不得常任，即行退會。西班牙亦宣言，決不再充非常任院席，但要求常任，不得則退會；悲觀派恐聯盟塌臺」。⓰日內瓦有報載中國亦將退會，朱氏正式否認之，並宣言如中國先得一非常任院席，決不退會；朱氏報告云：「秘書長極感莘顧全大局」。⓱最後行政院決定於8月開特別會，討論此難題。朱氏報告稱：「此事與我國恢復院席極有關係，莘於暑假期內常駐日來弗，以觀動靜而資接洽」。⓲北京政府當時對行政院席位之態度，可由當時攝政內閣國務總理兼外交總長顏惠慶，對德國駐華公使談話中看出；顏氏稱：

亞細亞為五洲冠，而理事會中祇有日本一國，此次添設額數，敝國應得一席，固理所宜然。惟非常任理事任期限定，採國會

⓯　〈收日來弗朱代表九日電〉，1926年6月10日，《外交檔案》03-38/19-(1)。

⓰　〈收日來弗朱代表十三日電〉，1926年6月15日，《外交檔案》03-38/19-(1)。

⓱　〈收日來弗朱代表十八日電〉，1926年6月19日，《外交檔案》03-38/19-(1)。

⓲　〈收日來弗朱代表十三日電〉，1926年6月15日，《外交檔案》03-38/19-(1)。

參眾議員任期久暫之制。查各國彼此性質地位不同，以此安置
尚不適當。故敝政府曾訓令敝國代表，對于非常任理事一席，
須格外慎重。他日即使被選，亦宜作切實之保留，要求繼續選
任，應以非常任之名，得常任之實。❺

　　到8月份，第七屆大會召開在即，各國仍為院席問題仍爭論不休。
波蘭揚言要與德國同時入行政院，否則退出國聯；而該國駐日內瓦代
表表示，以得一半常任院席為最低限度。3日，朱兆莘請示北京：「我
國應否乘此時機，援波蘭鄭重聲明」。❻4日又報告，稱國聯副秘書長
告訴中國代表：「九月大會以常任予德國，以非常任予中國、波蘭，
院席問題仍照原議解決」。❻而西班牙致函「改造行政院委員會」主席，
請再開會一次，討論常任院席問題。波蘭代表約朱兆莘密談，「謂各
國恐西班牙隨巴西退會，或有預約予與常任一席，波蘭、中國宜同時
要求常任，亦以退會為武器」。朱氏答以：「前政府訓令本是如此，但
事關重大，須再請示。」隨即向外交部請示云：「究竟我國於各方再開
會時，應否隨同波蘭堅持到底，抑接非常任一席視為滿意?」❻14日，
北京外交部指示：「常任院席，可查上次執事提案大旨，如此次僅許
德國加入，中國可不堅持，希酌量辦理」。❻

　　「改造行政院委員會」第二次會議於8月30日召開，中國代表依

❺　〈總長與德博使晤談問答紀錄〉，1926年6月16日，《外交檔案》03-38/
　　19-(1)。

❻　〈收日來弗朱代表三日電〉，1926年8月5日，《外交檔案》03-38/20-(1)。

❻　〈收日來弗朱代表四日電〉，1926年8月6日，《外交檔案》03-38/20-(1)。

❻　〈收日來弗朱代表五日電〉，1926年8月7日，《外交檔案》03-38/20-(1)。

❻　〈發日來弗朱代表電〉，1926年8月14日，《外交檔案》03-38/20-(1)。

外交部訓令要求院席。⑯9月1日，朱氏報告：會中各國「對於西班牙要求常任院席，多數以為時機未到，決定以常任予德國；莘聲明中國要求常任案保留，相機再提」。⑯又報告稱：「頃與國際聯合會秘書長密談行政院席問題，本屆大會如無意外變局，必得院席次」。⑯此次會議決定，行政院非常任會員增至九席，內有三席得再選連任，謂之半常任。朱兆莘力爭中國得一半常任席位，9月2日報告接洽結果云：

> 瑞士前照代表允為幫助，英代表以中國混亂無政府為詞，莘向各方竭力妥協，惟多數祇從利害著想，聞將以一席予巳退會之巴西，以一席予將退會之西班牙，以一席予宣言不得則退會之波蘭；莘前雖電洽大部力爭，惟事件重大，仍未敢遽用退會武器；用再請示，是否接受非常任尋常院席，將來遇機再爭，抑宣言不得常任即退會，堅持到底，乞急電示遵。⑯

3日，「改造行政院委員會」閉會，散會後朱氏遍徵各方意見後，報告云：

> 本屆大會我國當選非常任院席絕無問題，惟與磋商再選連任三院席之一，尚未得滿意答復。此間外交專講詭詐，巴西退會，

⑯　〈收日來弗朱代表十九日電〉，1926年8月21日，《外交檔案》03-38/20-(1)。

⑯　〈收日來弗朱代表一日電〉，1926年9月3日，《外交檔案》03-38/20-(1)。

⑯　〈收日來弗朱代表廿六日電〉，1926年8月28日，《外交檔案》03-38/20-(1)。

⑯　〈收日來弗朱代表二日電〉，1926年9月3日，《外交檔案》03-38/20-(1)。

現擬設法請回；西班牙、波蘭用退會武器，所求皆應；可否由
莘密函行政院，告以中國如不得與西班牙、波蘭同等待遇，為
國際體面計，不能不宣告退會；此等密函例交行政院分存傳觀，
然後密商救濟方法，以免中國宣布，妨礙盟會前途；莘於交換
意見時婉詞□□，半常任尚可到手，乞并參酌二日電，急電示
遵。⑯

4日，外交部去電指示：「會中既有半常任席，我國自宜設法爭得一席；
萬一不能如願，祇好先就非常任席，隨後相機再圖進步；退會一層可
以不提」。⑯

三、第七屆大會當選非常任院席

9月6日，國際聯盟第七屆大會於日內瓦召開，共有49國出席。⑰
主要議題就是德國入會與行政院改組問題。⑰北京政府派駐義公使朱
兆莘，駐比公使王景岐出席。當時中國內外局勢不佳，恢復院席障礙
重重。首先是欠繳國聯會費過鉅，截至1926年8月31日止，有10國共
積欠6,643,107金法郎12生丁，中國獨欠4,667,881金法郎94生丁，佔
總欠費七成以上，為各國詬病；⑰且易為波斯等競爭者做為反對之口

⑯　〈收日來弗朱代表三日電第2461號〉，1926年9月4日，《外交檔案》03-
　　38/20-(1)。

⑯　〈發日來弗電〉，1926年9月4日，《外交檔案》03-38/20-(1)。

⑰　〈收國聯代表辦事處十月九日公函〉，1926年12月15日，《外交檔案》
　　03-38/33。

⑰　〈收國聯代表辦事處六月二日函〉，1926年7月15日，《外交檔案》03-
　　38/33。

實。而駐日內瓦國聯辦事處人員及辦公房屋皆不夠，須要擴充；尤其困難的是經費嚴重不足，不但無法多事交際，連旅費、電報費都不敷使用；代表團屢向外交部請求速電匯經費；而外交部避而不答。❼國內則北京政局混沌，自4月「臨時執政」段祺瑞下野後，中樞無人主持，只有所謂「攝政內閣」勉強維持；而國民革命軍已誓師北伐，高唱「打倒列強」口號，與英國在長江流域發生衝突。8日，朱氏報告：「連日報載國內戰事四起，長江排英風潮劇烈，此間私談，頗有阻中國恢復院席者；現竭力疏通，以免落選」。❼9日，朱氏又向外交部報告選情云：「非常任院席按洲分配，現與各方面交換意見，中國可得三年院席；宣布連任一層，下屆大會要求亦不為遲；否則其他亞洲各國起而反對，選舉反生障礙」。 ❼11日再電告急，稱當地報載中國對內紛爭，對外排擠，請外交部將實情電示，俾酌量更正，免損國際地位；並建議不妨以退會為警告，云：

> 本屆行政院席我國與選，早經接洽，但聞英國對長江案件，忽懷□□，允否助票尚未表示，他國欲爭院席者，輒以中國久欠會費為詞，若不預防，恐將落選；可否向國際聯合會秘書長警告，如落選即退會，風聲傳播，當能補救，乞急電示遵。再巴

❼ 〈國聯第七屆大會第四股報告〉頁17、18，《外交檔案》03-38/13-(1)。

❼ 〈收日來佛朱代表六日電〉，1926年8月7日；〈發日來弗電〉，8月10日，《外交檔案》03-38/33。

❼ 〈收日來弗朱、王代表八日電〉，1926年9月10日，《外交檔案》03-38/20-(1)。

❼ 〈收日來弗朱、王代表九日電〉，1926年9月10日，《外交檔案》03-38/20-(1)。

西、西班牙正式退會書已送到盟會，根基動搖，各國必不任中國退會，院席可如願以償。⑯

　　北京外交部收到告急電報後，13日將此事提出國務會議討論，稱「照此情形，此次選舉即非常任一席，我國能否當選，又無把握；如果落選，實於國際地位大有影響，該代表等所擬警告一節，似是一種辦法，是否可行，敬候公決」。⑰當時國內輿論也有同樣的主張，9月初，北京《晨報》刊出〈我國此次如不能當選國聯理事應取之態度〉一文，表示：「萬一仍歸失敗，則非有一種嚴重表示不可」，主張「於落選之時，即可敘明理由，陳請出會，……設有申請出會為一時事實所不許，適自示人以褊狹者，則不妨以缺席方法代之」。⑱最後北京閣議是否通過此案，《外交檔案》中沒有紀錄；但由事後發展看，似乎沒有實行警告。

　　大會開議後，14日第一股會議中，波斯代表提議「請於九席之非常任院員中，保留兩席以位置亞洲及非洲之國」；中國代表發言贊同。此案雖未通過，然在第一股報告書中「已切實敘明須顧全分洲主義支配院席」。⑲15日，大會討論第一股關於改造行政院問題的報告，朱

---

⑯　〈收日來佛朱、王代表十一日電〉，1926年9月12日，《外交檔案》03-38/20-(1)。

⑰　〈國務會議——行政院院席事〉，1926年9月13日，《外交檔案》03-38/20-(1)。

⑱　北京《晨報》，1926年9月2、3日，第3版，王世顯〈我國此次如不能當選國聯理事應取之態度〉。

⑲　〈國際聯合會第七次大會第一股報告〉，頁13、14，《外交檔案》03-38/13-(1)。

兆莘登臺演說，強調：

> 新案最重要之點，即在採納按洲分席之原則，此為歷屆大會中
> 國代表所曾提議；今報告書中明言行政院席，亞洲應有充分代
> 表權，乃吾人所特引為滿意者也，……果使本年只能位置一
> 席，則余為亞洲利益計，代全亞以要求此席之任期為三年，亦
> 屬正當也，余更喚起諸君注意，中國在九席中得占一席之合理
> 要求；余望選舉時不再令中國失望，否則中國人民對於聯盟所
> 待中國態度將不能諒解，且以聯盟為不曾留青眼於中國在此世
> 界組織中所盡過之奮勉與合作云云。⑱

16日選舉，選前中國代表仍無把握能得半常任席，電外交部稱：「再
選連任案須三分二票通過，本日祇波蘭提案已通過，我國非得英國力
為，難望成功；國際聯合會秘書長允隨時疏通，於下兩屆大會中國未
任滿時，相機提案，院席當可蟬聯」。⑱結果中國當選任期二年之非常
任院席；⑱代表認為雖不滿意，但可接受，報告外交部云：「當茲政局
未定之際，加以積欠會費，不免貽人口實；而院席競選，我國竟告成
功，非賴政府威稜輿論後盾，曷克臻此」。⑱外國輿論則有譏諷者，如

---

⑱　〈收國際聯合會全權代表辦事處9月15日快郵代電〉，1926年10月20日，
　　《外交檔案》03-38/20-(2)。

⑱　〈收日來弗朱、王代表十六日電〉，1926年9月18日，《外交檔案》03-
　　38/20-(2)。

⑱　〈收國際聯合會秘書處電十七日〉，1926年9月18日，《外交檔案》03-
　　38/20-(2)。

⑱　〈收國聯代表辦事處十月九日公函〉，1926年12月15日，《外交檔案》

法國《將來日報》報導：「對於國際聯盟理事會，選舉結果，一般表示滿意，但對於薩爾瓦多及中國當選議席，頗多批評」。[184]第七屆大會於25日結束。

　　第八屆大會於1927年9月於日內瓦舉行，中國駐國聯代表辦事處因經費困難而起內閧，且駐歐使節多傾向國民政府，北京政府為派出代表與會，頗費斟酌。朱兆莘受國聯辦事處秘書長趙泉所逼，且與國民政府關係密切，於7月間自行離歐返國，並於8月6日出任南京國民政府外交部次長。北京軍政府大元帥張作霖於8月26日指派新由北京外交部裁併的交際司司長調駐葡萄牙公使的王廷璋，為國際聯盟全權代表，並兼代理行政院代表。該屆大會時，中國在行政院任期未滿，要到1928年第九屆大會時才須改選；斯時北京政府已傾覆，由南京國民政府派代表與會。

第四節　中國在國聯行政院的表現

　　國聯行政院討論國際大事，是全球矚目的最高權力中心；北京政府時期中國積弱不振，卻能多次入選為行政院非常任會員，得以出席行政院院會，參與國際事務的討論與處理，在外交史上意義重大。行政院由常任會員及非常任會員組成，常任會員有英、法、日、義四國，1926年德國加入國聯後，也成為行政院常任會員之一。非常任會員原有四席，1922年第三屆大會中增加為六席，1926年第七屆大會又增為九席。行政院會議主席採取輪流充任制度，依會員國法文國名為先後，每國以次主席院會一次，每次更換。其中以8、9月份院會主席較為緊

　　03–38/33。

[184]　北京《晨報》，1926年9月19日，第3版。

要，因斯時行政院主席可兼為國聯大會開會日之臨時主席，報告國聯
一年來的事業成績及所行諸般新政，可藉以博取世界各國人士對其本
國之感情。❽

　　中國自經第一屆大會，於1920年12月15日選舉入行政院代替希臘
為非常任會員之後，復經第二、三兩屆大會繼續選舉連任，擔任行政
院會員三年。自1921年2月21日參預巴黎第十二屆行政院會議起，至
1923年12月20日末次參預巴黎第二十七次院會止。又於1926年9月16
日第七屆大會被選為任期兩年的非常任院席，自同日起參預第四十二
次院會，至1928年6月的第五十次院會止，共計在北京政府時期參預
行政院會議25次。顧維鈞於1921年8至10月，輪任行政院第十四次會
主席，為中國主持國際最高會議之始；顧氏並因此擔任國聯第二屆大
會臨時主席，此為顧氏及中國又一殊榮。另外，陳籙也於1927年12月
輪任行政院第四十八次會主席。本節即探討北京政府時期，中國在國
聯行政院的參與與表現。

一、顧維鈞、唐在復代表時期——12～27次 院會（1921年2月～1923年12月）

　　1921年2月，中國初次出席行政院第十二次會議，由顧維鈞代表
出席。顧氏隨代專門委員魏文彬、金問泗、刁敏謙、胡世澤、趙泉、
程錫庚等員前往。❽會後顧氏報告會議情形，稱行政院開會時，雖同
時列強有倫敦之會，修土耳其之和約，訂德意志之賠款，為共球耳目
所屬；然而行政院會也受世界注目，討論「各點或關主張法治維持和

<hr>

❽　周緯〈國際聯合會之組織經過及吾國六年參與會務情形述要〉，《外交公
　　報》第64期（1926年10月），頁（專件）12。

❽　同上，頁（專件）13。

平，或關慈善事業通力合作，或關行政部之內部問題，或關聯合會之
永久計畫；皆吾國政府暨其它入會國政府所當熟籌而力行者。至禁煙
問題關係我國最切，派員赴會尤當從速妥辦」。⑱其後顧氏又代表中國
參加第十三及十四次院會，並輪任第十四次院會主席，顧氏報告稱：
「該院旋於八月三十日在日來弗由本代表主席開第十四屆會議」。⑱
又因此兼為1921年9月國聯第二屆大會臨時主席，在開幕式致歡迎詞，
為中國爭取到極高的國際聲譽。

　　顧氏在院會中處理各案頗獲時譽，深得各國政府同情；其中以調
停處理上西里西亞(Upper Silesia)德、波兩國劃界案，及薩爾(Saar)地
方政府組織案最為膾炙人口。此二案複雜棘手，顧氏一方面維持國聯
原則信用，另一方面使相爭各大國政府均獲滿意。此外，顧氏又在院
中兼任報告禁煙、財政預算等項問題。⑱顧氏傑出的表現，使行政院
與秘書廳都想進一步倚重其長才；乃因華盛頓太平洋會議開幕，顧氏
於第二屆大會閉幕之後，即率同魏、金、趙、胡諸員渡美赴會，所有
中國出席行政院事務，由唐在復代理，並由顧氏調周緯自日內瓦暫行
移駐倫敦裏理會務。嗣華盛頓會議結束，顧氏回英國任所，復於1922
年3月，率同周緯、趙泉二員前赴巴黎，參預行政院第十七屆會議。
旋即奉召回國，帶趙泉及魏、金諸君隨行，留周緯仍回駐日內瓦裏理
事務。⑲

---

⑱　〈特派國際聯合會行政部代表參與行政部第十二屆會議報告書〉，頁21b
　　～22a，《外交檔案》03–38/21–(2)。

⑱　〈聯合會代表辦事處十一月一日函〉，1921年12月14日，《外交檔案》
　　03–38/22–(1)。

⑱　同註⑱。

⑲　同註⑱。

　　1921年10月，顧維鈞赴美出席華盛頓會議後，所有中國出席行政院事務，交由唐在復代表代理，唐氏率同專門委員周緯前往出席第十五及十六次院會。嗣顧氏回歐參預行政院第十七次會議後，旋即回國；北京政府改派唐代表繼任行政院職務，國聯辦事處於是由英倫遷往羅馬。自1922年3月以後行政院開會頻仍，均由唐代表前往出席，由專門委員周緯襄辦中西文對內對外報告事務，研究各項專門問題，並接洽庶政。唐氏在行政院近兩年，擔任之各項報告仍為薩爾政府及禁煙、財政預算等問題。**⑲**1923年9月國聯第四屆大會，中國競選聯任院席失敗，唐氏於12月10至20日，最後一次參加在巴黎召開之行政院第二十七次會，會後報告云：「閉會前，主席聲謝我國歷年在院勤績，並謂國際聯合會各機關均得中國熱心贊助云云，在復致詞答謝」。**⑲**自此中國離開行政院將近三年。

二、朱兆莘、王廷璋、陳籙代表時期——42～50次院會（1926年9月～1928年6月）

　　1926年9月16日，中國於國聯第七屆大會中再當選任期兩年的非常任院席，隨即出席行政院第四十二次會，到1928年6月之第五十次院會為止，一年九個月中，北京政府代表又參預了九次院會，分別由朱兆莘、王廷璋及陳籙出席，並在第48屆由陳籙任主席。然而此期間，正值國民革命軍北伐，北京政府日趨衰微，各國質疑北京政府的代表性；中國本身也有南北代表權的爭執，使北京政府在行政院中遭遇到一些困難。

---

⑲　同註**⑱**，頁（專件）13、14。

⑲　〈收義京唐代表廿七日電〉，1923年12月28日，《外交檔案》03-38/23
　　-(1)。

　　朱兆莘代表中國出席多次行政院會議，但因他本係國民黨人，傾向國民政府，加以北京政府拖欠國聯會費及使領費日久，朱氏屢受駐國聯辦事處秘書長趙泉逼迫經費，遂於1927年7月初「自行宣布脫離北京政府，對于此後國際聯盟理事會及大會，以南京政府代表資格列席」；[193]並電北京外交部，稱：「離國日久，母老待養，亟盼給假回國一行，以盡人子之道，而償鄉里之念」。外交部於9日接電後，以日內瓦方面諸事重要，不容其離任，當即復電不准。國聯辦事處秘書長趙泉10日電外交部，稱朱氏已於9日自行離任回國。[194]朱氏回國後，於8月6日被南京政府任命為外交次長。此後中國駐外使領紛紛與國民政府往來。[195]

　　北京外交部自朱氏回國後，改派駐比公使王景岐接任出席國聯代表，並經北京閣議正式通過。但王氏電外交部：請將國聯欠費籌付，並照向例籌匯代表用費一萬四千元，方允赴任。外交部只承認籌付欠費四萬元，允代表用費七千元；王氏不滿，復電辭謝。外交部遂另派駐葡萄牙公使王廷璋接任，28日得閣議通過，王廷璋復電承認。[196]《國

---

[193]　〈收駐葡王公使十月廿九日電〉，1927年11月3日，《外交檔案》03-38/
　　　13-(2)；及北京《晨報》，1927年7月10日，第2版。

[194]　北京《晨報》，1927年7月12日，第3版。

[195]　北京《晨報》，1927年7月20日，第3版，報導：「自國際聯盟代表朱兆莘
　　　南傾之後，駐比王景岐、駐葡王廷璋、駐德魏宸組，近均由王正廷及王
　　　寵惠居間代為說項，對國民政府文電往返，大有傾向南京之意。又駐外
　　　各領事如南洋之新加坡、仰光、爪哇等領事，更已事實上服從國民政府
　　　命令，執行各項華僑內之宣傳，及聯絡事務。唯限於局勢，尚未與北京
　　　斷絕關係，而明白表示其態度云」。

[196]　《國聞週報》第4卷第34期，〈一週間國內外大事述評〉，頁5。

聞週報》報導此事云：「王景岐愛惜羽毛，辭不受命；其他各駐歐公使，遍徵無應，故結果為王廷璋所得」。[197]當時駐外使領經費長期拖欠，駐外各使苦不堪言，聯銜電北京索款，北京外交總長王蔭泰特通電報告使費終有辦法。[198]然而籌款無門，王蔭泰於1928年2月底辭職，由羅文榦接任，為北京政府最後一任外交總長。王氏之辭呈中即指出：「駐外使領經費，積欠已逾兩年，館員無以為生，何能任事；紛紛回國，勢成瓦解」。[199]足見當時外交經費之困難，及駐外使節窘迫之情形。

　　1927年8月27日，王廷璋受命代表中國出席9月國聯第八屆大會，及與大會同時召開的行政院第四十六及四十七次會。行政院第四十七次會原應輪由中國任主席，王廷璋請求展延至第四十八次會。[200]大會中，王氏為開會經費及拖欠會費事，與外交部起衝突；10月29日，王廷璋電請辭職，並稱12月中國將輪值行政院會議主席，該會「極關重要，案件甚多，務懇速定替人，免貽笑柄」。[201]外交部同日呈大元帥：「查王代表既請辭職，情詞懇摯，未便固留；而行政院代表又屬關係重要，查有駐法蘭西全權公使陳籙，久歷壇坫，於國際情形甚為熟悉，擬請准予改派陳籙為國際聯合會行政院代表」。[202]11月9日，北京政府

[197]　《國聞週報》第4卷第38期，〈一週間國內外大事述評〉，頁6。

[198]　《國聞週報》第4卷第27期，〈一週間國內外大事述評〉，頁4、5。

[199]　《國聞週報》第5卷第8期，〈一週間國內外大事述評〉，頁3。

[200]　〈國聯會陳代表十六年十二月三十一日咨陳〉，1928年2月4日，《外交檔案》03–38/24–(1)。

[201]　〈收駐葡王公使十月廿九日電〉，1927年11月3日，《外交檔案》03–38/13–(2)。

[202]　〈國際聯合會行政院代表王廷璋懇辭擬請改派陳籙充任呈〉，1927年11月3日，《外交公報》第77期（1927年11月）頁（條約）8。

明令特派陳籙為出席國際聯盟代表。[203]

　　陳籙於11月底抵日內瓦，準備出席12月5日舉行的行政院第四十八次會，並擔任主席，然而遇到相當大的阻力。陳籙報告稱：「行政院各國代表鑒於我國政體不固，黨派分歧，深恐本代表出任行政院會長事，有間接承認我國現有政體之嫌；加以不逞之徒百般恐嚇，自暴其短，冀再遂其破壞大局之謀；列強反對之意愈形堅固，尤以英國輿論為甚」。國聯秘書長因此於會前赴法京巴黎，欲勸阻陳籙任行政院會主席，陳氏以政府命令不便再緩等語拒絕之；並告以擬提前抵瑞士，以資接洽各項議題，當由秘書長面允。陳籙行前往謁法國外相白理安(Aristide Briand)，渠表示贊助，陳氏遂以為已無問題。不意甫抵日內瓦，英國《泰晤士報》(Times)11月29日為文抨擊中國政府不固，積欠會費，及陳籙素少行政院會議經驗，反對陳氏任行政院主席。陳籙於31日往謁國聯正副秘書長，渠等態度冷淡，言語支吾，隱示不合作之意。[204]陳籙以情勢不利，12月1日電外交部云：「本屆議案波蘭利蘇尼亞問題，此間輿論均謂與歐洲和平有關，主席責任甚重；鑒此情形，如積極進行，恐生重大影響，於政府前途有害無益；擬援例推延下屆，以免橫生枝節，當否，候電示遵」。[205]外交部指示：「主席事可援例推延下屆」。[206]陳籙除一面將當日情形電告外交部以留退步外，一面仍積極疏通做最後的努力。4日，英外相張伯倫抵瑞士，陳籙即與會談，

[203]　〈奉明令特派陳籙為國際聯合會行政院代表特達查照電〉，1927年11月9日，《外交公報》第77期（1927年11月）頁（條約）8。

[204]　〈國聯會陳代表十六年十二月三十一日咨陳〉，1928年2月4日，《外交檔案》03–38/24–(1)。

[205]　〈收日來弗陳代表一日電〉，1927年12月2日，《外交檔案》03–38/24–(1)。

[206]　〈發日來弗陳代表電〉，1927年12月2日，《外交檔案》03–38/24–(1)。

並歷訪其他要人，奔走結果幸得各方諒解，化解擔任主席的阻力。

12月5日上午11時行政院第四十八次會開議，陳籙正式就任院會主席。[207]會後陳籙報告會中情形稱：「查本屆行政院會議能極為歐洲列強所重視者，實以議題多屬政治性質，素稱棘手，足為歐洲和平之關鍵也。其最大之問題即為立陶恩國申訴波蘭虐待波屬韋立那地方立陶恩系弱小民族之非理」。陳籙悉心調處，「此案一經解決，在場要人莫不向本代表額手致賀，咸謂今日歐洲之和平實受中國之賜焉」。[208]31日，北京外交部設立「國際聯合會事務專門委員會」，專門「研究討論並籌備國際聯合會一切諮詢及提案事項」；委員「由外交部及關係主管各部處各派委員一員或數員充任之」；[209]表明了當時北京政府對國聯的重視。

1928年初，發生匈牙利私運軍火案，陳籙以國聯行政院主席身份加以處理，據其報告處理經過云：

> 自經發覺，因與歐洲強國有關，情形異常複雜，日前匈政府擬拍賣了事，本代表接到國際聯合會正式公文之後，以中國所處地位尤宜審慎從事；當往晤行政院常任會員法外長白理安等，徵詢意見，即於迅雷不及掩耳之時機，致電匈政府力阻，結果匈政府允囑買主將原物存候查驗。同時全歐大小各報以此案事屬創聞，國際聯合會公約中向無明文規定，對於本代表臨機應付之法，莫不異常注意。[210]

[207] 同註[204]。

[208] 同註[204]。

[209] 〈公布國際聯合會事務專門委員會規則令〉，1927年12月31日，《外交公報》第78期（1927年12月）頁（法令）1、2。

這次中國擔任行政院主席，是自1921年8月30日顧維鈞任第十四次行政院主席以來，又一次難得的國際榮譽。會後除陳籙得北京政府頒給勳章外，駐國聯代表辦事處也函外交部稱：「上年十二月第四十八屆國際聯合會行政院開會，我國主席，討論問題至三十餘項之多，次第進行，甚屬順利。閉會後，輿論翕然稱之。」 請將襄辦會務出力人員分別從優給予勳章，以資鼓勵。最後由國務院呈請大元帥張作霖稱：「查本屆國際聯合會行政院開會，我國主席，代表處各員均能黽勉盡職，措置得宜，於我國國際地位裨益甚大」； 請准自趙泉以下皆給勳獎勵。 ⑪

小　結

國際聯盟是歐戰後依理想主義建立國際新秩序的成果，中國對之原有許多期許；希望藉美國在國聯的影響力，主持國際公理，改善中國在強權外交下所受各種不公平的對待。這些期許很快就幻滅了，美國沒有加入國聯，中國的不平等對待也多未在國聯中討論；北京外交部在國聯主要的目標遂轉向國際地位的提升，尤其是行政院席次的爭取，並取得部份難能可貴的成就。

國聯行政院席位由於覬覦者眾，不斷增加，非常任席由最初的四席，1922年增到六席，1926年又增加到九席。綜觀整個北洋政府時期在國聯行政院，由1920～1928年之中，當選1920～1921、1921～1922、1922

⑩　〈國聯會代表處函〉，1928年4月11日，《外交檔案》03-38/24-(2)。

⑪　〈國務總理為核議外交部請獎國際聯合會中國代表團襄辦會務出力人員趙泉等勳章請鑒核呈〉，1928年3月，《外交公報》第81期（1928年3月），頁（僉載）2、3。

～1923、及1926～1928年四次共五年的席次。在當時國聯以歐洲為重心情況下，是亞、非、大洋洲國家中，除常任國日本之外，唯一能選入行政院者。這八年又可分三個階段：1920～1922前三年的當選連任；1923～1925三年的落選；及1926年再當選任期兩年的非常任院席。當時行政院非常任會員國席位，被各國看重，競爭十分激烈。中國能在1920年國聯第一屆大會被選入行政院，並成功連任兩次，意義非凡。張勇進在論歐戰後中國在國際體系中之地位時，認為1920年底中國之入國聯行政院，代表中國被形成中的國際社會所接納；他說：「當列強未準備給中國完全主權與完全國際地位時，它們接受中國在國際聯盟的完全會員資格，並讓中國於1920年12月被選為非常任行政院會員，這代表事實上承認中國是國際社會的完全一員了」。㉒

早期中國得以選入行政院的主要因素有：1.國際同情，2.顧維鈞個人影響力，及3.堅持分洲主義。儘管國勢不振，中國在巴黎和會中贏得國際同情，國際地位有所提升；英國駐華公使艾斯頓(Beilby Alston)在給倫敦的1920年度報告(Annal Report for 1920)中寫道：

> 儘管中國內部可嘆的困難重重，其國際地位卻較以往提升。中國在國際上受尊敬的趨勢，開始於中國拒絕在衰弱狀態下，被恫嚇簽署凡爾賽條約；雖然日本得到政治上一時的勝利，道德上的勝利卻在中國這一邊；並在中國取得國際聯盟行政院非常任席次上達到最高潮。㉓

㉒ Zhang Yongjin, *China in the International System, 1918～1920*, MacMillan, London, 1991, p.147 & 187.

㉓ B. Alston to F. O., Feb. 4, 1921, para. 5, Annual Report for 1920, FO405/229, [F1423/1423/10]，英國外交檔案微捲，中央研究院近代史研究所藏。

中國代表傑出的表現，對爭取國際同情，有極大貢獻；尤其是年方而立的顧維鈞。在巴黎和會之前，他即預見國際聯盟的重要性，並開始準備；和會期間，顧氏積極參與國聯盟約的起草工作，贏得各國代表的讚譽。1920到1921年，顧氏又以駐英公使，兩次代表中國出席國聯第一、二屆大會，成功的為中國爭取到行政院非常任會員的席位；並擔任中國出席行政院會議代表，表現十分出色。在國際聯盟草創階段，成功的提升了中國在國際上的形象；其成就絕對不下於在和會十人會中，對山東問題的發言，以及與日本代表的辯論。西方學者亦云：「少數幾個人傑出的品質，維持了中國的假象；顧維鈞從1920年到1922年，使中國取得國聯行政院席位」。❷

1922年顧氏返國後，多次擔任外交總長，任內對維持國聯行政院席次仍然十分關切。然而個人的影響力有其限度，中國內政日益動盪，國際上的同情不久就消耗殆盡。華盛頓會議後，活躍於國際壇坫的中國代表紛紛奉召回國，入閣拜相，主持外交之時，中國在國際層面的表現反而日趨下坡。

堅持「分洲主義」是中國在國聯的基本策略，一方面減少國聯的歐洲色彩，強調亞洲的重要性，爭取各國的支持；另一方面強調中國為亞洲的重要國家；除常任會員日本外，其他亞洲國家都不能與中國競爭。1923年以後，又強調中國地大人多，文化悠久，除軍力較弱外，其他條件不遜於任何大國。「分洲主義」能言之成理，屢屢建功，但也有其不利之處；亞洲其他國家，如波斯及暹羅，雖大力支持分洲主義，但要求亞洲國家輪流入行政院，有時反而成為競選障礙。

自1923年起，中國三次競選院席失敗，主要原因為：內亂加劇，

❷　F. P. Walters, *A History of the League of Nations*, Oxford University Press, 1952, Vol. I, p.329.

未履行國際義務，其他國家的競爭與阻撓，及外交人材後繼無力。1923
年落選後，北京《晨報》社論〈誰為誤國之罪魁〉中即指出：

> 我國落選原因自極複雜，……半因窺伺此席者太多，……半
> 因國內紛爭，迄無寧日，巴黎華府兩次會議，舉國力爭所得之
> 國際地位，于一二年以來，盡為一班軍閥官僚所破壞殆盡。內
> 治不修，外侮斯起。物腐虫生，有由來也。今國中方且埋頭於
> 黨爭閥爭之中，國人所耳濡目染者，非為南征北伐，即為閣潮
> 選訊，國際關係，不但無人研究，抑亦無人過問。聯盟代表缺
> 員，即以附近駐外公使塞責，其人之材力是否勝任愉快，非所
> 計也。政府如是，國人又如是；內治如此，外交又如此，種瓜
> 得瓜，種豆得豆，則其落選也，於人又復何尤？嗚呼，誰為誤
> 國之罪魁，吾不忍言矣。㉕

而且北京政府無力履行國際義務，拖欠巨額會費，常給競爭者口實，
國內主持外交者只能強顏硬撐，為國家維持最後一點顏面。雖然中國
代表屢次強調中國地大物博，文化悠久，具無窮經濟潛力；又多次威
脅不當選則退出國聯；仍無法挽回頹勢，連連失利。國聯行政院席選
舉成敗，可視為中國國際形象及地位升降的一個指標。

　中國得以於1926年再被選入行政院，主要原因與國聯本身危機有
關。由於德國入會，並得以成為行政院常任會員，引發部份國家的不
滿，紛紛要求跟進，強硬者如巴西及西班牙更以退會為抵制手段。北
京政府也乘勢要求常任院席，做為取得非常任院席的手段。經兩度召
開改造行政院委員會，決定以增加非常任院席到九席，其中三席為得

㉕　北京《晨報》，1923年10月2日，第2版社論，淵泉〈誰為誤國之罪魁〉。

再選連任之所謂「半常任」席，以安置力爭常任院席者。並正式通過中國力爭多年之「分洲主義」，規定非常任席中至少一席歸亞洲國家。而中國運用多年不能成功的退會威脅，也得以生效；如某位西方學者所云：「有一個中國代表在行政院中，代表一個在中國無權威的政府；或讓這個中國政府宣稱要退盟，給國聯前途造成非常困難的情況；國聯大會在兩害相權之下，只有取其輕了」。**㉖**最後中國雖未得半常任院席，但也勉強滿意於二年任期的非常任席位。然而中國內亂加劇，北京政府日趨微弱，根本無力行使其國際義務，不但在行政院中無所表現，甚至連駐國聯代表的經費都發不出；不久終為國民政府取代，而中國在國聯的參與也隨之進入一個新的階段。**㉗**

　　若由國際上的支持看，英國的贊助，常是中國選入行政院的主要助力。英國在國聯居馬首地位，影響力很大；但是倫敦自1923年之後，對中國內政混亂不滿，設法逐中國出行政院，中國國際地位因之下降。

㉖ C. Howard-Ellis, *The Origin, Structure, and Working of the League of Nations*, London, George & Unwin, 1928, p.149.

㉗ 國民政府北伐成功之後，對1928年9月國際聯盟第九屆大會抱以期望，不料在行政院席位選舉中，雖獲50國中之27票，卻未達到三分之二的連任門檻，失去行政院席位。直到三年之後，九一八事變前四天，才又在國聯第十二屆大會中以全票重行選入行政院；這次被選入，對國聯處理中日爭端，有關鍵性的作用。縱觀南京政府時期(1928～1937)十年之中，中國被選為1931～1934三年；1934年要求連任，因日本影響而失敗；1935年日本正式退會後，中國再次要求常任席位；雖因國聯本身困難未能成功，但得於1936年入選為兩席臨時非常任席之一。參見Lau-king Quan, *China's Relations with the League of Nations*, 1919～1936, Shanghai, 1939, Ch-II.

另外，亞洲及南美洲小國的支持也很重要，這與「分洲主義」多少有關聯。日本對中國在國聯行政院佔一席之地的態度，頗耐人尋味。一般國人認為日本不願中國入行政院，以免與日抗衡，以常保日本為東亞代言人之地位。但由《外交檔案》中看，日本有時也願中國入行政院，增加亞洲整體在國聯的地位，故多次在選舉中助中國。同樣的，中國雖欲以得院席來抗衡日本，但在事關亞洲整體利益時，如1919年巴黎和會期間，國際聯盟委員會討論盟約時，顧維鈞即違反美國意願，支持日本的「人種平等」提案。故中、日兩國在國聯行政院的關係，頗為複雜，有待更進一步的研究。

最後，就北京政府時期中國在行政院的表現而言，中國在行政院共參與第12～27屆及42～50屆院會；其中以1921～1922年初，顧維鈞任代表階段，為中國在國聯及行政院的全盛時期。顧氏年輕有為，學識豐富，對國聯又十分重視，率領一批外交幹才，努力工作，為行政院做出相當的貢獻，得到各國讚譽，也提升了中國的國際地位。1922～1923年底唐在復代表階段，可稱為守成時期，當時因國內政爭轉劇，影響到國際地位，終於被逐出行政院。到1926～1928年間，中國再被選入行政院，朱兆莘、王廷璋、陳籙擔任代表階段，只能稱為勉強維持時期；其時正值北伐期間，北京、南京互爭中央政府地位，北京政府代表在國聯處境困難，屢屢受窘，最後終為南京國民政府取代。總之，北京政府時期中國在國聯行政院中，只算是次要角色，象徵意義大，而實際作用十分有限。然而這已是中國參與國際事務，躋身國際事務最高殿堂的開端，其意義不可忽視。

附表一　中國參選國聯行政院非常任會員之概況

屆　次	年份月日	票　數	結　果
第一屆	1920.12.15	21/39	當選（共四席）
第二屆	1921.10.5	31/38	當選連任
第三屆	1922.9.30	27/46	當選連任（增為六席）
第四屆	1923.9.30	10/48	落選
第五屆	1924.10.2	14/49	落選
第六屆	1925.9.26	26/49	落選
第七屆	1926.9.17	29/49	當選（增為九席任期二年）

附表二　中國出席國聯各屆大會代表姓名

屆　次	年　份	代　表　姓　名
第一屆	1920	顧維鈞、唐在復、魏辰組
第二屆	1921	顧維鈞、唐在復、王寵惠
第三屆	1922	陸徵祥、唐在復、黃榮良
第四屆	1923	唐在復、陳　籙、朱兆莘
第五屆	1924	唐在復、戴陳霖、朱兆莘
第六屆	1925	唐在復、朱兆莘、王思曾
特別大會	1926	朱兆莘
第七屆	1926	朱兆莘、王景岐
第八屆	1927	王廷璋

資料來源：薛代強編《中國外交年鑑》，正中書局，1936，頁150、151。

　＊按：第一屆大會──魏宸組未出席

　　　　第三屆大會──陸徵祥未出席

　　　　第六屆大會──唐在復稱病未出席，由周緯任幫代表

附表三　中國出席國聯行政院會議表

代　表	屆　次	年　份　月　日	地　點	其　他
顧維鈞	12	1921. 2.21.～3.4.	巴　黎	
	13	6.17.～28.	日內瓦	
	14	8.30.～10.12.	日內瓦	顧氏任主席
	特別會議	8.29.～10.12.		(Upper Silesia)
唐在復	15	11.16.～19.	巴　黎	
	16	1922. 1.10.～14.	日內瓦	
（顧維鈞）	17	3.24.～28.	巴　黎	
唐在復	18	5.11.～17.	日內瓦	
	19	7.17.～24.	倫　敦	
	20	8.31.～10. 4.	日內瓦	委任問題
	21	8.31.～10. 4.	日內瓦	
	22	8.31.～10. 4.	日內瓦	奧地利問題
	23	1923. 1.29.～2. 3.	巴　黎	
	24	4.17.～23.	日內瓦	
	25	7. 2.～7.	日內瓦	
	26	8.31.～9.29	日內瓦	
	27	12.10.～21.	巴　黎	
朱兆莘	42	1926. 9.16.～20.	日內瓦	
	43	12. 6.～11.	日內瓦	
	44	1927. 3. 7.～12.	日內瓦	
	45	6.13.～17.	日內瓦	
王廷璋	46	9. 1.～15.	日內瓦	
	47	9.17.～28.	日內瓦	
陳　籙	48	12. 5.～12.	日內瓦	陳氏任主席
	49	1928. 3. 5.～10.	日內瓦	
	50	6. 4.～9.	日內瓦	

資料來源：Lau-king Quan, *China's Relations with the League of Nations*,1919～
1936, pp.35、36, 略加修正。

附表四　歷屆中國出席國聯大會代表團名單

屆　次	年　份	出　席　成　員
第一屆	1920年 11月15日 ～ 12月18日	代表 —— 顧維鈞（駐美公使，後改駐英）、唐在復（駐荷公使）、魏宸組（駐比公使） 秘書處 —— 岳昭燏、魏文彬、宋善良 專門委員 —— 梁上棟、吳　晉、陳友仁、周　緯、刁敏謙 秘書 —— 楊恩湛、孫祖烈、胡世澤、金間泗、趙　泉、宋春舫、程錫庚
第二屆	1921年 9月5日 ～ 10月5日	代表 —— 顧維鈞（駐英公使，駐國聯行政院代表）、唐在復（駐意大利公使）、王寵惠（大理院院長） 專門委員 —— 魏文彬、周　緯、刁敏謙、胡世澤、金間泗、郭雲觀 秘書 —— 宋善良、楊恩湛、孫祖烈、趙　泉、程錫庚、Mr. Ken Kia-ki、Mr. Sun Sze-yue、　Mr. G. Y. T. Chang（？張其械）、Mr. V. H. Fong
第三屆	1922年 9月4日 ～ 9月30日	代表 —— 陸徵祥（駐瑞士公使）未出席、唐在復（駐意大利公使）、黃榮良（駐奧地利公使） 幫代表 —— 朱兆莘（駐英代辦） 專門委員 —— 周　緯、胡世澤、陳鴻鑫 秘書處 —— 王曾思、楊恩湛、宋善良 秘書 —— Mr. Yates Wang、Mr. K. L. Low、Mr. G. Y. Chang、　Mr. S. Y. Sun、Mr. T. L. Hwang

第四屆	1923年 9月3日 ～ 9月29日	代表 ── 唐在復（駐意公使）、陳 籙（駐法公使）、朱兆莘（駐英代辦） 秘書 ── 王曾思 秘書 ── 周 緯、胡世澤
第五屆	1924年 9月1日 ～ 10月2日	代表 ── 唐在復（駐意公使）、戴陳霖（駐瑞典公使）、朱兆莘（駐英代辦） 幫代表 ── 王景春、王曾思 專門委員 ── 周 緯 秘書 ── 謝維麟、夏循坤、王念祖
第六屆	1925年 9月7日 ～ 26日	代表 ── 總代表唐在復病辭、朱兆莘（駐英代辦）、王曾思（駐法使館秘書） 幫代表 ── 周 緯 專門委員 ── 胡世澤、張其棟
特別大會	1926年 3月13日 3月18日	代表 ── 朱兆莘（駐意公使）、王景岐（駐比公使） 秘書長 ── 周 緯
第七屆	1926年 9月6日 ～	總代表 ── 顏惠慶未到 代表 ── 朱兆莘（駐意公使）、王景岐（駐比公使） 秘書長 ── 周 緯 二秘 ── 張其棟（許念曾） 三秘 ── 顧樹森、錢王杰 隨員 ── 陳 定、方寶均 主事 ── 朱樹星、羅世安
第八屆	1927年 9月5日 ～ 9月27日	代表 ── 王廷璋（駐葡萄牙公使） 辦事處秘書長 ── 趙 泉 辦事處二秘 ── 張其棟 駐海牙使館三秘 ── 王念祖 駐巴黎使館三秘 ── 林炳琛 辦事處代理三祕 ── 方寶均 辦事處隨員 ── 陳 定 辦事處主事 ── 羅世安

＊本表主要參考：《外交檔案》相關文件；王造時Wang Tsao-shih, China and the League of Nations, 1920～1926, in The Chinese Social and Political Science Review, 12:4 (Oct. 1928), pp.582～596; 周緯〈國際聯合會之組織經過及吾國六年參與會務情形述要〉，《外交公報》第64期; The China Year Book, 1926/7, II, p.1260

第四章　中國與國聯會費問題

中國加入國際聯盟後，主要的義務之一就是分攤會費。然而北京政府財政窘迫，加以自始就未指定專款支應新增加的國聯支出，初始尚能勉強挪湊繳付，不久就無以為繼，開始連年拖欠會費；不但有違提升國際地位之初衷，反而嚴重損害了北京政府的國際信用。對國聯而言，中國欠費居所有會員國之冠，影響會務正常運作，於是運用各種管道，催促中國繳費。北京政府也以欠費攸關國際信譽，嘗試所有可能辦法籌款繳費。本章考察北京政府時期，中國在國聯會費負擔的演變，繳交與欠費的狀況，以及國聯與北京政府面對棘手欠費問題的處理與應付。

第一節　中國在國聯的會費負擔

一、國聯初創時的攤費辦法

1919 年國聯草創，在巴黎和會中通過的國聯盟約第六條即規定：「秘書處經費，應照萬國郵政公會國際事務局經費分配之比例，由聯合會會員擔任之」。依此辦法，41 個會員國按人口數多寡，以 25–20–15–10–5–3–1 之比例分為七等，共478單位，每單位分攤20,920金法郎。中國與英、法等大國並列為一等國，應納25單位的最高額會費，1920年下半年應承擔523,000金法郎，合100,914.6美金。❶

　　但因「國際郵政公約」訂立日久，又經過四年歐戰，各國情勢多有變遷，已不合於現狀。1920年夏，國聯行政院於比京布魯塞爾召開財政會議，議決修改攤費辦法。會中決定以截至1919年12月31日為止之各國戶口，暨1913年各國淨收入兩項為標準，分配各國應攤成數。國聯第一屆大會即依此決議，咨請行政院，派法國、巴西、丹麥、瑞士及南非洲聯邦五國代表，組「分攤會費委員會」商討細節。該委員會於1921年2月會議於巴黎，3月2日將報告提交行政院。大致根據該兩項數目，仍分會員國為七等分攤會費，中國列於第二等。至於各等應出若干，委員意見不一，「少數主張仍照郵會攤費，多數主張增加成數，原定為二十成者，增加至六十成。」遂由秘書長將報告分送各國政府徵求意見。中國駐國聯代表顧維鈞與唐在復報告外交部云：

> 查聯合會經費本鉅，負擔自重；尼加拉瓜國竟因繳費為難，自請出會，可見攤費一層，亟當籌畫公平方法。在我本列第一等，出費既多，遇事在會發言，或可較有把握，固亦不無裨補。茲按委員會所擬新辦法，義大利、日本與我國同列於第二等，……則出費之多寡，與國際實在地位，似亦無甚關係。但我若既列第二等，則對於委員會多數主張增加成數一層，既非郵政公會所定之比例，在我似無贊同之必要。❷

5月1日，顧維鈞又電外交部，稱國聯「分攤會費委員會」要求中國提

---

❶　〈國際聯合會秘書長致中國國務總理函〉，1920年8月12日及9月15日，《外交檔案》03-38/35-(1)。

❷　〈收國際聯合會全權代表辦事處四月二日公函〉，1921年，《外交檔案》03-38/34-(1)。

供：1919年之人口總數（屬地人口不在內）；及1913或1914年財政上經常及特別支入總數（內外公債支入不在內），做為攤費依據。請向主管機關查明電告，以便轉覆該會。❸

　　1921年10月，國聯第二屆大會通過盟約第六條修正案，改為「聯合會經費應由聯合會會員依照大會決定之比例分擔之」；大會並通過新定分攤會費暫時辦法。❹新法「仍依從前七等之制，惟支配及單位改為90-65-35-15-10-5-3之比例，以英、法為第一等，中國、日、印、義為第二等」。❺中國雖改列第二等，實際負擔比例反而較舊法加重。中國之所以接受此高額攤費負擔，據當時中國代表唐在復之報告，主要原因為國家體面，及爭取行政院非常任院席。故唐氏反對外交部向國聯提出減少會費負擔的要求，其理由如下：

> 我國向以地大物博稱號於眾，今之成數較前郵政原額未增。……設一旦於國際席上訴其貧困，殊與國體有關，此可慮者一也。我國年來特別苦情在內亂又在養兵，兵費加重與聯合會裁兵之原則背馳，非我所能藉口；而鬩牆之釁，尤應自律。前年希臘嘗以內亂失其行政院中位置矣，詎敢不自儆惕；腆然稱道於人，殊與行政院選舉之結果有礙，此可慮二也。
>
> 大同郅治雖未可一蹴而成，然值此人心厭亂之秋，有此一會未嘗不減卻多許紛擾。我國積弱之勢，匪伊朝夕，及今力起振作，

---

❸　〈收駐英顧公使一日電第1598號〉，1921年5月4日，《外交檔案》03-38/1-(1)。

❹　〈收英京顧唐王代表五日電〉，1921年10月7日，《外交檔案》03-23/110-(1)。

❺　〈國際聯合會第二屆大會第四股報告〉，1921年，《外交檔案》03-38/8-(1)。

猶非假之數十年休養不可；其間如能於行政院中不時佔得一席，無形中必多所裨益。今欲輕財政義務上之負擔，而政治上不再力爭上游，則不啻自貶其國際地位，殊與國家前途有關，此可慮三也。

況歷屆選舉競爭，皆因中國擔任會費鉅大，在我據以為應被選之理由，在人亦視為公道，此為當時未便在大會提起反對之情勢，亦為代表團自首屆到會以來未曾改變之方針。❻

1922年因新辦法尚未得行政院全體批准，仍用舊辦法分攤會費，中國應承擔1,011,335金法郎，合195,140.47美金。❼

　　1922年9月，國聯第三屆大會修改1923年應繳會費，英、法列為95股，日、義為73股，中、印為65股，餘國以次遞減，略如上屆所定。並以特殊理由，該年將法國核減17股到78股，義大利核減12股到61股等等。❽大會並通過議決案，要求各會員國速行批准盟約修正案。北京外交部以新會費分攤辦法會增加中國負擔，遲遲不願處理。1923年1月19日，電唐在復云：「我國照表應攤六十五股，財力實有未逮，可否暫行觀望各國態度」。❾21日唐氏電復，以本年會費六十五股恐難更改，可在下屆大會提請變更。❿唐氏並回函詳細復稱：「我國誠嫌擔

---

❻　〈收國聯唐代表一月二十三日密函〉，1923年3月25日，《外交檔案》03－23/111－(2)。

❼　〈譯國際聯合會秘書長致外交部函〉，1922年4月20日，《外交檔案》03－38/35－(1)。

❽　〈條約司說帖〉，1923年12月，《外交檔案》03－38/35－(2)。

❾　〈發義京唐代表電〉，1923年1月19日，《外交檔案》03－23/111－(2)。

❿　〈收駐義唐公使二十日電〉，1923年1月21日，《外交檔案》03－23/111

任之數額過鉅，則須將最近之全國財賦歲出入人口總數，農商各項統計，災荒現象等，備一詳細說帖，送請委員會斟酌減成，容有可減之望。惟提議時或竟牽及裁兵內亂等種種問題，必使代表等奉有切實訓條，方可臨時應付」。**⓫** 當時北京政府財政困難，正常使領館費用都無法按時發放，國聯會費更是無力負擔，多有拖欠。4月唐在復電北京，建議若無力負擔會費，不如乾脆退出國聯；但外交部不肯考慮此建議。

二、中國要求減少會費案

1923年9月國聯第四屆大會中，各大國以種種理由要求減少會費負擔，結果英國由95股核減為88股，日本由73股減為61股，法國堅持在德國賠款問題未解決前，不照數繳納。中國則在會中喪失行政院席位，而會費負擔未減分毫。中國過去願意承擔大國高比例會費，主要考量即為維護行政院席位，提升國際地位。失去院席後，駐奧地利公使黃榮良函外交部表示憤慨云：

> 今年非常任員改選，畢竟仍遭排擠；實惠未收，虛榮已沒，私衷洇湖，憤慨何如。按國際聯合會之設，原為增進萬國和平，主持世界公道。然揆諸事實，適得其反。……夫以我國入會之初旨，要無非為國際地位藉以抬高，不平待遇或可漸除。詎今該會於近歐切己之事，尚不能有所處理；則遠東不平之爭，更何能望其調解。矧在我國非常任員一席又被擯棄，憑藉已失，操縱愈難。以年出第二等會費，僅博得一普通會員；如果於國

-(2)。

⓫ 〈收國聯唐代表一月二十三日密函〉，1923年3月25日，《外交檔案》03
-23/111-(2)。

際地位稍有光榮，猶可忍辱負重，勉與周旋。乃不特國際地位
不能增高，且比較愈形減色。

然後提出調整對國聯政策的五項建議，其中兩項與會費有關，其一為：
要求行政院非常任會員權利義務應互為因果，指出「何以出費少者得
聯任之，得加入之；出費多者反擯棄之；又何以獨擯棄我中國一國。
……似應即向該會提出要求，要求無效不惜竭全力以爭之，爭之不得，
不惜宣告出會」。其二即為「要求減少會費」，云：

> 與會各國所納會費，雖當初具有標準而定分配之法；然事後已
> 有減少者，已有不照數繳納者。……我國頻年紛擾，災患迭乘，
> 關稅無自主之權力，而為對等增加。外債有銀行團之把持，而
> 難自由募集；益以關餘鹽餘每每扣抵，庚子賠款迫變金位；是
> 我國財政困窘較甚各國百倍。爰本斯旨，應即向該會切實要求，
> 至少暫時減至三五成；此非創舉，實係援例，如果辦到，於國
> 家支出亦不無小補也。⑫

　　北京外交部收到黃榮良關於國聯的條陳後，對要求減少會費的建
議，感到「似多可採之處」，　批交條約司擬具進行辦法。條約司擬定
的條陳中，首先回顧過去情況，稱中國以往在國際上「參與各項會議，
認攤會費，因國體關係，大都照一等國繳納」；而國聯經費年年增加，
中國負擔愈重，1923年1月間，曾以攤費過鉅財力未逮，電唐在復向
秘書廳磋商減費辦法，但「當時因我國行政院一席業經繼續當選，遂

---

⑫　〈收駐奧黃公使十月廿三日函〉，1923年11月16日，《外交檔案》03-38
　　/35-(2)。

行擱置」。直到9月第四屆大會，中國被擯出行政院，情況改變；一方面各國紛紛要求核減，另一方面中國財政愈趨窘迫，「逐年應繳會費，均係臨時苦心騰挪」，勉強繳清1920及1921年會費，1922、1923年份尚欠美金五十餘萬，「與其徒負虛名，長此拖欠，何如審視國力，擔負實數之為愈乎」。並指出「中國在聯合會所享權利未較他國為多，而所負義務僅較英、法略遜，比之義大利、日本猶多四股」，負擔顯然太高，應當要求減費。然而「茲事體大，將來於恢復行政院非常任會員不無關係。且核減會費關係全年預算，恐須提交大會，非少數會員國所能主持」。因此建議：

> 可否一面電達唐代表，將關於提出手續及時期加以充分研究，萬一下屆行政院并無被選把握，似不妨照黃使所陳，提出核減之要求。⋯⋯一面由部依照唐代表前次電稱，向財政農商內務等部，徵求最近財賦歲出入、人口總數、農商各項統計、災荒現象，以備代表折衝之用。**⓭**

得批示辦理，外交部於是決意準備向國聯提出減費案。1924年1月4日電唐在復，指示機宜云：

> 部意以為如萬一下屆行政院并無被選把握，似不妨如黃使所陳，提出核減之要求，至少請減至三十五股，與巴西、赤哈相埒。尊意如以為然，即希將關於提出手續及時期加以研究，并請先與該會秘書廳財政顧問 Sir Herbert Ames 君一談，以資商榷。

⓭ 〈條約司說帖〉，1923年12月，《外交檔案》03-38/35-35-(2)。

同時與內務、財政、農商等部接洽，徵求各項統計數字，用備折衝。❶

　　唐在復遵部令與Sir Ames接洽，渠建議中國減費之申請應向預定於3月3日召開之「分攤會費委員會」提出。唐氏於2月20日電外交部，以提案所需案卷一時勢難達到，詢問應否緩提，或先致函示意以為將來提案地步。❶外交部復稱：「請先致函示意，以為將來提案地步，至於提案應行籌備各節，並請預為布置，以備屆時提出，最近預算案已向財政部函索，俟到即寄」。❶國聯代表處遵照指示於2月27日致函「分攤會費委員會」，請其將中國應攤股數提出保留。旋得該委員會復稱，臨時表攤費額已由國聯大會通過，如請求核減，應提出下屆大會第四股云云。另據駐日內瓦秘書周緯報稱，國聯秘書長及攤費委員會多數會員，均認中國有可減之理由，惟能減股數不能相懸太甚。至提案手續，秘書長以為若中國急欲貫徹主張，宜於4月間將提案連同理由文牘送到秘書廳，俾彼在送交預算草案時分送各會員國，以便在大會時討論。❶國聯辦事處以此案所應準備各件，4月間恐難彙齊寄到；擬先用函將中國政府準備提議之意見通知秘書長，仍俟編案送廳。得外交部電令：「減費事希照來電所擬辦法，先將政府準備提議之意通知聯合會」。❶

　　國聯辦事處即於3月18日由秘書周緯當面致函國聯秘書長，敘述準備提案之理由，秘書長答以擬俟我國正式提出後再行作覆。辦事處

❶　〈函羅馬唐代表〉，1924年1月4日，《外交檔案》03–38/37–(1)。

❶　〈收義京唐代表廿日電〉，1924年2月21日，《外交檔案》03–38/37–(1)。

❶　〈復羅馬唐代表〉，1924年2月23日，《外交檔案》03–38/37–(1)。

❶　國聯代表辦事處〈中國積欠會費及請減會費案〉，未書日期，依前後文次序及內容推測應在1924年7～9月，《外交檔案》03–38/35–(2)。

❶　〈電羅馬唐代表〉，1924年3月14日，《外交檔案》03–38/37–(1)。

並於4月25日陳報外交部，催詢所需案牘。6月16日奉外交部電令，應積極進行提案。國聯辦事處建議：「提案須於七月內成立，補列議程，擬以收入微薄財力不逮，及所派過鉅分配欠勻兩層為詞，先請秘書長立案以為大會第四股內爭辯地步」。 外交部7月4日復電同意，辦事處遂於10日去函秘書長，請立案補列大會議程，函稱：

敬啟者，中國請求核減會費事業於本年三月十八日將中國政府提案之意函達貴秘書長在案。中國政府以收入微薄，現時攤派中國六十五股之數，實逾中國財力。而此項攤費辦法雖屬臨時性質，亦似有欠公正平勻；因中國所繳會費在事實上較義大利、日本為鉅，較之巴西幾多一倍。而義、日二國在會中所享政治權利，實比中國為多；巴西之經濟情形，亦較中國優美。因此特令本代表向貴秘書長依照大會內部章程第四條第三節，請將下列提案補列第五屆大會議事日程。文曰：

「中國政府請將所派聯合會會費六十五股減成三十五股案」

貴秘書長確知中國欠繳會費之數現尚鉅大，中國政府雖竭力籌款逐漸撥還，但對此失常之狀況極為焦慮，若不速予補救，恐更加屬，是以比照巴西所認會費之數，請減為三十五股。此為聯合會及中國雙方利益所在，蓋可補救聯合會將來預算內可慮之混淆，而同時使攤費辦法更趨於公正平勻之旨也。抑中國政府更有須向貴秘書長特別聲明者，此次中國提案，純出於一種實際及公理上之觀念，其對於聯合會推崇之誠意，無可因此生疑。中國國民固視聯合會為和平之保障也。⑲

---

⑲ 同上。

不久，秘書長復稱，將會把此案補列大會議事日程內。

國聯辦事處並積極編輯「減費案理由書」，送交國聯秘書廳，請將中國分攤會費由65股減至35股；主要理由是中國政府財政困難，分五項詳述如下：

1. 收入微薄——各省歷史相沿有自治性質，故中央收入甚微。
2. 出款增加——生活增貴（因第一需要品出口之故，如米、絲、豆等）。

　　　　　　　新政舉行（如改良監獄、興辦工程、修理河道等等）
3. 內外公債——關稅及專賣品收入悉充公債還本付息之用。
4. 籌款為難——加稅為歷史上所辦不到；內債因國民生計困難，難望有效；外債有銀行團，既難成立，且必為國民所反對，因借債度日非立國長久之計。
5. 意外支出——地廣人稠災荒瘟疫時有，縱無詳切之統計，但時時見於案牘，獨以幅員太廣，不及為各國注意耳。

次論中國原攤65股係依1922年所定攤費暫行辦法，中國當時未表示反對，因該辦法僅具臨時性質，以一年為度。現該暫行辦法續行有效，暫時性質逐漸變為有永久性質；中國政府事前未及研究，故代表團從眾承認，本年難再照認。再舉各國減費先例。並以中國承擔之會費與英、法、義、日、巴西及捷克各國作比較；對照財政方面中國與各該國之比較；指出中國攤費現況之危險，要求減至35股。最後在結論中強調：

1. 中國不願因此發生純粹法律問題，故並不提議「修改攤費全體辦法」；但為約法第六條發生效力之後，他國作此提議為根本上之討論，中國自可從同。
2. 中國盼望將來財政寬裕之時自請添認——如前年波蘭自行添認

十股之美舉及法國代表在第一股內之宣言。

3.中國深信各國之實際及公理觀念，知此提案之可達目的。

4.中國熱心會務，各國當不因此提案而稍懷疑。❷⓪

國聯秘書廳於 8 月初，將中國請核減會費案列入補編大會議事日程；3日唐在復報告此事，並稱擔心他國反對，「除設法疏通并籌力爭外，設被大會拒絕在本屆討論，自可在股內討論攤費時續提。如仍不能核減或被發交攤費會，或移交下屆大會，則代表團對於國際聯合會攤費法，及下年預算應持何種態度，乞預示方針，以資籌備」。❷①12日，外交部電復云：「請求減費各國不乏先例，我國此次提案恰值阿根廷重行入會恢復繳費之時，機會似尚適當，……設有如來電所慮各情形發生，……應請查照各國先例，隨時隨事竭力因應以期補救為盼」。❷②

國聯第五屆大會於1924年9月召開，由駐瑞典公使戴陳霖、駐義公使唐在復及駐英代辦朱兆莘代表中國出席。1日代表報告稱：「我國減費提案，業由大會列入議事程，編定第二十六項，發交第四股」。❷③

---

❷⓪　〈中國積欠會費及請減會費案〉，1924年，《外交檔案》03-38/35-(2)。及北京《晨報》，1924年10月13日第2版〈請看我國對於聯盟之負擔〉。英文本見 League of Nations Memorandum: submitted by the Chinese Delegation on behalf of its Government with regard to the request for the reduction of the expenses of the League of Nations allocate to China from 65 to 35 Units, FO371/10274 [F3132/237/10]。

❷①　〈收義京唐代表三日電〉，1924年8月5日，《外交檔案》03-38/37-(2)。

❷②　〈電羅馬唐代表〉，1924年8月12日，《外交檔案》03-38/37-(2)。

❷③　〈收日來弗戴唐朱代表一日電〉，1924年9月2日，《外交檔案》03-38/37-(2)。

10日唐在復在大會中演說，提及「攤費辦法應按會員國財政實力公平勻派，現中國已有提案請核減，深望贊同云云」。❷❹結果大會第四股之「攤費分股」主席告訴中國代表：「會中僅有阿根廷回會之三十五股可資分派，而請求減費之國甚多；擬將中國提案一律由大會發交攤費委員會核減，俾免他國反對，請表同意；又稱中國將來可望減去十五股至二十股」。18日，中國代表向外交部請示稱：「查我國提案列入大會議程與他國情形稍異，應否要求即時解決，倘被反對，則對於明年攤費法提出保留；抑可勉徇攤費股之請，而聲明如何完滿解決，當於明年續提，乞電示」。❷❺20日，外交部指示：「為尊重攤費股主張起見，可允交攤費委員會核減，惟應表示希望該委員會公平解決」。❷❻中國代表遵照指示執行後報告稱：「減費事已遵照部電在第四股聲明，勉徇攤費股之請，歸攤費委員會與他國併案核減。該會下月二十日在瑞開會。並據該會主席面允力助中國減去二十股云云，屆時擬仍派王秘書長出席，以資熟手」。❷❼又稱我國出席第四股王幫代表曾思，於第四股討論攤費案時，表達「攤費委員會必能公平解決，不令超過中國財政實力，以致積欠愈增之意」。❷❽

❷❹　〈收日來弗戴唐朱代表十日電〉，1924年9月11日，《外交檔案》03-38/37-(2)。

❷❺　〈收日來弗戴唐朱代表十八日電〉，1924年9月19日，《外交檔案》03-38/37-(2)。

❷❻　〈電日來弗唐戴朱三代表〉，1924年9月20日，《外交檔案》03-38/37-(2)。

❷❼　〈收日來佛唐戴朱代表廿四日電〉，1924年9月25日，《外交檔案》03-38/37-(2)。

❷❽　〈收國聯全權代表辦事處四日公函〉，1924年11月27日，《外交檔案》03-38/37-(2)。

　　國聯攤費委員會於10月30日召開，原本有中國、印度、羅馬尼亞、葡萄牙、波斯、海地、挪威、希臘、匈牙利等九國請求減費；第五屆大會議決將阿根廷之35股發交攤費委員會与派後，又有捷克、巴西、塞爾維亞等國請求核減。❷⑨中國由王曾思前往出席，會前報告稱：可資核減者有重行入會之阿根廷之35股，及新入會之聖多明尼加之1股，各國默契「已決定中國減去十五股，印度五股，其餘九國共減十三股，所餘三股分潤全體會員國云云」。❸⓪攤費委員會於30及31日共開三次會，所有請減會費各國之代表前往陳述請減之理由。中國代表於30日上午出席，重申中國請減會費之各種理由，並聲明設使此次中國不能完全滿意，則保留將來續提之權；尤盼委員會於擬具攤費永久辦法草案時特予注意云云。委員會主席又詢問中國償還舊欠辦法，及籌還之期；中國代表答以必當竭力籌還，日期碳難預定。經主席致謝而出。該委員會會議時爭論甚烈，英國委員力助印度，要求將印度會費減去10股；他國委員亦各有所助，致中國一時僅有減去10股之希望。幸經主席法國委員及日本委員出而調停，始行決定將中國核減15股。最後36股中，中國核減15股，印度5股，羅馬尼亞、葡萄牙、捷克、巴西四國各減2股，波斯、海地、塞爾維亞、挪威、希臘5國各減1股，共計33股。至匈牙利及南美各國之請求，則概遭拒絕；惟將所餘之3股，分潤全體會員國。❸①中國負擔會費自此減為50股。

　　攤費委員會同時編制新的永久攤費定額，依據各國每年預算決算

❷⑨　〈收國聯全權代表辦事處四日公函〉，1924年11月27日，《外交檔案》03–38/38–(1)。

❸⓪　〈收義京唐代表四日電〉，1924年11月5日，《外交檔案》03–38/37–(2)。

❸①　〈收國聯代表辦事處四日公函〉，1924年11月27日，《外交檔案》03–38/38–(1)。

歲出入為準。1924年10月，國聯辦事處報告稱：「攤費委員會準備攤費永久表，需用民國十二、十三兩年預算及十二年決算，請速覓寄」。[32]1925年初國聯辦事處又催外交部函請財政部辦理。[33]9月國聯第六屆大會中，新攤費辦法出爐，代表報告稱：「攤費委員會擬具攤費新表，共九百三十七股，中國攤四十六股，英國一百零五股，法七十九股，日、義各六十股，印度五十六股，試行三年，應否贊成？」[34]外交部答以：「新表中國攤四十六股，雖較舊額減少，為數仍嫌過鉅，希望再行減少；如實無法再減，可予贊成」。[35]中國代表王曾思依指示與攤費分股主席日本代表密談後，報告云：「據稱攤費新表經歷非常困難始能擬定，若再提核減，必致牽動全案，希望中國諒解云云。查該主席所稱各節，尚屬實情，擬即遵照部意，鄭重贊成」。[36]20日，王曾思出席攤費分股，「聲明中國本請減成三十五股，現定四十六股，尚嫌過鉅，惟為特別尊重會務起見，勉為允認，嗣後如再議攤費時，務請使中國滿意。該股主席允從注重，並致謝詞」。[37]自此中國每年負擔減少到46股。

由上文可知，中國自加入國聯之後即負擔高額會費。1920到1922

---

[32]　〈收義京唐代表廿二日電〉，1924年10月24日，《外交檔案》03-38/37-(2)。

[33]　〈收國聯全權代表辦事處二月三日公函〉，1925年3月3日，《外交檔案》03-38/38-(1)。

[34]　〈收日來佛朱王代表電〉，1925年9月15日，《外交檔案》03-38/38-(1)。

[35]　〈電日來弗朱王代表〉，1925年9月17日，《外交檔案》03-38/38-(1)。

[36]　〈收日來弗朱王代表十八日電〉，1925年9月19日，《外交檔案》03-38/38-(1)。

[37]　〈收日來佛朱王代表十九日電〉，1925年9月20日，《外交檔案》03-38/38-(1)。

年分攤一等國會費，與英、法等大國同等，負擔5.23%的會費。1923年起新修正的攤費方法，中國雖改列為三等，次於英、法、意、日行政院四大常任會員，而會費負擔反而升為6.89～6.97%。北京政府自1923年起屢提減少會費負擔的申請，終得以自1925年起稍減股數；1926年起修正的攤費表，中國在國聯攤費負擔中，仍是僅次於四大國及印度，名列第六，承擔4.53～4.91%的年費。以1920～1928年間平均計算，中國在國聯分攤了5.44%的會費，這個百分比與當時中國的國際地位、本身國力與國內混亂狀況，完全不成比例。

　　由國聯攤費辦法看，原依「國際郵政公約」，主要根據人口數多寡分等級；1923年起修正新法，依據人口總數與年度財政預算，自1926年起正式實施。這些標準對中國並不公平，中國人口居世界第一，但工商不發達，民生困苦，經濟力薄弱；加以內戰不斷，及不平等條約的束縛，中央政府收入有限；實際國力與地大人眾的表象，極不相稱。北京政府承擔重擔，最初並未表示反對，主要考量是為國家體面，爭取大國形象，提升國際地位；在實質上加強中國在國聯行政院的地位。然而國力不逮，初期強顏硬撐後，無力長久負此重擔，開始拖欠會費。1923年競選連任行政院非常任會員失敗，北京政府終於拉下臉要求減輕會費負擔。提出種種減費理由，回歸中國實況。1924年減費成功，但是新會費負擔仍重，非北京政府所能負擔。

附表五　中國應攤國聯會費及股數比例表(1920～1928)

年份	股數/總股數	百分比	金額（金法郎）	（美金）
1920	25/478	5.23%	523,000	100,914.60
1921	---	---	1,041,666	200,993
1922	---	---	1,011,335	195,140.47
1923	65/944	6.89%	1,767,773.28	341,097.76
1924	65/932	6.97%	1,620,371.61	312,656.12
1925	50/935	5.35%	1,211,665.15	233,656.12
1926	46/937	4.91%	1,125,730.12	217,213.39
1927	46/1015	4.53%	1,110,904.11	214,352.67
1928	46/986	4.67%	1,141,311.10	220,219.81

＊匯率有變動，大約1美金＝5.1826金法郎＝2國幣。

第二節　中國欠費與國聯之催討

一、中國在國聯的繳費與欠費

　　國聯於1920年正式成立，該年費用依盟約第六條規定，照國際郵政公約分配經費之比例，由入會各國分等擔任。中國於1920年7月16日對奧和約批准之日正式入會，已在6月30日國聯第一預算期之後，故只需自第二預算期開始繳費；應攤100,914.6美金，合523,000金法郎。北京政府於11月中，如期電匯繳交。❸ 1921年中國應攤會費1,041,666金法郎，合200,993美金；並被要求於4月1日及9月1日各付一半。北京國務院對此安排表示同意，命外交部會商財政部核辦，❸

---

❸　〈收中華民國國際聯合會全權代表辦事處公函〉，1920年12月3日，《外交檔案》03-38/34-(1)。

然而卻遲遲未繳；經出席國聯代表顧維鈞多次催促，乃遲至9月4日國聯二屆大會開幕之日，方由顧維鈞將第三期會費繳付一半，為數100,496美金。❹顧維鈞允諾於年底前繳清另一半，然而屆期並未繳交，開始拖欠。❹

　　1922年中國應繳會費1,011,355金法郎，合195,140.47美金；北京政府也未依期限繳納。到1922年9月第三屆大會時，中國已積欠1921年度會費之半數，及1922年全年會費。中國代表在大會前電催北京稱：「現在會中需款甚急，切望中國將去年所欠，及本年會費半數，共計美金十九萬八百六十七元一并速交」。❹北京外交部於10月7日電匯五萬美金，繳交1921年度欠費之半。❹至此，1921年會費仍欠四分之一，1922年份則全未繳費。

　　1923年中國應繳會費1,767,773.28金法郎，合341,097.76美金。❹此時中國在國聯的欠費問題已相當嚴重；外交部詳議此事，屢次提請國務會議公決，又多方催促財政部及鹽務署，用盡辦法，僅能趕在國聯第四屆大會前，於8月26日電匯1921年份欠費美金50,497元，及1922年份上半期部份攤費美金10,000元；❹共付60,497美金，約合313,532

❸❾　〈收國務院廿二日函〉，1920年12月23日，《外交檔案》03–38/34–(1)。

❹⓿　〈國際聯合會協款積欠清單〉，1923年2月28日，《外交檔案》03–38/35–(2)。

❹❶　〈收日來佛唐黃代表十二日電〉，1922年9月14日，《外交檔案》03–38/35–(1)。

❹❷　同上。

❹❸　〈收國際聯合會代表辦事處函〉，1922年12月26日，《外交檔案》03–38/35–(1)。

❹❹　〈函國聯辦事處〉，1923年2月8日，《外交檔案》03–38/35–(1)。

❹❺　〈條約司說帖〉後附之〈中國歷年攤費數目表〉，1923年12月，《外交檔

金法郎，仍欠1922年份185,140.47美金及1923年份341,097.76美金之鉅額會費。致使中國代表在大會期間飽受責難，並影響到行政院席位選舉連任失利。

1924年會費中國應攤1,620,371.61金法郎，合312,656.12美金，國聯秘書長希望中國在會計年度內分二或四期從早交付。**㊻**當時曹錕新任總統，用顧維鈞主持外交；顧氏重視國際形象，並與英國政要珊西爵士關係密切，積極籌措欠繳國聯會費。1月26日電匯繳交1922年份欠費四萬美金，**㊼**並在7月之前分兩次匯繳1922年欠費三萬及五萬美金，又在9月國聯第五屆大會前再繳三萬美金，合計1924年共追繳1922年份欠費十五萬美金，只欠35,140.47美金；**㊽**但1923及1924年會費仍是分文未付。後來國聯通知1924年份會費因故減少，中國欠費可減去114,047.10金法郎，所欠改為1,506,324.51金法郎，合290,650.36美金。**㊾**

1925年中國會費核准由65股減至50股，應繳1,211,665.15金法郎，合233,794.84美金，但整年中分文未繳。1926年中國應攤會費46股，1,125,730.12金法郎，合美金217,213.39元。**㊿**當時中國努力恢復行政院非常任院席，想盡辦法於7月匯付二萬美金，繳交1926年部份會

案》03-38/35-(2)。

㊻　〈收國聯代表辦事處公函〉，1923年12月21日，《外交檔案》03-38/36-(1)。

㊼　〈電駐歐唐代表〉，1924年1月26日，《外交檔案》03-38/37-(1)。

㊽　〈電日來弗唐戴朱三代表〉，1924年9月25日，《外交檔案》03-38/16-(1).

㊾　〈收國聯代表處七月四日公函〉，1926年8月7日，《外交檔案》03-38/39-(1)。

㊿　〈收國聯代表辦事處公函〉，1925年12月17日，《外交檔案》03-38/39-(1)。

費。(51) 1927 年中國應攤國聯會費 46 股，共 1,110,904.11 金法郎，合 214,352.67 美金，秘書廳催促中國告知繳款日期。(52) 北京政府國務會議議決由財政部籌撥，但財政部屢屢拖延，最後決定呈明大元帥批准匯付中幣八萬元；(53) 約合四萬美金，匯付部份1927年會費。9月初，外交部電出席國聯代表王廷璋云：「聯合會會費由財政部撥到美金二萬八千元，本日經巴黎逕匯交聯合會秘書長，希轉知」。(54) 又於月中電王代表云：「本日續匯本年會費美金七千元，仍由巴黎轉撥；連前匯共付本年會費三萬五千元，希通知聯合會秘書長」。(55) 1928年中國應攤會費46股，共1,141,311.24金法郎，合220,219.81美金。(56) 北京政府於6月傾覆前全未繳納。

北京政府在 1920 ～ 1924 年直系掌控期間，雖拖欠不少國聯會費，仍不斷勉力籌措款項，繳交部份欠費。1924年底到1926年初段祺瑞臨時執政期間，則分文未繳。1926～1928年張作霖掌政時期，於財政萬分困難時，仍勉力繳交一小部份會費。此與直系較注重與西方各國關係，尤其是顧維鈞的影響，似有關聯。段祺瑞執政時期財政日益困難，關稅特別會議又功虧一簣，對國聯欠款未有表現。張作霖時期前半，又值顧維鈞主持外交，努力恢復院席，北京勉力繳款或與此有關。

(51) 〈收國聯代表處九日公函〉，1926 年7月31日，《外交檔案》03-38/39-(1)。

(52) 〈收國聯代表辦事處十一日公函〉，1926年11月27日，《外交檔案》03-38/39-(2)。

(53) 〈電日來弗王代表〉，1927年9月27日，《外交檔案》03-38/41-(1)。

(54) 〈電日來弗王代表〉，1927年9月5日，《外交檔案》03-38/40-(2)。

(55) 〈電日來弗王代表〉，1927年9月14日，《外交檔案》03-38/40-(2)。

(56) 〈收國聯代表辦事處十一月廿八日公函〉，1927 年12月14日，《外交檔案》03-38/41-(1)。

二、國聯對中國欠費的催討

　　由於中國連年拖欠會費，國聯不能坐視，多方對北京政府施加壓力，設法催討。中國在1920年如期匯繳會費，1921年則只繳交一半，1922年更只補繳1921年欠費的一半。到1923年初中國欠費問題已相當嚴重，國聯英籍秘書長段呂蒙於3月6日致函英國外相寇松 (George Curzon) 之秘書長外部顧問塔夫頓 (Charles Tufton)，稱中國欠款甚鉅，嚴重影響會務，而中國政府「一貧如洗，國家行政費尚嫌不足，故中國在行政院及大會之代表，雖曾誠意允許付款，迄今仍無舉動。報載各國將許中國增加稅收，中國政府之收入將有極大之增加」，故請英國駐華公使非正式向北京外交部建議，指定部份增收關稅撥付國聯會費。[57]倫敦外交部經內部討論之後，認為中國徵收華會附加稅要先由「關稅特別會議」討論通過，緩不濟急；決定要駐北京公使麻克類先請北京政府由其他財源設法，若不行，再回到二五附稅。[58]並於24日指示麻克類執行此事。

　　5月25日，麻克類拜訪外交部，與署理外交總長顧維鈞談中國拖欠國聯會費問題。麻使云因國際聯盟秘書廳之請，現以私人資格與顧氏商談中國欠繳國聯歲費一事，表示：「如若長此拖欠，在貴國則有失信用，在該會則難以支持；本使私人意見，貴國最好由關餘、鹽餘項下撥付該款」。顧氏答稱：「余正為此事以及使領館費焦灼萬分；鹽餘恐無把握，若貴使可以贊助，俾欠繳國際聯合會之費暨使領館費，

<hr>

[57]　Drummond to Tufton, March 6, 1923, FO371/9216 [F708/708/10]；及〈國聯秘書長致英外部大臣之秘書長函——討論中國積欠聯合會會費事〉，1923年，《外交檔案》03-38/39-(2)。

[58]　V. Wellesley's minute, FO371/9216 [F708/708/10].

一併由關餘撥匯，本部即照請使團同意」。麻使云：

> 使領費此時未便相提併論，所欠聯合會之費，誠不能再為拖延；貴國佔居行政院非常任會員之一，對於聯合會自是立於重要地位，應擔歲費勢難久欠不繳。據本使所聞，海關暨鹽務稽核所皆有特別準備基金，貴部似宜派員與該二處接洽，或可設法湊集所需。

顧氏回答：「本國並非有意不付，實因目前中央財政支絀，一俟稍有辦法，自當籌匯；本部可以派員與總稅務司暨稽核所洋會辦接洽，倘能湊得若干，或可先付一部分」。麻使云：「不論數目多寡，總較分文全無為善」。(59)

麻克類於會談後報告倫敦，稱中國關餘已全部撥作整理內債，由總稅務司負責，無法他用。(60)北京政府曾多次要求公使團發放關餘以償外債，都被拒絕；關餘實無可能用於國聯會費。至於鹽餘早已預先抵充政費，也不太可能支付國聯欠費。顧維鈞亦稱：「外部極端贊成將會費併在使領費內，統由關餘撥付，但使團已拒絕此種辦法。」反要求英使幫忙，麻克類只能答以關款無餘。麻使總結云：「中國政府已失其信用，財政上已瀕於破產，……今竟任其在聯合會行政院內佔一席，實足以使在華熟悉中國實情之外人恥笑並譏議也」。(61)倫敦外交

(59)　〈英館問答——中國拖欠國際聯合會歲費事〉，1923年5月25日，《外交檔案》03-38/35-(2)。

(60)　參見筆者〈北洋政府時期海關總稅務司安格聯之初步研究〉，《近代史研究所集刊》第二十四期，1995年6月，下冊，頁573～601。

(61)　Macleay to F. O., May 29, 1923, FO371/9216 [F2019/708/10]，及〈駐京

部認為麻克類已盡力了，並認真考慮逐中國出行政院。(62)

北京外交部也知道國聯欠費問題已無可再拖，詳議此事及駐國聯代表辦事處經費問題後，數次提出國務會議公決，又多方催促財政部及鹽務署，用盡辦法，僅能趕在 9 月國聯第四屆大會前匯繳一小部份拖欠。大會中，中國代表被質問欠費問題，唐在復報告云：

> 十七日催費股由復出席，股長言中國反欠會費為數甚鉅，詰問償欠辦法；答以上月新繳三十餘萬金法朗，政府已甚竭力，并未懈怠，餘欠仍將繼續措繳；又詢本年份何以復致衍期，答以本定分四期措繳，未限時日；末請自定限期，年內能否再付一批，答以未敢擅定，當即電政府詢問。(63)

結果中國在此次大會中競選連任行政院非常任院席失敗，此與中國內部動亂以及拖欠會費皆有關聯。

1923 年底英籍海關總稅務司安格聯(Francis Aglen)拜訪外交總長顧維鈞，轉達英國政府要人珊西爵士對中國欠費的不滿。外交部電駐倫敦代辦朱兆莘向渠解釋。(64)此外國聯秘書廳不斷催促中國繳交1924年份會費，國聯辦事處頻頻電告，稱：「茲准秘書長函催交付，並稱

英麻使外部大臣之報告——報告與中國政府討論撥付聯合會欠費事〉，1923年5月29日，《外交檔案》03-38/39-(2)。

(62) V. Wellesley's minute, July 6, 1923, FO371/9216 [F2019/708/10]，英國逐中國出行政院一事見第三章。

(63) 〈收日來弗陳唐朱代表十八日電〉，1923年9月19日，《外交檔案》03-38/35-(2)。

(64) 〈電駐英朱代辦〉，1923年12月8日，《外交檔案》03-38/35-(2)。

無論如何請將付款辦法先行知照」。(65)又稱:「外交部鑒，本年會費事，上年十一月六日，本年四月五日函計達，茲准秘書長續催交付，並稱無論如何請將付款辦法先行知照」。(66)外交部只有不斷致函財政部，財政部卻答以無力籌付。

1924年北京政府盡力籌款，共繳十五萬美金，然而只能補1922年大部份舊欠，仍欠1922年份35,140.47美金及1923、1924年全數會費；但至少展現了付款的誠意，在9月國聯第五屆大會中並未遭過份責難。

然而1925年北京政府分文未繳，新費舊欠越積越多，國聯開始積極追討，中國外交官所受壓力越來越大。4月駐國聯辦事處又接到國聯秘書廳催繳本年會費函，云:「今再查照聯合會內部財政規章第二條，敦請貴政府在會計年度內繳付會費，並將繳付方法速行告知」。(67)中國代表也催問外交部：「聯合會本年會費及歷年積欠應如何籌議繳納及清還辦法，乞速電示，以備出席保工大會時，苟有詢及，借可對答」。(68)外交部只能再函財政部，請迅予籌定繳納本年會費及清還歷年積欠辦法，(69)然而仍是無結果；而國聯秘書廳又來函催促，並詢繳納辦法。(70)外交部只好訴諸國務會議，並引哥斯大黎加因欠費而退出國聯之先例為鑑；(71)終於得國務會議議決:「由財政部迅撥十萬元」。(72)然而財政

(65)　〈收義京唐代表四日電〉，1924年4月5日，《外交檔案》03-38/37-(1)。

(66)　〈收駐義唐公使七日電〉，1924年7月8日，《外交檔案》03-38/37-(2)。

(67)　〈收國聯代表辦事處公四月十四日函〉，1925年5月11日，《外交檔案》03-38/38-(1)。

(68)　〈收義京唐代表十日電〉，1925年5月11日，《外交檔案》03-38/38-(1)。

(69)　〈函財政部〉，1925年5月20日，《外交檔案》03-38/38-(1)。

(70)　〈收駐義唐公使十八日電〉，1925年7月19日，《外交檔案》03-38/38-(1)。

(71)　〈國務會議議案——聯合會會費事〉，1925年7月22日，《外交檔案》03

部仍是多方拖延。同時外交部又收國聯辦事處轉國聯催款函，稱：「查聯合會催繳會費事，本處曾先後數次函電陳報大部在案，并請早日設法籌劃繳付歷年積欠，……以便通知聯合會」。(73)然而到9月國聯第六屆大會召開時，財政部仍未撥款。

國聯第六屆大會中，中國代表電詢：「一九二三年欠款辦法如何？統乞電示，以資應付」。(74)外交部復以：「一九二三年欠款，當設法分期陸續籌撥」。(75)結果中國代表在會中又因欠費受窘，王曾思向外交部報告稱：

> 頃思出席欠費分股，該股長因自上年十月起我國分文未繳，頗多詰難；當答以我國財政困難無庸為諱，但政府必當設法分期陸續籌撥。該股長嗣稱一九二二年尾欠，務請在大會期內先行繳清，以便報告大會時措詞較易。至分期籌撥切要辦理，亦請答復。當允即日電部請示，乞速電復，以資應付。(76)

外交部遂為此再提出國務會議，得閣議議決：「應請財政部先將民國十一年尾欠七萬零二百八十餘元即日撥交本部，以憑匯歐」。(77)然而無

-38/38-(1)。

(72) 〈收執政府秘書廳函〉，1925年7月24日，《外交檔案》03-38/38-(1)。

(73) 〈收駐國聯代表辦事處七月廿四日公函〉，1925年8月17日，《外交檔案》03-38/38-(1)。

(74) 〈收日來佛朱王代表電〉，1925年9月15日，《外交檔案》03-38/38-(1)。

(75) 〈電日來弗朱王代表〉，1925年9月17日，《外交檔案》03-38/38-(1)。

(76) 〈收日來佛朱王代表十七日電〉，1925年9月18日，《外交檔案》03-38/38-(1)。

論如何催促，財政部仍是全無回應。9月26日，國聯大會通過之有關欠費之議決案四款，與中國有關的是：㈡對於努力籌繳欠費之會員國表示滿意；㈢對於會費尚未繳清及又無籌措繳納辦法之會員國，請秘書長再向該國催繳；㈣請秘書長將催繳之結果，在1926年6月間行政院開會時，報告於行政院，俾該院審查後報告於第七屆大會。1926年1月，國聯秘書長依此決議案正式向中國催繳。(78)

1925年底「關稅特別會議」在北京召開，國聯寄望此會能讓北京政府增收二五附稅，並將國聯舊欠新費包括在新稅支出項下，一舉解決陳年棘手問題。國聯秘書廳華籍職員夏奇峰當時正休假在北京，英國駐北京使館支持他與北京政要接洽此事；夏氏告訴英國公使他與王正廷等談過國聯欠費之事，得到的答覆是若關稅會議成功允許中國徵收新稅，提供北京政府足夠政費，國聯會費將包含在中國駐外使領費用中編列。(79) 1926年4月，國聯副秘書長又函請各國將所欠會費於6月底以前繳清，國聯辦事處建議藉「關稅特別會議」開會之便，將1925年以前舊欠為一宗，俟二五附加稅款撥付整理內外債時清繳；另1926年新費為一宗，9月大會以前酌繳若干，「大會時宣布，似尚不失體面」。(80) 然而關稅特別會議於1926年夏，因中國內戰又起而中止，未達成任何具體結果而終。

7月上旬，國聯辦事處又報告國聯秘書廳催繳欠費狀況，當時中國正努力恢復行政院席位，外交部依辦事處建議勉力匯付二萬美金繳

(77) 〈收執政府秘書廳函〉，1925年9月24日，《外交檔案》03-38/38-(1)。

(78) 〈收朱代表一月十七日函〉，1926年3月15日，《外交檔案》03-38/39-(1)。

(79) Mr. G. Vereker to Wellesley, Feb. 10, 1926, FO371/11683 [F952/773/10].

(80) 〈收國聯代表辦事處四月廿八日函〉，1926年5月24日，《外交檔案》03-38/39-(1)。

交1926年部份會費。(81)9月，國聯第七屆大會召開，截至當時為止，共有10國積欠會費，共計6,643,107.12金法郎，中國獨欠4,667,881.94金法郎，占總數七成以上。(82)大會第四股會議討論中國欠款，中國代表王景岐列席，報告會議情形稱：

> 眾以本年會費由海關二五加稅項下撥還，視為過空，要求中國允許在本年內再行籌撥若干，須實核數目，使報告大會時，於中國入院較為生色，岐允代達。我國在年內最多尚能交出本年會費若干，盼即電示；至民國十五年前欠款所擬辦法，眾尚無異議。(83)

最後大會於9月25日通過兩個與中國欠費有關的議決案。其一為特別關於中國欠費者，其文曰：「大會請中國政府提議有效確實及國際聯合會可予容納之方法，藉償該國所欠之會費」。其二為關於所有欠費國者，其文曰：「大會請行政院對於不付國際聯合會會費國家之法律地位予以研究，以供第八屆大會關於此事之參考」。(84)此二議決案使中國欠費問題無可再拖，北京外交部感受到沉重壓力，力圖解決。

舊欠未清，新費又至，國聯秘書廳又催中國繳1927年會款。(85)北

(81) 〈收國聯代表處九日公函〉，1926年7月31日，《外交檔案》03-38/39-(1)。

(82) 〈國聯第七屆大會第四股報告〉，頁17、18，1926年，《外交檔案》03-38/13-(1)。

(83) 〈收日來弗朱王代表十一日電〉，1926年9月12日，《外交檔案》03-38/39-(1)。

(84) 〈收國聯代表辦事處十月十五日公函〉附件〈中國積欠國際聯合會會費情形節略〉，1926年11月2日，《外交檔案》03-38/41-(1)。

京政府面臨催繳的壓力，只有請公使團同意續徵五厘賑災附加稅以繳付會費，並請國聯秘書長幫忙。中國駐國聯代表朱兆莘准此命令，準備說帖送達秘書長。並報告面談情況云：「國際聯合會秘書長談加稅付會費問題，莘謂舍此別無具體有效辦法；渠云所加甚微可望實行，允即通告各駐使會員國」。[86] 國聯秘書長即以中國此項說帖印送各會員國。[87] 此1926年12月16日〈關於中國會費事國際聯合會秘書長致各會員國之說帖〉強調：

> 茲中國政府為履行第七屆大會九月二十五日之議決案，……決定徵收五厘附加稅，以作撥還中國舊欠及一九二七年會費之用，……惟中國關稅現仍不能自主，上述辦法須先徵求駐北京外交團之同意；外交部業已致送照會矣。中國政府認為此為具體有效之辦法，必可獲聯合會之容納，一俟實行，則中國繳付聯合會會費一事自無困難矣。[88]

駐英代辦陳維城28日致函英國外交部，尋求英國的支持；英國於1927年1月1日覆函稱未便同意。[89] 北京公使團也反對此加稅案，1月7日，

---

[85] 〈收國聯代表辦事處十一日公函〉，1926年11月27日，《外交檔案》03–38/39–(2)。

[86] 〈收日來弗朱代表十八日電〉，1926年12月19日，《外交檔案》03–38/39–(2)。

[87] 〈收國聯代表處公函〉，1927年1月9日，《外交檔案》03–38/40–(1)。

[88] 〈關於中國會費事國際聯合會秘書長致各會員國之說帖〉，1926年12月16日，《外交檔案》03–38/40–(1)；英文本見League of Nations, Dec. 16, 1926, FO371/11683 [F5661/773/10].

領銜公使歐登科(W. J. Oudendijk)回復，稱「經本公使通知有關係各館者後，茲據復稱貴部之提議，未便同意」。(90)於是此計劃胎死腹中。

關於國聯第七屆大會有關欠費問題的第二個議決案，1926年12月國聯行政院開第43次會議，討論欠費國在國聯中之法律地位。國聯對中國欠費問題很是棘手，多方催繳，又要保持中國顏面；中國對此也很無奈，剛當選為行政院非常任會員，想要付款卻實在無力。駐國聯及出席行政院代表朱兆莘曾與國聯秘書長談中國積欠會費問題，朱氏報告談話中雙方觀點如下：

> 莘謂本屆行政院會議內，有議題關於欠費國在國際聯合會之法律地位一案；此雖係第七屆大會交院討論之案，如討論時傷及中國地位，不能不發言反對。其實中國無力付費，由於關稅不自主，致中央財政日陷絕地；如國際聯合會因欠費問題相逼太甚，中國惟有援粵魯例，自動的加徵關稅，以資整理財政。關稅既加，區區會費何難清付等語。渠謂關稅加否，非盟會所應過問，似不可併為一談；此次討論欠費國法律地位問題，決不指出國名，其中有力能付費而不肯照付者，最為盟會所注意；中國有心付費而無力照付，目前當然可邀原諒等語。莘謂該案討論結果或令中國過意不去，恐補救已晚，奈何。渠謂料該案結果交國際聯合會秘書長酌擬辦法，報告下屆院會酌奪等語。莘謂院會交秘書長後，請為中國留體面，以免下屆院會令我不得已發言反對。渠領之。

(89) Mr. Chen to Mounsey, Dec. 28, 1926, FO371/11684 [F5815/1001/10].

(90) 〈首席和歐使節略〉，1927年1月15日，《外交檔案》03-38/39-(2)。

朱氏並請示外交部云：「究竟清付舊欠會費有無切實辦法，新費不再拖欠有無把握，該案提出時應否發言，如發言應否照上述理由反對，乞裁奪示遵」。[91]

　　12月7日，行政院開會討論欠費國法律地位一案時，「無人發表意見，祇將該案交國際聯合會秘書長考量，報告下次院會」。[92]於是決定先請國聯秘書長預為研究，並將詳情報告於下屆，即1927年3月之第44屆行政院會議。[93]1927年2月，國聯辦事處報告接到秘書長預擬呈交下屆行政院報告一件，「內有欠費各國法律地位不因暫時欠費而受影響，其在大會投票權，及當選行政院資格，仍照常不變等語。」並請示應否在3月7日行政院開會時對此問題發言。[94]中國至此暫時度過一次難關，但欠費問題仍要面對。外交部指示：「我國欠費實由於經濟困窘，並非故意延宕；會議時如影響投票權及行政院資格，自應表示反對；最大讓步可稍予利息，希臨時酌辦」。[95]行政院於3月9日討論欠費國法律地位一案，報告員羅馬尼亞代表稱：繳費為會員義務，否則國聯不能執行職務，「雖然不盡繳付會費之義務，不自然的退出盟會；惟不盡繳付會費之義務而帶有無意履行盟約所規定之義務者，斯當區別耳」。朱兆莘建議：「將秘書長之說帖，連同此報告送交下屆

[91]　〈收國聯代表辦事處二日快郵代電〉，1926年12月22日，《外交檔案》03–38/39–(2)。

[92]　〈收國聯辦事處七日代電〉，1926年12月26日，《外交檔案》03–38/39–(2)。

[93]　〈收國聯代表辦事處十月十五日公函〉附件〈中國積欠國際聯合會會費情形節略〉，1927年11月2日，《外交檔案》03–38/41–(1)。

[94]　〈收國聯代表辦事處二月十四日公函〉，1927年3月5日，《外交檔案》03–38/40–(1)。

[95]　〈電日來弗朱代表〉，1927年3月18日，《外交檔案》03–38/40–(1)。

大會」。(96)最後行政院根據秘書長之報告及羅馬尼亞之提議，決定不付費國家自應依照盟約第十六條懲罰被逐出會；「但鑒于償付會費義務之性質，一國不應徒因不付會費則被逐出會。此項懲罰之施行，必須因上述不付會費情形，附有故意不履行盟約義務之事實。此項決議連同秘書長之報告，統經交與一九二七年第八屆大會作為參考」。(97)

1927年9月，國聯第八屆大會開幕，第四股將中國欠費問題交欠費分股研究。12日，中國代表駐葡公使王廷璋電外交部，報告稱：「大會預算委員會今日開始聚集；頃晤主席和蘭代表Von Eysinga面稱中國欠費案最好籌一解決之法」。(98)14日，王廷璋在欠費分股提出清付中國欠費之提案，請國聯允中國徵收領事證照費，或贊成中國延長賑災附稅一年，以充國聯會費及使領費之用。(99)最後欠費分股致第四股報告內，關於中國欠費之意見為：

> 本分委員會以為該國對于聯合會之友誼態度未稍輟減。……分委員會對於中國欠繳聯合會會費一節，並未覺十分焦急。緣該分股以為中國政府現在對于會費問題之態度，並未拒絕履行

---

(96) 〈收國聯代表處三月廿一日公函〉，1927年4月9日，《外交檔案》03-38/40-(1)。

(97) 〈收國聯代表辦事處十月十五日公函〉附件〈中國積欠國際聯合會會費情形節略〉，1927年11月2日，《外交檔案》03-38/41-(1)；及〈收國聯代表處三月廿一日公函〉，1927年4月9日，《外交檔案》03-38/40-(1)。

(98) 〈收日來弗王代表十二日電〉，1927年9月13日，《外交檔案》03-38/40-(2)。

(99) 〈收國聯代表辦事處十月十五日公函〉附件〈中國積欠國際聯合會會費情形節略〉，1927年11月2日，《外交檔案》03-38/41-(1)。

其對于聯合會義務之表示。欠費情形不過因國內困難所致天然之結果。上述困難一旦解決，中國債務將亦必隨之而得清理。(100)

國聯辦事處認為分股上述意見，「實欲間接證明中國政府雖積欠會費，並非不付會費，更無不欲履行盟約義務之表示。即使大會對於前述行政院關于不繳費國家之法律地位意見予以採納，聯盟會亦不能依照盟約第十六條之懲罰，驅逐中國出會，此本屆大會對中國欠費之總意也」。(101)

欠費分股對王廷璋所提中國償欠辦法，認為非該分股職權可辦到，而將中國代表之聲明提交第四股研究，並建議第四股轉請秘書長將此分送各會員國，但未將此案列入擬請大會通過之議決案中。欠費分股於9月17日呈交第四股擬交大會通過之議決案草案全文為：

㈠繼續與中國政府協商藉期規定清理欠費之辦法；

㈡由適宜之途再向其他欠費國接洽；

㈢將辦理此事之結果在相當期內作一報告呈交行政院。

第四股開秘密會議，商討此案，經簡單討論後，將欠費分股報告一致通過。然而「對中國提案未作任何研究，亦未表示可否及有權過問之意；只表示同意該案由秘書長分送各會員國」。9月22日，大會一致通過第四股議決案。故王廷璋之提案，大會事實上未做處置，只由秘書長通知各會員國。(102)國聯秘書長於9月24日將中國提案分送會員國；

(100) 同上。

(101) 同上。

並函告中國代表辦事處稱：「嗣後各會員國對於中國提案如表示意見，自當隨時奉達」。(103)

國聯辦事處會後將大會討論中國欠費詳情報告外交部，結論中認為國聯對中國欠費之態度為：

㈠國際聯合會深悉中國政府不但無拒付會費之意，且實欲清付會費，故盟約第十六條之規定不適用於中國；

㈡國際聯合會現時並非向索討會費，其所請於中國者，乃償付積欠之方法。中國既已決定辦法，該辦法是否可行，責在其他會員國，而不在中國；

㈢倘中國對於處理欠費方法與他國提案相仿：如減輕現有會費並將舊欠延期攤還，則聯合會當無難色立予解決。至現在所提議之主張，聯合會似不敢拒絕，致負否認中國行使內政之權；亦不敢承諾，致有干涉會員國中恪遵條約義務之嫌。(104)

換言之，國聯對中國欠費問題，並不急求激烈的解決方法。不久北京政府傾覆，國聯欠費問題轉到南京國民政府之手。

北京政府時期中國在國聯中積欠鉅額會費，高居會員國中第一位，國聯大會及行政院多次討論解決之道，秘書廳也多次催繳。初則透過

(102) 同上，及〈收日來弗趙秘書長廿二日電〉，1927月10日23日，《外交檔案》03-38/41-(1)。

(103) 〈收國聯代表辦事處十月廿二日公函〉，1927年11月9日，《外交檔案》03-38/41-(1)。

(104) 〈收國聯代表辦事處十月十五日公函〉附件〈中國積欠國際聯合會會費情形節略〉，1927年11月2日，《外交檔案》03-38/41-(1)。

英國政要，由英國駐華公使及英籍海關總稅務司向北京政府表示關切；繼以大會決議要中國訂出解決欠費問題之具體辦法，並檢討欠費會員國在國聯之法律地位。然而中國欠費仍是逐年加增，國聯一籌莫展。主要原因是北京政府確實多方努力籌款，嘗試過各種方法，諸如：將國聯經費併入使費，由關餘統撥；由華會二五附加稅收入中支付；續徵五釐賑災附稅；徵收使領館證照費等；甚至要求國聯秘書長代向各相關列強說項，同意中國加稅。然而因種種困難，都無法實行。直到南京政府時期，才以減欠、分期攤繳，又用中國分期償還欠款於國聯對中國之技術合作，才得以解決。

　　北京政府雖努力提升國際地位，並多次選入國聯行政院，卻受制於條約列強對財政上的控制，甚至不能履行國聯會員的基本義務——繳交會費。北京政府欲以加徵關稅來繳交國聯會費，卻為部份條約列強所阻；中國代表只能在行政院及大會中維護國家尊嚴。國聯秘書廳不能介入中國內政，也不能介入中國與條約列強的爭執，又不願把中國逐出國聯，束手無策。這些問題顯示了「北洋外交」的一個特色——中國國際地位雖有提升，但仍受不平等條約限制；致使內政問題與國際問題糾纏不清。此種1920年代中國在國際上的特殊地位，值得深思。

附表六　中國應攤國聯會費繳費及欠費表(1920～1928)

年份	金法郎	美　金	繳　費	欠　費
1920	523,000	100,914.6	11月13日繳清	
1921	1,041,666	200,993	9月交美金100,496 1922.10.繳美金500,000 1923.9. 繳美金 50,497	至此全數繳齊
1922	1,011,335	195,140.47	1923.9. 繳美金 10,000 1924.1. 繳美金 40,000 ? 繳美金 30,000 7. 繳美金 50,000 9. 繳美金 30,000 共繳美金　160,000 合金法郎　829,216	欠　美　金 35,140.47 金法郎182,119
1923	1,767,773.28	341,097.76	全部未繳	
1924	1,620,371.61	312,656.12	全部未繳	尚欠1,506,324.51金法郎 後減　114,047.10金法郎 合　290,650.36美金
1925	1,211,665.15	233,794.84	全部未繳	
1926	1,125,730.12	217,213.39	1926.7. 繳美金 20,000	尚欠美金　197,213.39 合金法郎　1,022,094.81
1927	1,110,904.11	214,352.67	1927.9. 繳美金 28,000 7,000	尚欠美金　179,352.67 合金法郎　929,513.15
1928	1,141,311.24	220,219.81	全部未繳	
				1922～1928年共欠美金 1,497,469.3 約合金法郎 7,760,801

＊1美金＝5.1826金法郎＝2 國幣

　1926年12月匯價　美金1元＝2.33國幣

附表七　中國繳費表

依國聯會費年度計算			依中國繳費年度計算		
年份	金法郎	美金	年份	金法郎	美金
1920	523,000	100,914.6	1920	523,000	100,914.6
			1921	---	100,496
1921	1,041,666	200,993	1922	---	50,000
			1923	---	60,497
1922	829,216	160,000	1924	---	150,000
1926	103,652	20,000	1925	---	---
			1926	103,652	20,000
1927	181,391	35,000	1927	181,391	35,000
合計	2,678,925	516,907.6	合計	---	516,907.6

附表八　中國欠費表

	金法郎	美金	合計（金法郎）	合計（美金）
1920	──	──	──	──
1921	──	──	──	──
1922	182,119	35,140.47	182,119	35,140.47
1923	1,767,773.28	341,097.76	1,949,892.27	376,238.23
1924	1,506,324.51	290,650.36	3,456,216.78	666,888.59
1925	1,211,665.15	233,794.84	4,667,881.94	900,683.43
1926	1,022,094.81	197,213.39	5,689,976.75	1,097,896.82
1927	929,513.15	179,352.67	6,619,489.9	1,277,249.49
1928	1,141,311.24	220,219.81	7,760,801	1,497,487.3

＊以上各表中數字係依據《外交檔案》各相關文件中錄出後，參照國聯
Special Supplement to the Official Journal No.58
p.165 Appendix C. Statement showing arrears collected and due 1927.
9. 1.經詳細比對核算後得出。

＊到1926年8月1日止共10國欠費 6,643,107.12 金法郎，
　　　　　　　中國獨欠 4,667,881.94，佔70.3%
　到1927年9月1日止，各國共欠 8,001,444.37 金法郎，
　　　　　　　中國獨欠 5,689,976.75，佔71.1%

第三節　北京政府對欠費問題的應付
（1920～1926）

　　中國加入國聯後，除需分攤高比例的會費外，還設立「中華民國
國際聯合會全權代表辦事處」（簡稱「國聯辦事處」）於歐洲，支出增
加。[105]然而北京政府財政本就十分困難，根本無力應付參加國聯後新

---

[105]　〈函財政部〉，1920年9月30日，《外交檔案》03–38/34–(1)；駐國聯代表
　　辦事處見第五章第一節。

增的開銷，導致連年拖欠會費，損害了北京政府的國際信用。北京政府為維持國家體面，對此問題也很重視，不斷謀求解決之道。

一、努力籌款繳費時期(1920～1924)

中國於1920年7月16日，對奧地利聖日爾曼條約批准之日，正式加入國際聯盟，成為創始會員國之一，並依盟約分攤第一等國高額會費。1920年11月北京政府如期繳費，12月在國聯第一屆大會中當選為行政院四席非常任會員之一。1921年中國又分攤高額會費；並被要求於4月1日及9月1日各付一半。北京國務院命外交部會商財政部核辦，然而一直未籌出款項，出席國聯行政院代表顧維鈞不斷催促繳費。(106) 8月23日顧氏又電催，強調國聯第二次大會即將開幕，「我國雖為列席行政院國，而第一次會費尚未交付，到會殊難因應；務懇迅與財政部熟商，速予設法籌匯，萬一本年稱為計數會費全數難籌，則先交半數，尚能勉為措詞」。(107) 29日再電催云：

> 本屆行政院會議主席，以及第二屆大會臨時主席，會中均擬請中國代表擔任，是外人對我尚為重視。延不交費，有礙觀聽。且第二屆大會九月五日開會，對於欠交會費之國，將公議處置辦法；聯合會中收支，向由鈞審查報告，我尚欠費，何以應付。且政府對外素求增進國際地位，鈞于役海外，夙體此旨，黽勉以圖；現會中待我不可謂薄，我對該會亦宜稍示看重，所有應交會費，無論國庫如何支絀，務請設法密商財政部，於開會前匯交紐約花旗銀行，俾得轉交而維國信。(108)

(106) 〈收駐英顧公使四日電〉，1921年8月6日，《外交檔案》03-38/34-(1)。

(107) 〈收駐英顧公使廿三日電〉，1921年8月25日，《外交檔案》03-38/34-(1)。

然而到9月4日國聯大會開幕之時，外交部才匯繳半數會費。[109]王寵惠、顧維鈞、唐在復三位代表聯名於27日再次電催外交部、國務院稱：

> 務請速催於月內全數匯出，以便轉交日內瓦，大會第四股正從事審查，各國大多數已交全費，我國迄未措交，殊礙國際信用；且不久將有處置不交費國辦法出現，倘將中國列入公布世界，恐於我國國際地位有關。迫切陳詞，伏祈鑒核，並轉呈大總統。[110]

然而未得回應。中國首席代表顧維鈞於會中允諾於年底繳清1921年另一半會費，屆時卻未能繳交。[111]此為中國欠費之始，國聯秘書長屢次催繳，北京遲遲不匯會費，令中國代表在國際壇坫努力的成果，付諸東流。

1922年中國應繳會費北京政府也未依期限繳納，到9月第三屆大會時，中國已欠1921年會費之半數，及1922年全年會費。經中國代表屢催，最後外交部於10月7日電匯五萬美金，繳交1921年欠費之半。至此1921年會費仍欠四分之一，而1922年則全未繳交。

1923年中國應繳會費財政部預定分四期籌撥。[112]當時北京政府財

(108) 〈收駐英顧公使廿九日電〉，1921年8月31日，《外交檔案》03-38/34-(1)。

(109) 〈國際聯合會協款積欠清單〉，1923年2月28日，《外交檔案》03-38/35-(2)。

(110) 〈收英京王顧唐代表廿七日電〉，1921年9月30日，《外交檔案》03-38/35-(1)。

(111) 〈收日來佛唐黃代表十二日電〉，1922年9月14日，《外交檔案》03-38/35-(1)。

(112) 〈財政部公函〉，1923年2月2日，《外交檔案》03-38/35-(1)。

政困難，4月3日出席國聯行政院代表唐在復電北京，建議不妨考慮退出國聯，云：

> 我國欠繳會費已第三年，前年餘欠屢次延約，頗失信用；若再無法籌繳，為代表者尚何顏出席。復近察該會內情，純為大國利用，彼此牽制以維所獲戰勝地位。對於小國，甚少顧恤；與遠東大問題，情尤膈膜。我國虛擔鉅費，本難為繼，若提出國務會議，決定暫時退出，似尚有益無損，迫切密陳，統希鑒復。(113)

外交部答覆稱：「三日電悉，我國欠繳聯合會會費，已經閣議議決，交財政部迅速籌撥，特先電達。」(114)然而一直無法籌得款項支付。

5月英國駐北京公使麻克類受國聯秘書長之託，拜訪外交部與署理外交總長顧維鈞商談籌款償付欠費，建議由關餘、鹽餘項下支付。顧氏強調中國付款之誠意，鹽餘用罄；外交部曾計劃將國聯會費併在使領費內，統由關餘撥付，但遭北京公使團拒絕，顧氏反要求英使幫忙。麻克類只能答以關款無餘，不可能再支付國聯會費。(115)國聯經費既無專款可用，年年都東挪西湊，左支右絀，應付維艱。同時中國駐國聯辦事處也以經費困難，再三請款未得答復，電外交部云：「款既無著，事事無法進行，下屆能否到會亦無把握」。(116)

---

(113) 〈收駐義唐公使三日電〉第1113號，1923年4月4日，《外交檔案》03-38/35-(1)。

(114) 〈電駐義唐公使〉，1923年4月12日，《外交檔案》03-38/35-(1)。

(115) 〈駐京英麻使外部大臣之報告——報告與中國政府討論撥付聯合會欠費事〉，1923年5月29日，《外交檔案》03-38/39-(2)。

　　至此，國聯欠費問題已無可再拖，外交部詳議國聯欠費及辦事處經費問題。總計1921～1922年欠費加上1923年上半期應繳會費，至1923年5月共應繳會費美金415,637.47元，約合銀元83萬元。國聯辦事處經費月需1萬5千元，1922年10月至1923年5月，共欠付8個月計12萬元；總計需款95萬元。又辦事處一年經費18萬元，也需籌措。5月29日，條約司建議：

> 查國際聯合會會費積欠已至二年有餘，如再長此拖延，勢必愈積愈多，將來更難應付。況我國為列席行政院非常任會員之一，拖欠太多，不但於國際信用有礙，亦於國家顏面攸關。又因國際聯合會代表辦事處為我國在會辦事機關，經費積欠待款尤殷，勢難漠視。英使提議一節，似尚是一種辦法；惟是兩項總計，款近百萬，如將全數借撥，或以過鉅為難。擬先將民國十年所欠尾數美金五萬餘元，約折合中幣十萬元，及民國十一年所欠上半年美金十萬元，約折合中幣二十萬元；又代表辦事處全年經費中幣十八萬元，三共合中幣四十八萬元，先向該二處接洽商撥，其餘欠款仍請財政部指定專款。[117]

外交部將此案提交國務會議討論，6月20日得國務院回覆：「三共合中幣四十八萬元，擬向鹽務稽核所特別準備基金內先行商借，一面由財政部迅籌的款陸續撥還；下餘欠款及以後應付之款，仍請財政部指定的款。」[118]然而財政部全無任何回應。

---

[116]　〈收駐義唐公使廿八日電〉，1923年5月29日，《外交檔案》03–38/35–(2)。

[117]　〈條約司議案──國際聯合會欠費事〉，1923年5月29日，《外交檔案》03–38/35–(2)。

另一方面外交部致電唐在復，告以「積欠國際聯合會會費，現正積極籌措，惟聞欠費者不止一國，希將欠費國名、年份、數目查明函復。」⑲6月12日國聯辦事處復函稱：「現列席行政院各會員國，除比利時以對德關係，別有作用，仍未繳清外，其欠費者祇有中國。又各國所欠之數，除南非聯邦外，以中國所欠為最鉅。」並請指示繳交本年會費辦法，以應付國聯催繳。⑳唐在復7月4日又電：「會費事，秘書長又面催。又上月所請迄未照准，人懷去志，復無法維持，勢須自由解散」。㉑外交部只好致函再催財政部稱：「頃復准唐代表四日電稱會費事，……情詞急迫，自係實在情形，若不迅予撥匯鉅款，勢難再行維持；相應函請貴部，即希查照議決原案，迅速洽商，剋日如數撥交本部，以憑匯轉」。㉒財政部復函稱：此案「業經本部於六月二十七日□付鹽務署轉商稽核總所，由準備金項下撥付在案，……茲既需款甚亟，仍請貴部與該所直接洽商辦理」。外交次長沈瑞麟批示：「交黃秘書分商韋會辦及英使」。㉓並函鹽務署吳聯笙署長云：「聞財政部業經行貴署，未知已否向韋爾登議妥；現因待款孔殷，特派部員前往接洽，務祈賜示切實辦法」。㉔鹽務署復稱：「查此案前准財政部轉行到

⑱　〈國務院公函第1720號〉，1923年6月20日，《外交檔案》03-38/35-(2)。

⑲　〈電駐羅馬唐代表——聯合會會費事〉，1923年5月29日，《外交檔案》03-38/35-(2)。

⑳　〈全權代表辦事處六月十二日公函〉，1923年7月16日，《外交檔案》03-38/35-(2)。

㉑　〈收日來弗唐代表四日電〉，1923年7月5日，《外交檔案》03-38/35-(2)。

㉒　〈函財政部〉，1923年7月7日，《外交檔案》03-38/35-(2)。

㉓　〈財政部咨〉，1923年7月10日，《外交檔案》03-38/35-(2)。韋會辦指鹽務稽核總所英籍會辦韋爾登(E. C. C. Wilton)。

署，當即付商總所在案；茲准前因，除再與總所切催外，相應先行函復貴部查照為荷」。(125)然而公文旅行，終是石沉大海，全無具體結果。

19日唐在復又電催：「國際聯合會秘書長頃派專員來義催繳會費；據稱中國列席行政院，而會費積欠甚鉅，大會前如不措繳一部分，引起困難問題，必礙中國國際地位等語。該員在此候復，究竟會費及辦事經費開會前能否匯到，盼速電復」。(126)當時北京政局動盪，大總統黎元洪受迫於軍人，於6月13日忿而辭職，由高凌霨組閣攝政。7月23日顧維鈞再任外交總長；唐在復電顧氏告急，云：「外交部總長鑒，此次出濟時艱，不勝欣佩；復支撐兼職將屆一年，款無涓滴，人亦零落，若不將上月五日及七月四日各去電速予核辦，勢須解散；大會期迫，應如何籌備，并請電示」。(127)數日後又電稱：「愚忱已於24日電盡罄，如實無辦法，仍懇從速簡代，以免延誤」。(128)外交部只好再提出國務會議討論，提案云：

> 我國為列席行政院之一，而拖欠會費既久且鉅，不但有傷國家體面，且第四屆大會開會改選在即，我國若不於開會前酌予匯繳，於改選前途及國際地位，難免不發生影響。現在財政困難，固不能悉數掃匯，再三核減，以二十萬元為最少之數；擬請由

(124) 〈致吳聯笙署長——會費及代表處經費事〉，1923年7月10日，《外交檔案》03-38/35-(2)。

(125) 〈收鹽務署七月廿八日公函第226號〉，1923年8月1日，《外交檔案》03-38/35-(2)。

(126) 〈收義京唐代表十九日電〉，1923年7月20日，《外交檔案》03-38/35-(2)。

(127) 〈收駐義唐公使廿四日電〉，1923年7月24日，《外交檔案》03-38/35-(2)。

(128) 〈收駐義唐公使三十日電〉，1923年7月31日，《外交檔案》03-38/35-(2)。

財政部函告存儲鹽餘之銀行，聲明准其於本年八、九兩月鹽餘內儘先□撥，以資應用，是否可行，敬請公決。(129)

得閣議通過，終於在8月26日，趕在國聯第四屆大會前電匯1921年份欠費餘款美金50,497元，及1922年份上半期部份攤費美金10,000元。(130)然而仍欠1922年份185,140.47美金，及1923年全年341,097.76美金之會費；中國代表在大會期間飽受責難，並影響到行政院席位選舉連任的失利。

1923年底英籍海關總稅務司安格聯拜訪外交部，轉達英國政府要人珊西爵士對中國拖欠國聯會費的不滿。外交部電駐倫敦代辦朱兆莘向英方解釋，云：

查我國對於聯合會極為重視，故雖攤費過鉅，無不樂於擔任。原冀通力合作克保和平，即如行政院非常任會員，在我素持分洲主義，本係為世界公平起見，並非專圖自利。此次我國單獨被擯，又未選舉其他亞斐之國以代之，□於分洲主義根本推翻，酌理衡情，似欠公平。珊西爵士素主公道，對此辦法，諒亦所見相同。至我國應繳會費，除九年應繳美金……十年應繳……業經掃數清解外，十一年分并已繳美金一萬元；所有我國應繳之款，現仍竭力籌措，下月可繳一部份，其餘陸續匯繳。希即將此意轉告珊西為盼。(131)

(129)〈提交國務會議〉，1923年8月16日，《外交檔案》03-38/35-(2)。

(130)〈條約司說帖〉後附之〈中國歷年攤費數目表〉，1923年12月，《外交檔案》03-38/35-(2)。

(131)〈電駐英朱代辦〉，1923年12月8日，《外交檔案》03-38/35-(2)。

1924 年會費中國仍照向例所認 65 股，應攤 1,620,371.61 金法郎，合 312,656.12 美金，國聯秘書廳希望中國在會計年度內分二或四期從早交付。外交部收到付費通知後，立即函請財政部查照，「並希將繳款次數時期預為規定，函復過部，以憑轉復」。[132] 出席國聯代表唐在復也電外交部，報告國聯行政院1923年12月在巴黎開第27次會，討論欠繳會費案情形，云：「據秘書長單內列出，上年份各國欠費總額，僅剩一百三十八萬餘金佛郎，中國占其十分之七，本年份亦未開始繳納，似足注意」。[133] 外交部於1924年1月26日電復唐氏稱：「十一年會費茲再繳四萬美元」。[134] 並電令駐倫敦代辦朱兆莘，轉告珊西爵士中國已匯付部份欠費。[135] 另在7月之前，又分別匯繳1922年會費三萬及五萬美元。[136]

　　1924年初外交部以國聯會費負擔過重，又喪失行政院席位，決心向國聯提出減費要求，並希望能減舊欠。經代表辦事處向國聯秘書處探詢後，結果「嗣據聯合會秘書廳財政顧問某君個人友誼之意見，舊欠無縮減可言，如能按期補繳，對於將來或可酌辦」。此外國聯不斷催促中國繳交1924年份會費。[137] 外交部只有不斷致函財政部催款。[138] 財政部函復稱：「查我國每年擔任國際聯合會會費，為數過鉅，財力

[132]　〈函財政部〉，1923年12月27日，《外交檔案》03-38/37-(1)。

[133]　〈收義京唐代表廿七日電〉，1923年12月28日，《外交檔案》03-38/37-(1)。

[134]　〈電駐歐唐代表〉，1924年1月26日，《外交檔案》03-38/37-(1)。

[135]　〈發駐英朱代辦〉，1924年2月11日，《外交檔案》03-38/37-(1)。

[136]　〈電日來弗唐戴朱三代表〉，1924年9月25日，《外交檔案》03-38/16-1。

[137]　〈收義京唐代表四日電〉，1924年4月5日，《外交檔案》03-38/37-(1)；
　　　　及〈收駐義唐公使七日電〉，1924年7月8日，《外交檔案》03-38/37-(2)。

[138]　〈函財政部〉，1924年5月27日，《外交檔案》03-38/37-(1)。

實有未逮，前准貴部函稱，曾電唐代表向會要求核減，……現時財政支絀異常，實難籌付，應請電催唐代表即迅向大會提案，設法商減，再行核辦」。(139)外交部復函稱：「現在我國擬請核減者，係屬明年度應攤會費，其本年度應繳會費，業經上年大會通過，已無請求核減之可言，相應函復查照，仍請將本年會費付款辦法核實見復」。(140)最後在9月國聯第五屆大會前，又繳三萬美金，合計1924年內共繳1922年份欠費十五萬美金，只欠35,140.47美金；但1923及1924年會費仍是分文未付。

國聯秘書廳於8月初將中國請核減會費案列入補編大會議事日程，外交部指示唐在復代表竭力因應。唐氏請示每年繳款若干，及償還舊欠之切實計畫。(141)外交部指示云：

> 每年繳款能力一層會中如有詢及，可告以我國對於聯合會夙表贊助，我雖欠費之國，而歷年已繳之款，尚較大多數會員國擔任為多；如聯合會對於我國有相當之重視，擔費所減成數，多少尚可酌商，否則聯合會對於我僅課以重大之義務，而於會中權利，則種種藉詞，靳而不與；際此財政萬分支絀，如所減成數不多，即使政府通融允許，恐亦為輿論所不容。至舊欠各款，自應竭力籌措，陸續匯繳。(142)

9月國聯召開第五屆大會，11日在第四股之欠費分股會議中，股長詰

(139)〈收財政部公函〉，1924年6月3日，《外交檔案》03-38/37-(1)。

(140)〈函財政部〉，1924年6月17日，《外交檔案》03-38/37-(1)。

(141)〈收義京唐代表十二日電〉，1924年8月15日，《外交檔案》03-38/37-(2)。

(142)〈電羅馬唐代表〉，1924年8月19日，《外交檔案》03-38/37-(2)。

問中國積欠償還辦法及日期，中國代表王曾思答以中國政府對於所欠之會費，視為神聖之債務，必當竭力籌還。至於償還日期，答以我國政府近來財政困難，萬難預定，致有爽約之責。股長又囑將國聯盼望中國即速籌還之意電達政府；答以自當遵辦。(143)北京政府在1924年中努力籌款，繳付部份舊欠，故在大會中未遭強烈責難。

二、拖欠時期(1925～1926)

1925年中國會費核准由65股減至50股，應繳1,211,665.15金法郎，合233,794.84美金。2月國聯辦事處函外交部，請徹底解決欠費及辦事處經費問題；並以哥斯大黎加因欠費嚴重，不得不自動請求退出國聯為例，中國狀況類似，應及早設法，函稱：

> 查我國積欠會費……為數不為不多，雖歷屆大會對於答復欠費情形，屢屢聲辯謂中國對於欠費從未漠視，終當竭力籌措，以期漸次繳清。在表面上一時雖未有不滿之表示，然歲月如流，前繼後續，累積愈多繳清愈難；不籌根本解決辦法，則歷屆答辯之宣言卒歸無效，而非難之聲必隨之而至，為未雨綢繆計，不得不陳請大部敬請早日設法解決，俾免失國際上之信用與同情。

對國聯辦事處積欠經費嚴重，則稱：「再者本辦事處經費亦已積欠一年，而一切開支皆不能少，辦事人員每以維持生活難乎為繼，陸續請假返國，或乞部留用，或改圖他事者已不乏人，務懇大部體念海外困

(143) 〈收聯合會代表辦事處函〉，1924年10月31日，及〈收日來弗戴唐朱代表十一日電〉，1924年9月13日，《外交檔案》03-38/37-(2)。

難情形，設法匯寄數月，以維現狀，無任迫切待命之至」。[144]外交部將此情形函告財政部，並稱：

> 若該會竟以對待考司答里加之方式對待我國，不但有失國際信用及同情，恐我國屬望於該會之希望，亦決無達到目的之一日；相應將欠繳國際聯合會會費數目列表函達貴部，即希查照設法先行籌國幣二十萬元，撥解過部，以憑轉匯；其下餘之款，陸續籌撥，以維國信。[145]

然而財政部仍是相應不理。

　　4月中，國聯辦事處又接到國聯秘書廳催繳本年會費函；[146]唐在復電部請示：「聯合會本年會費及歷年積欠應如何籌議繳納及清還辦法，乞速電示」。[147]外交部於是函催財政部云：「務請迅予籌定繳納本年會費及清還歷年積欠辦法，刻日見復，以憑轉復為盼」。[148]然而仍無回音，而國聯催費之聲日急，[149]外交部只好再訴諸國務會議，引哥斯大黎加退盟之例，及國聯秘書廳多次催繳，而屢次函請財政部核辦，迄未准復；提案云：

---

[144]　〈收國聯全權代表辦事處二月三日公函〉，1925年3月3日，《外交檔案》03-38/38-(1)。

[145]　〈函財政部〉，1925年3月25日，《外交檔案》03-38/38-(1)。

[146]　〈收國聯代表辦事處公四月十四日函〉，1925年5月11日，《外交檔案》03-38/38-(1)。

[147]　〈收義京唐代表十日電〉，1925年5月11日，《外交檔案》03-38/38-(1)。

[148]　〈函財政部〉，1925年5月20日，《外交檔案》03-38/38-(1)。

[149]　〈收駐義唐公使十八日電〉，1925年7月19日，《外交檔案》03-38/38-(1)。

查我國積欠國際聯合會會費為數甚鉅，前數年間雖未全數清
繳，然尚時撥款項，陸續交納。自去歲大會以後，我國應繳之
款，迄未撥付分文，現在第六屆大會又將屆期，若不先行措繳
一部分，不但有失國際信用及同情，且代表亦將視為畏途而莫
敢出席，關係極為重大。明知國庫支絀，籌措為難，然為大局
計，實不能不稍事點綴；擬請由財政部設法先行籌撥國幣十萬
元；下餘之款，仍由財政部陸續籌撥，以維國信。⑮

　　終於得國務會議議決：「由財政部迅撥十萬元」。⑮外交部立即電唐在
復，告以：「會費事已提經國務會議議決，迅撥國幣十萬圓匯歐，餘
陸續籌撥」。⑮

　　外交部同時致函財政部催促云：「茲經國務會議議決，由財政部迅
撥十萬元，……查國際聯合會開會在即，此款需用甚急，相應函達貴
部查照，即希迅予照撥，以便剋日匯歐」。⑮外交總長沈瑞麟並以私人
名義致函財政總長李思浩，云：「國際聯合會定於九月七日開會，需
款孔急，茲特派員前往走領，務祈查照原案，即予照撥」。⑮李思浩咨
復應允，云：「查我國每年擔任國際聯合會會費為數過鉅，比年以來
財政奇絀，□付維艱，以致積欠較多，茲既經國務會議議決，由財政
部迅撥十萬元等因，應即由本部籌發，俾資應付」。⑮但是過了多日仍

---

⑮　〈國務會議議案——聯合會會費事〉，1925年7月22日，《外交檔案》03
　　-38/38-(1)。

⑮　〈收執政府秘書廳函〉，1925年7月24日，《外交檔案》03-38/38-(1)。

⑮　〈電駐義唐公使〉，1925年7月25日，《外交檔案》03-38/38-(1)。

⑮　〈函財政部〉，1925年7月30日，《外交檔案》03-38/38-(1)。

⑮　〈函財政部總長〉，1925年8月7日，《外交檔案》03-38/38-(1)。

未見撥付。而外交部又收到國聯辦事處轉來國聯催款函，🅖 於是再函催財政部云：

> 查聯合會催繳會費，迭准代表辦事處函電，均經本部先後轉達，迄未見復。又前經國務會議議決由貴部迅撥國幣十萬元，於本年開會前先繳一部份，由部派員往領，亦未照撥。茲准前因，相應函請查照核辦，希將繳費辦法函復過部，以憑轉復，並將國務會議議決之十萬元，迅撥過部，以便剋日匯歐應用，無任切盼。🅗

終是石沉大海。外交部見國聯第六屆大會召開在即，只好再催促財政部，提及「本年國際聯合會行政院非常任會員改選，曾電駐外各使館向駐在國請予贊助；頃准駐瑞士陸公使來電，瑞士政務部長雖允贊助，惟會費延付必為反對者藉口，務於開會前竭力籌付，免貽口實而受影響」。 再催財政部撥付已允照撥的十萬元，強調「現在國際聯合會大會定於九月七日開幕；我國積欠既巨，如不於開會前略加點綴，不但我國代表出席為難，誠如陸使所云，必為反對者藉口。為期迫切，用特再行函催，務請貴部即日照案如數撥付，以憑匯歐」。🅘 然而到大會開幕，財政部仍未撥款。9月10日，外交總長再致函財政總長，云：

🅕　〈財政部咨〉，1925年8月7日，《外交檔案》03–38/38–(1)。

🅖　〈收駐國聯代表辦事處七月廿四日公函〉，1925年8月17日，《外交檔案》03–38/38–(1)。

🅗　〈函財政部〉，1925年8月21日，《外交檔案》03–38/38–(1)。

🅘　〈函財政部〉，1925年8月31日，《外交檔案》03–38/38–(1)。

現國際聯合會業於七日開幕，而唐代表忽復電請辭職。電文雖謂因病不能赴會，然業經通告國際聯合會之款迄未繳到，實為重大原因；設或因此使代表難於出席，影響於國際地位至鉅；除已復電敦促外，務請台端以國際信用為重，力予主持，迅飭所司即日照撥，以憑匯歐。**⑮⑨**

結果仍無下文。當中國代表再詢問1923年欠費問題時，**⑯⓪**外交部只能復以：「一九二三年欠款，當設法分期陸續籌撥」。**⑯①**

於是國聯大會中，中國因欠費飽受攻訐；出席欠費分股代表報告稱：「該股長嗣稱一九二二年尾欠，務請在大會期內先行繳清，以便報告大會時措詞較易。至分期籌撥切要辦理，亦請答復」。**⑯②**外交部遂為此再提案訴諸國務會議，文曰：「我國欠繳國際聯合會會費，前經閣議，於開會前由財政部籌撥十萬元，未准照撥；無論如何應請財政部先將民國十一年尾欠七萬零二百八十餘元，即日撥交本部，以憑匯歐。」經國務會議議決照撥。**⑯③**外交部立即電告中國代表此結果，但強調閣議雖已通過，「惟財政部能否迅為照辦，尚難預定；除函催外，希查照先行致復」。**⑯④**另外去函財政部，強調國聯大會閉會在即，需款孔殷，「無論如何務請按照國務會議原案，將民國十一年尾欠，如數

⑮⑨ 〈致財政總長函〉，1925年9月10日，《外交檔案》03-38/38-(1)。

⑯⓪ 〈收日來佛朱王代表電〉，1925年9月15日，《外交檔案》03-38/38-(1)。

⑯① 〈電日來弗朱王代表〉，1925年9月17日，《外交檔案》03-38/38-(1)。

⑯② 〈收日來佛朱王代表十七日電〉，1925年9月18日，《外交檔案》03-38/38-(1)。

⑯③ 〈收執政府秘書廳函〉，1925年9月24日，《外交檔案》03-38/38-(1)。

⑯④ 〈電日來弗朱王代表〉，1925年9月24日，《外交檔案》03-38/38-(1)。

迅予即日照撥過部，以便趕匯至歐。」[165]終究仍是全無消息。外交部於10月28日再致函財政部，稱「茲准朱代表等電稱，籌繳十一年尾欠事，遵即通知聯合會，現大會業已閉會，款尚未到，務望速撥以維國信等語。相應再行函達貴部查照，務希速將十一年尾欠照撥過部，以便匯歐為荷。」[166]還是石沉大海，全無回音。

1925年9月，國聯第六屆大會通過有關欠費之議決案四款，請秘書長向會費尚未繳清及又無籌措繳納辦法之會員國催繳；並請秘書長將催繳之結果，於1926年6月向行政院報告，俾該院審查後報告於第七屆大會。會後國聯秘書長即依此決議正式向中國催請。[167]當時「關稅特別會議」正在北京召開，1926年3月外交部將此案提交國務會議，建議云：

> 年來國家財政異常竭蹶，迄今尚無清付辦法。現聞國際聯合會秘書廳以我國所欠會費過鉅，於會務進行頗多障礙，嘖有煩言；若不從速處理，恐國際信用不免大受影響。茲為根本解決起見，擬將前項欠費，交由財政整理會歸入無確實抵押外債項下彙案整理，其十五年以後會費，仍由財政部陸續籌付。[168]

國務會議議決照辦。[169]外交部遂致函財政整理委員會「即請查照辦理」。[170]然而北京又起政潮，4月19日，段祺瑞因內戰通電下野後，控

---

[165]　〈函財政部〉，1925年9月29日，《外交檔案》03-38/38-(1)。

[166]　〈函財政部〉，1925年10月28日，《外交檔案》03-38/38-(1)。

[167]　〈收朱代表一月十七日函〉，1926年3月15日，《外交檔案》03-38/39-(1)。

[168]　〈國務會議說帖〉，1926年3月15日，《外交檔案》03-38/39-(1)。

[169]　〈收國務院公函〉，1926年3月29日，《外交檔案》03-38/39-(1)。

制北京的張作霖與吳佩孚兩人，因政見不同，北京陷入無政府狀態。
遂由所謂「攝政內閣」攝行大總統職權，勉強維持局面；而吳佩孚支
持的顏惠慶及胡惟德兩內閣，皆不得張作霖合作，旋即垮臺。6月海
軍上將杜錫圭組閣，顧維鈞任財政總長；顧氏雖有心支持外交部，解
決國聯欠費問題，但是心餘力絀。而關稅會議也因政局不安，列強代
表藉口休會，無結果而終；北京政府以增收二五附加稅以改善財政狀
況的希望幻滅，解決國聯欠費的機會也隨之消逝。

　　1926年初，國聯秘書廳函請各國將所欠會費於6月底以前繳清，
國聯辦事處建議外交部云：

> 我國積欠會費為數甚鉅，前准大部酌定一九二五年以前舊欠，
> 歸入關稅會議整理內外債案內陸續清還，業經轉達國際聯合會
> 秘書長在案。此次催繳一九二六年以前會費，似宜分別答覆；
> 一九二五年舊欠為一宗，俟稅款撥付整理內外債時清繳；一九
> 二六年新費為一宗，九月大會以前酌繳若干，大會時宣布，似
> 尚不失體面。[171]

外交部依此建議與財政部商榷，函稱：「似可照代表處所擬畫，分舊
欠新費辦法分別答復。惟整理舊欠既尚需時，而撥付新費一層，勢難
再緩；現距大會為日無多，似應及早籌有切實辦法，庶免臨時食言，
重損國家信用。」[172]而財政部並無回覆。後國聯將繳付舊欠之限期，改

---

[170]　〈函財政整理委員會〉，1926年4月12日，《外交檔案》03-38/39-(1)。

[171]　〈收國聯代表辦事處四月廿八日函〉，1926年5月24日，《外交檔案》
　　　　03-38/39-(1)。

[172]　〈函財政部〉，1926年5月31日，《外交檔案》03-38/39-(1)。

為7月31日；⑰外交部再催財政部，稱「現在清繳欠費期限雖已展緩一月，但離大會愈近，非速有確定辦法，勢無以保全國際體面」。⑭當時中國正努力恢復行政院非常任院席，終於在7月匯付二萬美金，繳交1926年部份會費。⑮

　　7月上旬，國聯辦事處報告國聯秘書廳希望中國能於9月大會前清繳欠費，而中國運動再選入行政院已有九成把握，為免在大會中因欠費問題阻礙行政院選舉，再次建議致函秘書長將欠費分為新舊二宗，1925年以前舊欠，歸入關稅會議結束後整理債款項下清付；1926年新費於年內分期籌撥。⑯外交部依此建議函商財政部；終得財政總長顧維鈞同意，將國聯欠費分為新舊兩項分別籌款，並於7月31日提出國務會議，議決照辦；8月4日財政部將此結果函告外交部。⑰外交部遂通知國聯辦事處，云：「頃准財政部咨復，舊欠請財政整理委員會歸入無確實抵押外債項下彙案整理，新費經七月卅一日國務會議議決，由關稅實行增加二五附加稅，指撥緊急行政費項下支付等因，希查照，並轉達聯合會秘書長」。⑱

　　1926年9月國聯第七屆大會召開，當時共有10國積欠會費，中國獨欠4,667,881.94金法郎，占總數七成以上。⑲11日第四股開會討論

⑰　〈國聯代表處六月二日函〉，1926年7月15日，《外交檔案》03-38/39-(1)。

⑭　〈函財政部〉，1926年7月22日，《外交檔案》03-38/39-(1)。

⑮　〈收國聯代表處九日公函〉，1926年7月31日，《外交檔案》03-38/39-(1)。

⑯　同上。

⑰　〈收財政部咨文〉，1926年8月4日，《外交檔案》03-38/39-(1)。

⑱　〈電朱代表〉，1926年8月10日，《外交檔案》03-38/39-(1)。

⑲　〈國聯第七屆大會第四股報告〉，頁17～18，1926年，《外交檔案》03-38/13-(1)。

中國欠費問題；王景岐報告開會情形云：「眾以本年會費由海關二五加稅項下撥還，視為過空，要求中國允許在本年內再行籌撥若干，須實核數目，使報告大會時，於中國入院較為生色；岐允代達。……至民國十五年前欠款所擬辦法，眾尚無異議」。❿外交部於是又在國務會議中提案：「我國在年內最多尚能交出本年會費若干？」⓫閣議議決：「會費能撥若干，應由外交財政兩部會商籌撥」。外交部准此，致函財政部云：「本年內貴部尚能籌撥我國應繳本年聯合會會費若干」？並派員前往財政部面行接洽。⓬財政部函復稱：「查上項會費，本部業於本屆秋節撥發十五年秋節庫券面額十萬，應請貴部先行設法變價匯付」。⓭但是該項秋節庫券因無總稅務司副署，銀行界不願認購；十萬國庫券因無市價，形同廢紙。⓮杜錫圭內閣也因籌不出足夠款項，於中秋節前支付各機關欠餉，導致北京十三軍警單位包圍財政總長顧維鈞住宅，內閣因而垮臺。10月5日，北京政府改組，由顧維鈞出任外交總長兼代「攝政內閣」總理。

為舒緩國聯大會催款壓力，中國代表朱兆莘於會前建議外交部：「翻印《四庫全書》國際聯合會圖書館極欲得一部，可否以政府名義贈送？」⓯於大會期間又催問「可否向大會宣布《四庫全書》翻印竣後

❿ 〈收日來弗朱王代表十一日電〉，1926年9月12日，《外交檔案》03-38/39-(1)。

⓫ 〈國務會議說帖〉，1926年9月13日，《外交檔案》03-38/39-(1)。

⓬ 〈函財政部〉，1926年9月15日，《外交檔案》03-38/39-(2)。

⓭ 〈收財政部函〉，1926年10月5日，《外交檔案》03-38/39-(2)。

⓮ 〈國際聯合會會費案〉，未書日期，依內容推估應是1926年10月，《外交檔案》03-38/39-(2)。

⓯ 〈收日來佛朱代表四日電〉，1926年9月7日，《外交檔案》03-38/33。

即檢送一部?」❶❽❻再於閉會前函外交部稱:「大會各國代表對中國當選行政院後,所有積欠會費仍不切實清交,頗多責議。為緩和各方非難起見,已將國際聯合會圖書館歷年希望之《四庫全書》一部,本日在大會宣布,聲明俟翻印告竣始行寄贈」。❶❽❼外交部經與教育部接洽後,復函云:「茲準教育部復稱:翻印《四庫全書》一事,迄今尚未實行,俟翻印後,自當檢贈一部。至向大會宣布一節,應由該代表相機斟酌辦理」。❶❽❽朱兆莘會後報告稱:「本年恢復院席,會費既未繳清,贈書差強人意;遂於九月二十四日在大會宣布,時論嘉之」。❶❽❾

9月16日,第七屆大會行政院選舉,中國被選為任期二年的非常任會員。代表報告云:「當選後,欠費委員會謂:各國代表對中國入院而不繳費,嘖有煩言,力懇電催酌繳本年會費一部份,以便第四股報告大會時宣布。究竟年內能籌撥新費若干,請電示,俾轉達」。❶❾❶然而匯款終是未到,中國代表王景岐只好在第四股會議前,先向股中各重要分子預先疏通;但在會中仍受到抨擊,以中國「不惜浪費內爭,而獨於會費靳而不與」;王景岐反駁云:

中國政府及人民,切願國內秩序早日平復,斷無浪費長亂之理。

---

❶❽❻　〈收日來弗朱、王代表十七日電〉,1926年9月18日,《外交檔案》03–38/33。

❶❽❼　〈國聯代表辦事處快郵代電〉,1926年9月24日,《外交檔案》03–38/33。

❶❽❽　〈函國際聯合會代表辦事處〉,1920年10月28日,《外交檔案》03–38/33。

❶❽❾　〈收國聯代表辦事處十月九日公函〉,1926年12月15日,《外交檔案》03–38/33。

❶❾❶　〈收日來佛朱王代表十六日電〉,1926年9月18日,《外交檔案》03–38/39–(2)。

至積欠會費，中國始終承認，現正力籌清繳辦法，絕無賴債之心。顧現在所以無力即行清理者，究因財政困難，而關稅備受限制實為屬階。今討欠如此之急，中國亦以負債為不歉於心，將來如無法籌款清付，或不能不將關會所議決之三年後自定稅率一案，提前實行，以期財政難題早獲解決。[191]

結果該股議決：向大會報告，要求中國擬一國聯可接納之清繳積欠具體有效辦法。[192]

第四節　北京政府對欠費問題的應付 (1926～1928)

　　1926年9月25日，國聯第七屆大會通過兩個與中國欠費有關的議決案，其一為「大會請中國政府提議有效確實及國際聯合會可予容納之方法，藉償該國所欠之會費」。 其二為「大會請行政院對於不付國際聯合會會費國家之法律地位予以研究，以供第八屆大會關於此事之參考」。[193]此二議決案使中國欠費問題無可再拖，北京外交部受到沉重壓力，力謀解決之道。

---

[191] 〈收國聯代表辦事處十月九日公函〉， 1926年12月15日，《外交檔案》03-38/33。

[192] 〈國聯代表處快郵代電〉，1926年9月25日，及〈收國聯代表辦事處七日公函〉，1926年10月27日，《外交檔案》03-38/39-(2)。

[193] 〈收國聯代表辦事處十月十五日公函〉附件，1926年11月2日，《外交檔案》03-38/41-(1)。

一、第七屆大會後加稅籌款的努力

關於第一個議決案，10月6日外交部電國聯辦事處詢問：「報載聯合會曾通過一積欠會費議決案，並請求我國速定欠費辦法。……詳情如何盼電復」。[194]辦事處復電稱：「大會閉會日通過催繳各國欠費案，第三款要求中國擬定國際聯合會可以接納之清繳欠費具體有效辦法」。[195]不久，國聯秘書長也致函中國，正式通知七屆大會9月25日之議決案，並詢問中國之獻議，以轉達各會員國。[196]外交部將此情形函達財政部。[197]至於第二議決案，國聯辦事處報告稱：「我國將來萬一如因新舊積欠不能清理之故，牽連在會法律之地位，則於國際地位前途影響極大。擬請令下財政部剋期籌匯，俾資應付而杜後患」。[198]同時國聯秘書廳又通知1927年中國應攤國聯會費46股，計1,110,904.11金法郎；並催中國告知繳款日期。國聯辦事處建議將1926年欠費也歸入舊欠，以規避催款壓力，云：

> 所謂新費原指一九二六年言之，現屆冬月，尚無籌付消息，轉瞬即屆下年，似宜酌籌若干，趕於下年初春匯付，作為一九二七年第一期新費，全年分四期繳納；而將一九二六年所欠者歸

---

[194]　〈電日來弗朱代表〉，1926年10月6日，《外交檔案》03-38/39-(2)。

[195]　〈收日來弗王代表六日電〉，1926年10月7日，《外交檔案》03-38/39-(2)。

[196]　〈收國聯代表辦事處十月三十日公函〉，1926年11月27日，《外交檔案》03-38/39-(2)。

[197]　〈函財政部〉，1926年12月9日，《外交檔案》03-38/39-(2)。

[198]　〈收國聯代表辦事處十月九日公函〉，1926年12月15日，《外交檔案》03-38/33。

入舊欠，並擬定清付辦法，庶第八屆大會開會時，我國不至因新費拖延，舊費全無辦法，予人以抨擊之口實。是否有當，統乞大部酌奪見復為荷。 ⑲

外交部只能致函財政部，「即希查照見復以憑轉復為荷」。 ⑳

　　北京政府收到國聯秘書廳這兩個分別對舊欠與新費的催繳函，加以駐外使領經費也已拖欠一年半之久，無法再拖，必須找尋對策。首先商請北京公使團同意加收關稅；12月11日，外交部致節略給北京外交團領銜荷蘭駐華公使歐登科，歷訴中國積欠國聯會費及國聯屢次催繳情況後，表示：

　　現中國政府為維持聯合會會務起見，提議將現行賑災海關附加稅，期滿後繼續徵收一年，以充撥還本國積欠國際聯合會會費，及明年全年會費之用。已將該項辦法電知聯合會秘書長查照。再者我國駐外使領各館經費，每年約須三百餘萬元，前因尚未籌有的款足數每月撥匯之用，現已積欠至十八個月，為數既鉅，無從籌措，各該使領館人員亟待接濟；擬將前項附加稅展期一年所得之款，除撥付上述國際聯合會會費外，下餘之款儘數撥充駐外使領各館積欠經費，俾資維持。應請貴公使查照，希轉商各關係國公使，迅予贊同，並見復為荷。 ㉑

---

⑲　〈收國聯代表辦事處十一日公函〉，1926年11月27日，《外交檔案》03–38/39–(2)。

⑳　〈函財政部〉，1926年12月9日，《外交檔案》03–38/39–(2)。

㉑　〈照錄致首席和歐使節略〉，1926年12月18日，《外交檔案》03–38/39–(2)。

並電告國聯辦事處:「中國政府為履行九月二十五日大會議決案,請中國提出具體有效辦法起見,茲就海關稅值百抽五之外,俟賑災附加稅期滿之後,繼續加收五釐之附加稅一年,俾得撥還舊欠及明年會費之用」。 但因中國關稅未能自主,此項辦法必須公使團同意,才能實施;因此訓令國聯辦事處備具說帖,將此計劃告知國聯秘書長。❷

朱兆莘遵此指示,立即備妥一〈關於中國會費事國際聯合會秘書長致各會員國之說帖〉送達國聯秘書長,說帖中強調:「中國關稅現仍不能自主,上述辦法須先徵求駐北京外交團之同意;外交部業已致送照會矣。中國政府認為此為具體有效之辦法,必可獲聯合會之容納;一俟實行,則中國繳付聯合會會費一事自無困難矣」。❷ 12月中旬,秘書長與朱氏於面談時表示:「所加甚微可望實行,允即通告各駐使會員國。」❷ 不久,國聯秘書長即將中國此項說帖印送各會員國。❷然而北京公使團不同意外交部的提議,1927年1月7日,歐登科照復稱:「經本公使通知有關係各館者後,茲據復稱:貴部之提議未便同意」。❷ 於是此加稅償欠計劃胎死腹中。

外交部又設法籌款付新費;3月中旬於國務會議中提案,強調國聯七屆大會中,中國雖未因欠費影響在國聯的地位,然而年復一年積欠愈多,恐終難免於國際地位發生重大影響,必須籌謀解決之道。前

---

❷ 〈電日來弗朱代表〉,1926年12月12日,《外交檔案》03–38/39–(2)。

❷ 〈關於中國會費事國際聯合會秘書長致各會員國之說帖〉, 1926年12月16日,《外交檔案》03–38/40–(1)。

❷ 〈收日來弗朱代表十八日電〉,1926年12月19日,《外交檔案》03–38/39–(2)。

❷ 〈收國聯代表處公函〉,1927年1月9日,《外交檔案》03–38/40–(1)。

❷ 〈首席和歐使節略〉,1927年1月15日,《外交檔案》03–38/39–(2)。

經閣議議決：十五年以前積欠，仍由財政整理委員會歸入無確實抵押外債項下彙案整理外，其十六年以後會費，每年在二五附加稅項下撥付五十萬元。但二五附加稅徵收狀況不理想，「為維持國際信用與乎我國在聯合會之地位起見，擬請將本年度應付之會費，計國幣四十七萬一千四百餘元，自本年四月一日起，每月由關餘項下撥付國幣四萬元。倘不能按月撥付，則務在本年九月大會以前，先由關餘項下籌付十萬美金，以維國信。」[207]經閣議議決：「國際聯合會本年會費，在本年九月以前先付十萬美金，暫由海關設法借撥，俟將來於二五附加稅內應撥之會費，儘先撥還海關；交外交、財政二部及稅務處查照」。[208]24日，外交部准此決議致函財政部與稅務處，稱：「即希查照辦理，務於本年八月底以前如數照撥，以憑轉匯可也」。[209]

　　然而稅務處及財政部先後復函，以實際困難無法遵辦。稅務處函稱代理總稅務司易紱士(A. H. F. Edwardes)告以：「查海關稅收，本應先儘付還債賠各款之用，只以近來收數銳減，除付還債賠各款外，所餘諒必無多，用於付還整理案內各項公債之本息，不敷尚鉅，焉有餘款可以挪作國際聯合會會費之需」。是以擬由海關設法借撥國聯會費一節，委實力難遵辦。[210]財政部復函則質疑上年國務會議議決，民國十四年以前舊欠，交財政整理會整理，為何這次提案未經議及，就把十五年欠費也歸財整會彙案整理。[211]外交部只好再提出國務會議，以本年3月14日閣議已有將十五年會費也算積欠，由財整會整理之語；

[207]　〈國務會議議案稿〉，1927年3月14日，《外交檔案》03-38/40-(1)。

[208]　〈收國務院公函〉，1927年3月16日，《外交檔案》03-38/40-(1)。

[209]　〈函財政部、稅務處〉，1927年3月24日，《外交檔案》03-38/40-(1)。

[210]　〈收稅務處函〉，1927年3月31日，《外交檔案》03-38/40-(1)。

[211]　〈收財政部函〉，1927年5月14日，《外交檔案》03-38/40-(1)。

現財政部既然要求再經閣議確認，外交部只好再提出公決。㉒財政部又咨復外交部，云代理總稅務司呈稱「力難遵辦」。㉓於是以關餘項下優先支付國聯會費的計畫，也無法實現。

國聯辦事處也很關心繼續徵收賑災五釐附加稅，以還國聯舊欠並付新費之計劃，5月初致函外交部詢問進行情形云：「此項五釐附稅係已成之局，似不因開徵二五附稅而取消。事實上二五附稅，中央未實受其惠；則五釐附稅自應繼續加收，專充聯盟會費以符原議。否則九月大會討論拖欠會費問題時，必再遭欠費委員會之詰責，國際顏面，掃地盡矣」。並建議：「如恐各關係國對於繼續加收五釐附稅不予同意，似可由莘商請國際聯合會祕書長，密向各國接洽。是否可行，急候電復」。㉔6月12日外交部復電，告以續徵五釐附稅一事，因公使團不同意，不克實行。二五附加稅徵收情況也不理想，原計劃二五附稅由海關徵收，所得歸中央，每年分配五十萬元充國聯會費。結果因海關不願經手，各處附加稅悉為地方截留；北京政府可控制之東北各關，又因日本反對，多未能開徵。對代表辦事處之建議表示同意，云：「近年中央財政支絀達於極點，而對於會費一層，無日不在竭力籌畫。一再思維，似宜仍用海關附徵五釐附稅一法，為數不多較為切實易行。希先向祕書長接洽，俾密向關係各國政府疏通；俟有結果後，再由本部向使團正式提議」。㉕

朱兆莘於是在 14 日向國聯祕書長提出〈中國對聯合會會費案節略〉，概述中國財政狀況後，請祕書長支持附徵五釐附稅之計劃，密

㉒　〈國務會議議案〉，1927年5月28日，《外交檔案》03–38/40–(1)。

㉓　〈收財政部廿八日咨文〉，1927年5月29日，《外交檔案》03–38/40–(1)。

㉔　〈收國聯代表處六日公函〉，1927年5月28日，《外交檔案》03–38/40–(1)。

㉕　〈電日來弗朱代表〉，1927年6月12日，《外交檔案》03–38/40–(1)。

將此案提交在日內瓦聚會之各行政院會員，請其考慮。並強調「倘此
提案果能實行，非惟中國顏面於國際會議席上得以保全，且於聯合會
財政計畫上所獲之補救亦非淺鮮」。❷⑯秘書長將此節略轉交行政院各會
員考慮，然而各國多因中國政局變動，不願承擔同意北京加稅之責任，
得罪國民政府，故反對此提議。❷⑰10月中旬，國聯辦事處秘書長趙泉
報告稱：

> 查行政院之態度，以為第七屆大會關于中國欠費之議決案，並
> 非向中國索付欠款，實係請中國政府建議付款方法。朱前代表
> 既經代中國政府將欠費辦法建議於各會員國，行政院認為中國
> 業已經完全履行第七屆大會之決議。而國際聯合會秘書長及行
> 政院既已收到中國政府之建議，亦已履行大會所要求之義務
> 也。至中國政府所建議之辦法是否可行，國際聯合會是否收納，
> 則須第八屆大會解決之，而非國際聯合會秘書長或行政院所能
> 批評者也。❷⑱

　　北京外交部試盡各種可能，仍是無法籌得款項；而國聯第八屆大
會又將在9月開幕，付款壓力更為沉重。外交部於8月9日再提議案於
國務會議云：

---

❷⑯　〈照譯國際聯合會行政院中國代表朱兆莘本年六月十四日向聯合會秘書
　　長提出英文節略〉，1927年6月14日，《外交檔案》03-38/40-(1)。

❷⑰　〈收國聯代表處六月二十九日公函〉，1927年8月5日，《外交檔案》03-
　　38/40-(1)。

❷⑱　〈收國聯代表辦事處十月十五日公函〉附件〈中國積欠國際聯合會會費
　　情形節略〉，1927年11月2日，《外交檔案》03-38/41-(1)。

轉瞬九月大會又將到期，催索欠費問題勢必重復提起。查積欠
會費各國除我國外，係南美三四小國，而在欠費諸國中，我國
為首屈一指，久經世界注目；自加入行政院以來，國際輿論尤
屬嘖有煩言。茲政局肇新，萬方引領，國家地位首宜維繫；所
欠會費似應從速籌付。明知國庫艱難，司農仰屋，然國際信用
關係國家前途至深且鉅，要亦不能不勉予維持。似應於月內由
財政部先籌四萬美金交付過部，趕於本年九月開會以前，先行
匯繳；以期開會時得以稍資應付，是否有當，提請公決。[219]

閣議決定：呈明大元帥張作霖批准匯付中幣八萬元；[220]約合四萬美金，
匯付部份1927年會費。

二、第八屆大會前派遣代表與使費不足問題

北京外交部在國聯第八屆大會前竭力籌款，包括向外交團要求延
長賑災五釐附加稅，以支付國聯舊欠；結果被外交團拒絕。又在閣議
中要求以關餘支付新費，閣議已通過，而財政部以關餘不足拒絕照辦。
一年之努力，只成就紙面上的辦法，全無實效，轉眼第八屆大會又將
召開。大會前北京政府局面不佳，國民革命軍自1926年7月北伐，到
1927年3月已攻佔長江以南；4月南京國民政府成立，逐漸得到列強重
視。北京政府則經過一年無元首狀態，到1927年6月張作霖終於就任
軍政府大元帥，形成南北對峙局面。北京政府雖仍為形式上的中央政
府，但已是日薄崦嵫；中國駐外使節長期領不到使費，無法維持；加
以國民政府的新興氣象，不少使領轉而效忠南京政府。這種窘狀也反

[219]　〈國務會議議案〉，1927年8月9日，《外交檔案》03-38/40-(1)。

[220]　〈電日來弗王代表〉，1927年9月27日，《外交檔案》03-38/41-(1)。

映在國聯第八屆大會上。

　　原來代表中國出席國聯行政院的駐羅馬公使朱兆莘，一方面因與
國民黨關係良好，一方面因國聯辦事處經費困難，內鬨時起，朱兆莘
受不了秘書長趙泉逼迫經費；於7月離開國聯，投向南京政府。8月初
北京政府改派駐比利時公使王景岐出席國聯大會，但是王景岐也因使
費及欠費問題嚴重，於11日電外交部，稱必先解決開會經費及國聯會
費問題才願赴會，電文云：

> 為經濟問題毫無辦法，難決，仍候明示方有適從；蓋比館方面
> 挪墊俱窮，兼此重任更陷絕境。……次為開會經費，此時物價
> 飛漲，銀價屢跌，可否仍照上屆款額，預先全數電匯比國。又
> 積欠聯盟會費，上年已逾三兆金佛郎，屆時尤無以對，似應預
> 籌一款匯付，以杜藉口。行政院開會係九月一日，為期更促，
> 各節敬候核奪，賜予實行，早日電示，俾定行止。㉑

外交部16日電王代表稱：「本月九日提出閣議，趕於大會開會以前籌
付美金四萬元以資應付；財政部已允籌撥，特電查照」。㉒並函催財政
部云：「查行政院九月一日開會，為期甚促，籌付美金四萬元既經國
務會議議決，擬請貴部迅於本月二十五日以前籌撥過部，以便轉匯，
俾代表於開會時有所應付，而維國信」。㉓然後再電王景岐稱：「赴會
經費，當比照上年成案酌量。電匯會費事，本部已提出閣議，請於開
會前籌匯美金四萬元；財部允日內籌撥，撥到即匯」。㉔但是王景岐對

㉑　〈收駐比王公使十一日電〉，1927年8月12日，《外交檔案》03-38/40-(1)。

㉒　〈電日來弗王代表〉，1927年8月16日，《外交檔案》03-38/40-(1)。

㉓　〈函財政部〉，1927年8月16日，《外交檔案》03-38/40-(1)。

此安排並不滿意，也轉向南京國民政府，不再受北京外交部節制。北京軍政府臨時於8月26日指派駐葡萄牙公使王廷璋為出席國聯全權代表，並兼代理行政院代表。[224]

王廷璋係於1926年6月方由北京外交部交際司司長出使里斯本，為張作霖親信；出任國聯大會及行政院代表後，同樣受制於國內政局動盪，國聯辦事處經費不足，加上嚴重的國聯欠費嚴重，在第八屆大會前飽受強大壓力；並因此與外交部發生許多摩擦。1927年9月初，王廷璋一到日內瓦就面臨欠費及使領無錢之苦，國聯辦事處秘書長趙泉要求先墊8月份經費，及開大會預算萬餘元。[226]王廷璋3日電外交部表達駐外人員的困境，及身為中國代表之苦，云：

> 年來國內擾攘，使領同人備受痛苦，外交為體面官職，乃致形同告丐，非特無外交之足言，且近於辱國。廷璋使葡年餘，私產墊盡，其他可知。此次蒙大元帥知遇，派充國際聯合會行政院代表，明知欠費甚鉅，無敢接手，以璋之庸，寧易應付；第念國家榮辱，匹夫有責，故犧牲一切。[227]

6日，外交部復電安撫之，云：「使費部中正竭力籌措；惟南北亂事未息，本年關稅銳減，領事簽證本已釐訂詳章，現正與海關接洽」。[228]

---

[224] 〈電駐比王公使〉，1927年8月16日，《外交檔案》03-38/40-(2)。

[225] 〈國際聯合會第八次普通大會議事日程〉，1928年1月28日，《外交檔案》03-38/13-(2)。

[226] 〈收駐葡王公使十月廿九日電〉，1927年11月3日，《外交檔案》03-38/13-(2)。

[227] 〈收日來佛王代表三日電〉，1927年9月4日，《外交檔案》03-38/40-(2)。

　　然而外交部匯到開會經費太少，根本不敷使用，王氏十分失望，6日電部抗議，云：「歷屆大會代表費用有二萬餘元，此次廷璋事實上第一次代表大元帥，參列行政院，與各國外長周旋樽俎，乃荷匯到六百餘鎊，想僅敷電報費用」。❷❷次日又電部抱怨稱：

　　　　使費數月來裁員減政，所謂維持費半費皆不能繼續，無米難為
　　　　炊。最近歐報遍載中國駐外使節多半投南及窮困，好難覓得廷
　　　　璋其人赴行政院；……總之，廷璋此次遵命赴行政院，專為效
　　　　忠大元帥一人，冀在院與各國外長，代表帥座周旋友誼，他非
　　　　所知。若廷璋失敗，即大元帥外交失敗。至云委曲含羞，最好
　　　　請大部勸朱代表即日回任，或先將廷璋撤回。迫切陳詞，務乞
　　　　轉呈帥座為要。❷❸❶

　　7日，外交部再去電安撫云：「奉大元帥諭：該代表壇坫辛勞，殊堪嘉許；現值時局尚在紛紜之際，對外關係尤為重要，發表言論益宜慎密。至出使經費業經通盤極力籌措，并望安心任事。」❷❸❶又電稱：「使費確在力籌，領事照費與稅務司接洽進行，本屆開會經費當續籌若干撥匯，務望以國為重，勉維大局」。❷❸❷

　　王廷璋經外交部迭電後，心情稍為平復，8日電外交部轉呈大元帥稱：「電傳鈞諭，感激涕零，廷璋素忠帥座，此次趨赴行政院列席，

❷❷❽　〈電日來弗王代表〉，1927年9月6日，《外交檔案》03-38/40-(2)。

❷❷❾　〈收日來佛王代表六日電〉，1927年9月7日，《外交檔案》03-38/40-(2)。

❷❸❶　〈收日來弗王代表七日電〉，1927年9月8日，《外交檔案》03-38/40-(2)。

❷❸❶　〈致日來弗王代表電〉，1927年9月7日，《外交檔案》03-38/13-(2)。

❷❸❷　〈電日來弗王代表〉，1927年9月8日，《外交檔案》03-38/40-(2)。

專欲在世界外交行政最高席上，為我帥宣揚德政，茲幸英法德各外長交相推頌，使命已達。至發言太多，罪或應有，但國家代表須擁護國權，苟利於國，伏求見恕。」[233]但是使費不足的問題仍未解決，當北京政府勉力匯款繳交1927年份部分會費時，王氏甚且要求：「續匯到之七千元，可交弟作為維持現狀之用，應請大部即日逕電秘書長，稱多匯之七千元請交還原銀行，並電該銀行交璋手收方合手續等語；務乞陳准部長照辦為感」。[234]外交部急電阻止云：「部長諭，此次匯付會費中幣八萬元，經閣議決定呈明大元帥批准，未便變更用途；如執事用費不敷，究缺若干，可正式報部另籌匯」。[235]然而終因使費嚴重不足，大會之後，王廷璋報告稱：「賠墊過鉅，無力維持，返巴黎電請辭職」。[236]

三、第八屆大會中加稅籌款的努力

王廷璋抵日內瓦後為欠費及使費事周旋，除遊說列強准許中國加稅外，並提出收取領事證照費償付國聯會費及使領費的方案。9月3日電告外交部，稱與德國外長史特曼(Gustav Stresemann)會晤，彼謂：「中國之事無不極力贊助，國際聯合會欠費，固宜籌付，而中國外交官遠來受苦，亦不近情；彼當力向英外交總長疏通，准中國加稅應付」；又日本代表安達峰亦對王氏有類似的表示。王廷璋頗感樂觀，認為：

「是外交經費甚有眉目，務希密呈總次長鈞鑒，並轉呈帥座鈞鑒，並約同各參事司長一致襄助，俾竟全功」。又建議仿歐洲各國收取領事證照費以充外交經費之例，中國可變通由海關在各口徵收。[237]並偕趙泉秘書長往訪英國外長兼國聯行政院代表張伯倫，述及中國積欠國聯會費及駐外使領經費困難情形，請英外長予以協助，俾使中國實行領事照費，專為付償國聯會費及維持駐外使領費之用。英外長答稱：「此事可由北京政府與駐京英使蘭伯森及總稅務司接洽，以期覓得救濟辦法」。[238]王氏於是電外交部稱：「茲幸英德兩外交總長樂為贊助，懇鈞座即飭總稅務司從長計議，每年妥籌四百萬圓為外交及出使經費、國際聯合會經費，即日實行」。並強調其對欠費問題的意見云：「如本月杪國際聯合會欠費無著，大會提出懲戒時，璋當以代表資格宣示世界，正式退出聯合會，免辱使命，屆時於中外關係甚有影響」。[239]

外交部對欠費問題經多方努力，勉強爭取到部份款項，匯歐支付部份1927年會費；5日電告王氏稱：「聯合會會費由財政部撥到美金二萬八千元，本日經巴黎逕匯交聯合會秘書長，希轉知」。[240]次日又去電稱：政府對欠費向未漠視，然而嘗試過各種辦法都未能成功，指示王代表云：「歷屆大會討論欠費問題，均由代表委婉對付；本屆仍望詳查案卷，如會中提出欠費問題，希將一年來中國屢提具體辦法，未邀各國贊助之苦衷，婉為應付」。並告誡王氏曰：「退會一層，關係重大；吾國力爭院席非易，況退會仍須履行義務，在未得政府訓令以前，務

[237]　〈收日來弗王代表三日電〉，1927年9月，《外交檔案》03-38/13-(2)。

[238]　〈收國聯代表辦事處十月十五日公函〉附件〈中國積欠國際聯合會會費情形節略〉，1927年11月2日，《外交檔案》03-38/41-(1)。

[239]　〈收日來佛王代表三日電〉，1927年9月4日，《外交檔案》03-38/40-(2)。

[240]　〈電日來弗王代表〉，1927年9月5日，《外交檔案》03-38/40-(2)。

望出以謹慎，弗輕言退為要」。㉑

　　然而外交部所匯戔戔之數，對中國鉅額欠費不過杯水車薪，王廷瑋十分不滿，6日回電語氣惡劣，云：「國際聯合會欠費我為首席債戶，達五百餘萬金佛郎。……至匯來二萬八千美金，深知籌措不易，惟滄海一粟，何能將案取消，可謂無聊之極」。㉒接到外交部對欠費問題指示後，王氏更加不滿，7日復電語氣更為強烈，云：「六日電悉，欠費案牘早經熟閱，皆因多年敷衍致有今日。提議加稅，朱代表不能辦到，廷瑋便不宜試辦，然則朱使南附，廷瑋亦當效法乎？」對退會一事，王氏反駁稱：「院席非易得，誠如鈞言；彼史特曼每次來日來弗必獲如許權利以歸，獨吾國所得者僅羞辱二字。本年十二月中國主席甚有問題，張伯倫謂有玷尊嚴，明年更無重選希望；鈞電所云關係重大，究何所指，乞明白條示」。㉓後經外交部內好友多人去電安撫，心情才較平復。外交部8日再去電安撫云：「七日電具見愛國情□，惟措詞稍嫌忿激，奉諭未便轉呈帥座。現欠費一節，已向英德公使疏通，蘭使允即電張外長，不至令代表受辱」。㉔王氏復電云：「前電措詞忿激，誠弟之過，請總長原諒」；但王廷瑋仍主張應要求加稅云：「瑋此次係以欠費事求達加稅目的，故不應向英使疏通免辱，仍應要求加稅，方能繼續加入國際聯合會」。㉕

　　王廷瑋於是繼續進行運動加稅之事，9日電外交部云：「加稅案應速提出，並聲明該款專充國際聯合會及使領經費之用。」又建議：「聯

㉑　〈電日來弗王代表〉，1927年9月6日，《外交檔案》03–38/40–(2)。

㉒　〈收日來佛王代表六日電〉，1927年9月7日，《外交檔案》03–38/40–(2)。

㉓　〈收日來弗王代表七日電〉，1927年9月8日，《外交檔案》03–38/40–(2)。

㉔　〈電日來弗王代表〉，1927年9月8日，《外交檔案》03–38/40–(2)。

㉕　〈收日來弗王代表電〉，1927年9月9日，《外交檔案》03–38/40–(2)。

合會欠費達五百六十餘萬金佛郎，不宜全付，應由璋與秘書長及委員會商定分年攤付之法；至以後會費，似亦應商減，並要求權利」。❹⁶外交部對中國在國聯大會要求加稅則多所顧慮，較傾向於與相關各國私下接觸；派政務司司長朱鶴翔，往晤公使團領銜荷蘭公使歐登科，以國聯正討論中國欠費問題，籌商解決辦法；歐使應允相助，云：「此事除從海關方面設法外，別無辦法。從前商議延長賑災附稅，本使曾向各方竭力疏通，終以數國公使未能同意，致無結果，殊為可惜。目下既經閣下述告情由，本使當即與主要數國公使接洽，一面詢商總稅務司應如何找出籌款之路」。❹⁷外交部遂於14日電王廷璋，告以部中竭力接洽籌款情形，並指示王廷璋繼續與國聯秘書廳商談分年攤還舊欠及商減會費辦法。❹⁸王廷璋復電云：「籌商會使費事，和使已開始接洽，極配大部籌策苦心；廷璋不才，妄知所止，觸犯尊嚴，惶悚無狀，尚祈原宥。至攤還會費各辦法，當與秘書長熟商，最好海關先定每年撥付數目，方有商議根據」。❹⁹次日又報告：「和外交總長已電歐使，關於經費事力助」。⁵⁰外交部電復云：「十五日電悉，費事因總稅務司現請假出京，不日可回，俟和使與總稅務司接洽後再電告」。⁵¹然而由於關稅收入早已墊撥盡淨，沒有餘款可供國聯會費之用，此計劃未能有進展。

❹⁶　〈收日來弗王代表九日電〉，1927年9月10日，《外交檔案》03–38/40–(2)。

❹⁷　〈朱鶴翔往晤和領使紀略〉，1927年9月13日，《外交檔案》03–38/40–(2)。

❹⁸　〈電日來弗王代表〉，1927年9月14日，《外交檔案》03–38/40–(2)。

❹⁹　〈收日來弗王代表電〉，1927年9月15日，《外交檔案》03–38/40–(2)。

⁵⁰　〈收日來弗王代表十五日電〉，1927年9月16日，《外交檔案》03–38/40–(2)。

⁵¹　〈電日來弗王代表〉，1927年9月17日，《外交檔案》03–38/40–(2)。

王廷璋同時在國聯大會積極提出加稅案，請各國准許中國將五釐
(0.5%)賑災附加稅延長一年，或增收領事證照費，用以支付舊欠及繳
新費之用。第八屆大會中，第四股將中國欠費問題交欠費分股研究。
12日王廷璋電外交部報告開會情形云：「大會預算委員會今日開始聚
集；頃晤主席和蘭代表 Von Eysinga 面稱中國欠費案最好籌一解決之
法，且去年王石孫代表曾即席聲明向政府請定辦法，至今未定。璋答
以現正與政府接洽，請將該案緩至下星期討論」。㉒14日王氏未與外
交部商議，逕行在欠費分股中提清付中國欠費之兩具體提案；提案一
以續徵五釐賑災附加稅，提案二則請准中國臨時徵收數種領事證照費；
「俾得將其收入專充繳付會費及欠費，以及維持駐外機關之用。」希
望大會在兩提案中通過一個，「藉以輔助中國在困難情形及現狀中表
示熱忱贊助國際聯合會及其事業之努力」。㉓王氏報告外交部此提案於
17日在第四股會議通過；㉔並自認為是一大成就，云：「預算委員會
已通過加稅提案，是朱代表去年所未辦到者，現已全達目的；將由國
際聯合會通知在會各關係國政府，並派秘書長與中國代表商議清償舊
欠辦法；……並盼速在北京進行」。㉕王氏並電告北京外交部條約司司

㉒　〈收日來弗王代表十二日電〉，1927年9月13日，《外交檔案》03-38/40
　　-(2)。

㉓　〈收日來弗王代表二十日電〉，1927年9月21日，《外交檔案》03-38/40
　　-(2)；及〈收國聯代表辦事處十月十五日公函〉附件〈中國積欠國際聯
　　合會會費情形節略〉，1927年11月2日，《外交檔案》03-38/41-(1)。

㉔　〈收日來弗王代表二十日電〉，1927年9月21日，《外交檔案》03-38/40
　　-(2)；天津《大公報》，1927年10月9日，第2版。

㉕　〈收日來弗王代表十七日電〉，1927年9月18日，《外交檔案》03-38/40
　　-(2)。

長錢泰云：「階平司長鑒，加稅提案通過，非僅使費易籌，且與政治外交極關重要，我國自入國際聯合會來，此次提案為最好結果；貴司主持會政，當能諒察，務乞本悲天憫人之念，與昶雲兄速即進行，勿失機會，盼電覆。」❷❺❻20日錢泰復電稱：「會費事毅力進行至為欽佩，至加稅不屬弟司主管，現正由鳳千兄與和使進行，弟自當從旁贊助，昶兄處已將尊意轉告」。❷❺❼

外交部對王廷璋的作法頗有疑慮，擔心會招致國聯干涉中國內政；對提案內容也不甚清楚，19日去電詢問云：

> 加徵五釐附稅償還會費事，去冬係令朱代表將該項辦法通知聯合會，並請秘書長密向關係各國及列席關稅會議各國疏通實行，並非請會核准加稅；未知預算委員會通過案，究係如何措詞。如用核准加稅字樣，最好不再提出大會，因加稅係中國自主，除關係各國外，與其他各國無涉；且大部分小國於中國關稅本無置喙餘地，倘由會核准加稅，是自召聯合會干涉中國財政。❷❺❽

王氏復電辯駁，語氣強硬云：「來電所稱自召聯合會干涉中國財政，加稅係中國自主，除關係各國外等語，事理不明，文詞欠解，幸勿先加人罪，謹慎發言」。　次將提案內容漢譯後，再為自己的行為辯護，云：「上項節略並非請聯合會干涉中國財政，僅係一種精神上援助，俾大部易向北京關係各使商議加稅及籌款方法。案牘俱在，如大部出

❷❺❻ 〈收日來弗王代表電〉，1927年9月19日，《外交檔案》03–38/40–(2)。

❷❺❼ 〈電日來弗王代表〉，1927年9月20日，《外交檔案》03–38/40–(2)。

❷❺❽ 〈電日來弗王代表〉，1927年9月19日，《外交檔案》03–38/40–(2)。

爾反爾，使界同人自有公論，非璋所得而私」；並以要脅語氣稱：「此間黨員甚多，應付已難，如朱鼎使在南先行接洽加稅，大部切勿後悔，乞熟思之」。❷❺❾

王廷璋與外交部為使費及加稅等事屢起爭執，9月底起外交部不再與王氏接洽，轉與國聯辦事處趙泉秘書長連絡。10月12日，去電詢問趙泉有關王氏提案之詳情云：「本屆王代表在預算委員會通過之提案，據其原案似二種並提，一為千分之五海關附稅案，一為臨時徵收領事照費案，究竟通過者係屬何種，迄未據明白報告，希查照電復；並將當日議決案全文及會議錄寄部」。❷❻⓿13日趙泉復電，將其與秘書長接洽情形擇要報告，稱：「據云中國提案，預算委員會並未通過，惟予查照；曾請秘書長轉送會員國此函，日內分送，內容限於預算委員會之決議，似無偏重領事照費，渠並允為私人斡旋等語。」 大會議決案則稱:「大會請秘書長與中國政府繼續協商，以期規定清理欠費辦法，並報告行政院」。❷❻❶

國聯秘書長於9月24日將中國之欠費提案，分送各會員國；❷❻❷並函告中國駐國聯代表辦事處云：「嗣後各會員國對於中國提案如表示意見，自當隨時奉達」。❷❻❸10月15日，趙泉將此案始末詳情編成節略，

❷❺❾ 〈收日來弗王代表二十日電〉，1927年9月21日，《外交檔案》03-38/40 -(2)。

❷❻⓿ 〈電聯合會代表處趙秘書長〉，1927年10月12日，《外交檔案》03-38/ 41-(1)。

❷❻❶ 〈收日來弗趙秘書長十三日電〉，1927年10月14日，《外交檔案》03-38 /41-(1)。

❷❻❷ 〈收日來弗趙秘書長廿二日電〉，1927年10月23日，《外交檔案》03-38 /41-(1)。

函寄北京外交部；此節略之結論頗具參考價值，首先論國聯對中國欠費之態度，認為中國努力尋求付會費方法，並已提出大會；惟因所提辦法牽及中國內政及對外條約，國聯不便承擔責任，故暫不處理。次論王廷璋提案之利有三：

一、可以搪塞償付欠費。

二、可以利用此機，促辛丑約簽字列強准中國增加領事照費，以維持使領人員。

三、可在聯合會無形中引起修改中外不平等條約之討論。

再論中國應行防備者有二：

一、勿使會員國而非辛丑約簽字國對中國增稅事項因此得有干涉權。

二、勿使國際聯合會藉此對中國財政得有干涉權。

最後建議：「中國政府應利用清付欠費機會，要求聯合會秘書廳、勞工局，及國際法庭秘書廳增用不仇視中央政府之華人」。❷

　　此案牽涉頗廣，國內不清楚箇中原委；有報紙報導：9月17日國聯大會第四股「預算委員會」通過王廷璋提案——「增加關稅千分之五，以一年為期，專供歸還欠費及駐外使領經費之用」。並評論云：

　　　　王廷璋此次代表北京，出席聯盟，在大會雖未發一言，而暗中極為活動，屢謁各國外長，有所接洽，今通過還欠建議，即其一端。以還欠問題自身而言，似覺無甚異彩；然聯盟既接受北

---

❷　〈收國聯代表辦事處十月廿二日公函〉，1927年11月9日，《外交檔案》03–38/41–(1)。

❷　〈收國聯代表辦事處十月十五日公函〉附件〈中國積欠國際聯合會會費情形節略〉，1927年11月2日，《外交檔案》03–38/41–(1)。

京請求，是已予以精神上援助。苟列強贊成加稅，即不啻正式承認北京軍政府國際地位之先聲。獨是海關為北京管轄者，為直魯與東三省，其在南中，能否自由加稅以充彼外交經費，是固一公開之疑問也。㉖㊄

駐比公使王景岐雖已傾向國民政府，對國聯事仍極關心。10月22日函外交部，以中比條約已廢止，比國無權再過問中國關稅問題，「乃近聞國際聯合會本屆大會，我國代表團提議續收附加稅充作會費及外交經費問題，竟向比某代表接洽，京中亦曾派員向比使徵求同意。當以此事關係我國收回利權前途影響甚大，不應再行自啟干涉之端」。㉖㉖ 11月14日，外交部覆函表明其態度云：「查續收附加稅一事，本部僅電王代表將繳費辦法通知聯合會秘書長，未令向會提議。又外交經費係內政問題，部中從未令代表向會接洽。至在京派員向比使徵求同意一層，更無其事」。㉖㉗

王廷璋既因提案事與外交部齟齬，加以賠墊過鉅，辭去出席行政院會議中國代表一職。而國聯行政院12月院會將輪由中國主席，北京政府改派駐法公使陳籙出席。陳籙於11月底赴日內瓦，幾經周折終能在12月5日出任行政院第48次院會主席。開會之前，外交部去函指示對清償欠費的方針，一面爭取續徵五釐附稅，一面要求分年撥還及減繳欠費；函稱：

㉖㊄　天津《大公報》，1927年10月9日，第2版。

㉖㉖　〈收駐比使館十月廿二日公函〉，1927年11月5日，《外交檔案》03-38/41-(1)。

㉖㉗　〈復駐比使館公函〉，1927年11月14日，《外交檔案》03-38/41-(1)。

再四思維，以目前中國現狀，終以五厘賑災附加稅辦法較為切實易行。……擬請於行政院開會時，密託日本代表，請其致電該國政府予以贊同。一面將此案原委告知秘書長，託其密向日本代表疏通。接洽如獲結果，則五厘附稅即可續徵，庶對於繳費辦法可以切實履行。再，本屆大會曾通過一議決案，略稱大會請秘書長與中國政府繼續協商，以期規定清理欠費辦法，並報告行政院等語。查各國對於欠費辦法往往有分年撥還及減繳之舉；政府之意，最好分十五年或二十年陸續攤還，如能辦到減半繳還，或要求將以後會費減少更為妥協。[268]

同時，曾任國聯辦事處秘書長的條約司第一科科長周緯，於11月7日提出〈國際聯合會欠費解決方法意見書〉。先論欠費問題之嚴重性，曰：「年年困於欠費問題，每屆大會以此為質問之具，吾國赴會代表應接不暇，若捨此更無他案可言者；而部中籌款維艱，亦漸有窮於應付之勢。」若不及早設法解決此問題，「則來年赴會，仍將受其束縛。非特無繼續被舉入行政院之希望，抑且有被擯出會之險。苟如是，則中華民國之榮譽地位將一蹶不可復振矣。」然後提出解決之道三：

一、上策：乘機恢復關稅自主。

二、中策：援例免繳欠費，否則通知退會。

三、下策：要求再減會費，並分二十年或三十年攤還舊欠。

外交總長王蔭泰21日批示：「所擬頗有見地，交參司一辦公室審核」。參司辦公室擬：「請按照原擬上中下三策次第試行」。最後總長批示：「抄寄駐法陳公使參考，一面由部酌量情形次第進行」。[269]於是外交部

於28日將此意見書函達陳籙，供其參考。㉖

　　陳籙於1928年1月16日復函，稱國聯第八屆大會既已表示：「中國欠費問題如欲依照中國代表之提議謀解決,實非國聯職權上所應管。」建議稱：

> 該會既有此表示，日本出席行政院代表安達峰既非該國外交當局，我國國體攸關，似不便再請秘書長出而疏通接洽。又查我國財政近年萬分艱窘，分年攤還之辦法，未容輕出諸口，深恐到期不克清繳，反損國際信用。再四思維，誠如大部函示所云，惟請減繳會費之辦法為最妥協。但減費案照聯合會慣例，必須向大會提議；本年九月將開第九屆大會，除先期設法疏通外，屆時自當遵照大部來函，切實進行。㉗

外交部於2月20日復函稱：「即希尊處先期向各方面設法疏通，切實進行，俾下屆大會可以通過照減。再，舊欠會費如能一併商請核減，尤為妥協，統請酌辦為荷」。㉘3月21日陳籙復函，報告辦事處秘書長趙泉與國聯會計長接洽會費及欠費事狀況，並建議云：

> 茲據函報彼此問答詳情，經本代表細加研究，覺其中有兩要點

㉖　〈國際聯合會欠費解決方法意見書〉，1927年11月，《外交檔案》03-38/41-(1)。

㉗　〈函巴黎陳代表〉，1927年11月28日，《外交檔案》03-38/41-(1)。

㉘　〈收國聯代表辦事處一月十六日公函〉，1928年2月4日，《外交檔案》03-38/41-(2)。

㉙　〈致國聯代表處函〉，1928年2月20日，《外交檔案》03-38/41-(2)。

頗堪注意。一則清繳會費之事，須有按期清繳之把握方可進行，
否則有損國際信用，利害出入關係甚大。二則往年舊欠均已列
入該會預算，礙難遽請豁免。惟自減費之年為始，所有往年舊
欠或可妥商分期攤還等通融辦法。而到期應繳之費，實不便虧
短延欠。又按該會章程，請減會費事項，應在本年九月開大會
前三個月知照秘書長。我國對於按期照繳會費一節，如有具體
辦法，務祈迅賜核示，俾即備函正式知照該會。[273]

　　1927年12月14日，外交部又收到國聯辦事處公函，稱國聯秘書處
通知1928年中國應攤會費，並請從速繳納。外交部只能致函財政
部；[274]財政部仍是沒有反應。1928年2月下旬北京軍政府外交總長王
蔭泰辭職，在其辭呈中即強調引咎辭職原因之一即：「國際聯合會，
積欠會費至數百萬之多，譏訕迫索，情殊難堪。國家對外體制所關，
狀況至此，其影響於國際地位者，關係甚鉅。蔭泰職責所在，莫展一
籌，此引咎辭職者又其一也」。[275]5月25日，外交部因財政部全無回音，
而國聯又催詢該年繳費辦法，只好再函財政部稱：「茲准聯合會秘書
長函催前來，究竟我國對於本年應納會費，一次繳納，抑分四期，或
兩期繳納；現已夏季，亟須繳納，究須如何辦理之處，……即希查照，
迅予核復」。[276]並函告國聯辦事處稱：「業已函催財政部速定辦法，除

---

[273] 〈收國聯代表辦事處三月廿一日公函〉，1928年4月11日，《外交檔案》
03-38/41-(2)。

[274] 〈函財政部〉，1927年12月16日，《外交檔案》03-38/41-(1)。

[275] 〈王蔭泰辭呈〉，見《國聞週報》第5卷第8期，〈一週間國內外大事述
評〉，頁3。

[276] 〈致財政部函〉，1928年5月25日，《外交檔案》03-38/41-(2)。

俟復到轉復外，相應函復貴處，如聯合會秘書長再來催詢時，可逕答以中國政府對於本年會費，擬分四期繳納」。[477]然而一週之後，張作霖大元帥離開北京，不久國民革命軍進入北京，北洋政府傾覆，棘手的國聯欠費問題遂轉到南京國民政府手上。

小　結

中國自1920年加入國聯後，為提升國際地位，追求大國形象，與維持在行政院中的地位，承擔了與國力不成比例的高額費率。後來雖多次要求減費，得以減少會費成數，但仍是不勝負荷。結果除第一年能勉力如期繳交外，年年拖欠會費，越積越多，給北京政府及國聯秘書廳都帶來許多問題。對北京政府而言，由於政局動盪，財政困難，明知欠費嚴重影響國際聲譽，卻實在無力負擔鉅額國聯會費。1921年尚能勉力繳交半數；1922及1923年則只能把1921年的欠費繳清，另繳1922年的一小部份；1924年北京政府努力籌款，共繳了15萬美金，然而仍不能清償1922年之舊欠，遑論新費了。1925年更是全年未繳分文，舊欠新費越積越多。1926年勉強繳二萬美金，1927年盡力湊出三萬五千美金，只能充該年會費的零頭而已。從數字上看，北京政府似乎未盡到其國際義務，長年拖欠國聯會費。但是若由北京外交部始終看重國聯，用盡各種辦法籌款繳費，並在國聯中努力維持國家顏面的努力過程來考察，則可讓我們對「北洋外交」有更深刻的瞭解。

由北京政府對國際聯盟的重視程度來看，北京政府自欠費後，駐外代表不願受辱，建議乾脆退會；國內也有報紙在1923年行政院連任失敗後，主張退出國聯。但外交部都堅持不肯，寧願想方設法籌款繳

---

[477]　〈致國聯代表辦事處函〉，1928年5月24日，《外交檔案》03-38/41-(2)。

費，也要留在國聯。究其原因，早期是對國聯有期許，希望國聯能主持公理，改正中國所受不平等對待；其次是中國爭取到行政院席位後，國際地位攀升，更要珍惜此一舞臺。1923年底競選連任院席失敗後，仍是不願退會，主要因為退會固然能減少每年年費負擔，但並不能將舊欠勾銷；而且北京政府仍想再選入行政院。後期北京政府之注重國聯地位，與1926年得選入行政院有關；同時也因國民革命軍北伐，南北對峙，想要爭取國際承認。故北京政府雖在國聯承擔重費，更常因欠費飽受抨擊，既無虛名且未得實惠，仍是重視此國際組織，從未認真考慮要退出國聯。

由北京外交部籌款的努力看，外交部相當重視國際信譽與國家體面。然而外交部經費困難，必須依賴當政者支持與其他部門配合，才能從入不敷出的國庫中擠出款項，繳交在別的部會看來全無實惠的國聯會費。北京外交部經費由政費支出，駐外使領館則由關稅收入中的船鈔(Tonnage Due)項下支三成來維持；1920年加入國聯之後，新增支出如會費、國聯辦事處經費等，並無指定專款支應，全靠挪湊。1923年外交部曾計畫將國聯經費併入使費，統由關餘撥付，但遭北京外交團反對，種下年年挪湊支絀的窘狀；一但主政者稍不重視，或財政部、稅務處等部門不肯配合，外交部就束手無策。甚至於到北京政府傾覆前兩年，連一般政費都有問題；外交部本身長期欠薪，根本無力照顧駐外使領及國聯辦事處經費，對國聯會費及欠費更是心餘力絀。1926及1927年能挪湊二萬及三萬五千美元，繳交部份國聯會費，已是十分難能可貴了。國聯辦事處經費及駐外使館欠費，對中國在國聯的表現產生不小的負面作用。早期北京政府給出席國聯代表充足經費，在國際壇坫為國增光。後期中國代表本身使費不足，應付國聯催債之外，還要應付辦事處索款及種種抵制手段，內外交迫，處境堪憐。

由應付國聯催費的方法看，北京政府先是一再重申繳費的誠意，後來則要求減費，然而新費可減，舊欠仍在。北京政府初時能拖就拖，到1923年情形已相當嚴重，無可再拖，必須正視這個問題。當時主要財源只有關稅、鹽稅，都受到外力控制。外交部在1923年提出閣議，由鹽務稽核所特別準備金中支付部份舊欠、新費及辦事處經費，然而未能成功。到1925年，則寄望於「關稅特別會議」能順利允中國加徵二五附加稅；遂向國聯提出解決辦法：將舊欠歸入「無確實抵押外債」中，由「財政整理會」處理；新費則由二五附稅下指撥緊急行政費。然而關稅會議因故中止，此計劃成為畫餅。1926年底中國代表提議將賑災五釐附加稅延長一年，支付國聯欠費及使費，要求國聯秘書長支持並遊說相關列強同意。卻因北京外交團中有人反對，未能實現。到1927年，外交部再將1926年欠費列入舊欠，新費則向國聯大會重新提議延長賑災附稅，或加收使領證照費來支付。外交部傾向前者，但因中國內戰，南北對峙，列強不願介入內爭，承擔加稅責任，藉辭拖延。國內也有人主張關稅自主，不應要求列強同意加稅反對此議。總而言之，北京政府對國聯欠費始終重視，並無存心賴債之意，用盡辦法不能成功，直到北京政府結束，國聯欠費問題始終無法解決。

由中國出席國聯代表所受壓力及表現看，中國代表因欠費，多視出席國聯會議為畏途，平日要應付秘書廳催款信函；開大會時更要面對第四股預算股，及其下之欠費分股的壓力；強顏應付之外，還要用贈送《四庫全書》等空頭支票來暫時舒緩壓力。一面擔心因欠費影響到中國在國聯的法律地位，一面卻又要維護國家主權，不讓國聯干涉內政；出席國聯代表常與外交部處於緊張狀態，終於發生1927年王廷璋與外交部的齟齬。

就國聯而言，中國欠費問題也很棘手；中國高居欠費國榜首，影

響國聯會務正常運作。國聯除不斷催討之外，還要求中國提出具體償欠辦法，並以檢討欠費國法律地位對中國施壓。然而中國當時國際地位特殊，國家主權受不平等條約束縛，北京政府想以加徵關稅來繳交會費，公使團不答應，國聯也沒辦法。國聯既不能干涉中國內政，又不能侵及對華條約列強的既得利益；只能承認中國有繳款及償欠的誠意，讓問題拖下來。最後留給南京國民政府一個爛攤子，到1930年才達成解決的辦法。

第五章　中國與國聯專門機構的關係

　　北京政府時期中國與國際聯盟，除大會及行政院外，對其他機構也都有參與。國聯秘書廳為國聯唯一常設辦事機構，總理事務，接洽萬端；北京政府時期中國在國聯秘書廳的參與很有限，但已是在國際組織中有工作人員的開端。另外為處理國聯事務，北京政府在歐洲設有「中華民國國際聯合會全權代表辦事處」，與國聯秘書廳保持聯繫，處理經常性事務，並襄助中國代表出席國聯各種會議。這是中國於國際組織常設辦事處之始，有其特殊意義及重要性。

　　國聯附設有多種專門委員會，集各類專家，輔佐行政院及大會研究討論並建議各項專門技術問題，其職務及成績極為繁重。1920年代中期計有：1.經濟財政委員會；2.交通運轉技術顧問委員會；3.衛生委員會；4.智育互助委員會；5.禁運婦孺委員會；6.禁煙委員會；7.放奴委員會；8.軍事顧問委員會；9.軍事混合委員會；10.修改盟約委員會；11.編纂國際法典委員會；12.監察預算案委員會；13.建築工程委員會。另有短期調查委員會，如：薩爾政府委員會；國聯高等委員，如：但澤自由市高等委員、救濟難民高等委員、監督奧匈財政兩高等委員。❶以上國聯專門機構中，在北京政府時期，與中國關係較密切者首推「禁煙委員會」與「編纂國際法委員會」，其次為裁減軍備各會議及「智育互助委員會」；其他委員會及各種會議與中國均無大關

---

❶　周緯〈國際聯合會之組織經過及吾國六年參與會務情形述要〉，《外交公報》第64期，頁（專件）20～23。

聯，北京政府僅派員與會聊備一格而已。此外，國際法庭及國際勞工組織，雖非國聯內之機構，但與國聯關係密切，同屬歐戰後維護國際和平架構中重要的一環，可稱為廣義的國際聯盟的一部份；中國對此二機構也都有相當程度的參與。

第一節　中國與國聯秘書廳及駐國聯代表辦事處

一、中國對國聯秘書廳的參與

國聯秘書廳依盟約第六、七兩條規定，設於國聯所在地日內瓦。設秘書長一人，幫秘書長一人，副秘書長二人；其下分科辦事。各科仿大會各股分門理事，名目繁多，1920年代中期計有：1.法律科；2.政治科；3.經濟財政科；4.行政科；5.交通轉運科；6.代治制度科；7.軍事科；8.衛生科；9.社會問題科（禁煙及保護婦孺）；10.智育互助及國際事務局科；11.公布科；12.理財預算科；13.庶務科；14.案卷科；15.人員科；16.編譯科；17.印刷科；18.公報科；19.起草科；20.藏書科；21.條約註冊科等。共有三十餘國籍職員四百六、七十人。❷北京政府時期中國在國聯秘書廳工作者很少，地位較高的只有外交部參事嚴鶴齡曾任禁煙股主任，其他數人只是低階辦事員而已；在秘書廳中，與中國所分攤的會費及在行政院中的代表性相較，實在不成比例。

中國代表團在巴黎和會閉會之際，因未得行政院非常任院席，曾向英、法等方面要人推薦三人入秘書廳裏理會務。後國聯秘書長於1920年9月函聘其中之外交部參事、巴黎和會專門委員嚴鶴齡「入會

---

❷　同上，頁16～19。

辦事」。❸嚴鶴齡攜方、唐二秘書於9月22日離滬，10月31日抵日內瓦；❹1921年初正式受聘入秘書廳，專門辦理禁煙問題。❺5月國聯「禁煙委員會」第一次會議前後，嚴氏多次提供消息給中國委員參考。❻嚴氏於9月奉調為華盛頓會議中國代表團秘書長，華會後又回國籌備關稅特別會議事項；初向國聯秘書廳請假，終於辭職，前後在秘書廳任職不到一年。顧維鈞本身也於1922年初匆匆回國，「未及另薦他員入廳接替，以致秘書廳禁煙股主任一席為英人攫去」。❼唐在復接任中國出席國聯總代表及行政院事務後，曾函薦樓光來及夏奇峰二人入秘書廳；後樓氏先行回國，夏奇峰則於1923年初入秘書廳公布科為暫用人員，次年進為試用人員，任第二級科員。夏氏又介紹鄭鎏鎏入秘書廳為速記生，受其節制。❽

　　1923年9月國聯第四屆大會中國失去院席後，駐奧地利公使黃榮良函外交部表示憤慨，並建議調整對國聯政策五點意見，其中之一即

❸　〈國務院公函〉，1920年9月1日，及〈嚴參事呈〉，1920年9月15日，《外交檔案》03-38/42-(1)。及周緯〈國際聯合會之組織經過及吾國六年參與會務情形述要〉，《外交公報》第64期，頁（專件）19。

❹　〈發巴黎岳代辦電〉，1920年10月4日；〈收駐法岳代辦十五日電〉，1920年10月17日，《外交檔案》03-37/4-(4)。〈收瑞京嚴參事廿八日電〉，1921年1月31日，《外交檔案》03-38/44-(1)。

❺　〈發公府秘書長公函〉，1921年1月7日；及〈收日來佛嚴顧問十二日電〉，1921年3月17日，《外交檔案》03-38/44-(1)。

❻　會前嚴鶴齡報告英國《泰晤士報》攻擊中國種煙普遍，見〈收聯合會嚴秘書三月十九日來函〉，1921年5月11日，《外交檔案》03-23/118-(2)；另詳見本章第二節。

❼　同註❶，頁19。

❽　同註❶，頁19、20。

云：

> 一、要求派員加入秘書廳。該會秘書廳男女職員初不限定任何
> 國籍，凡屬與會之國均得請其位置。日本除佔副秘書長一席外，
> 尚有男女職員數人；其他與會各國，大都有數席位置。去年在
> 會時，將樓隨員介紹，結果雖不知曉，然在當時該廳並未有拒
> 絕之意；現在似應向該廳要求，位置不必拘定，人數不可過少；
> 此舉不僅藉作耳目以通聲氣，亦且與國有光也。❾

外交部收到黃榮良關於國際聯盟條陳後，對其中要求派員加入秘書廳，
感到「似多可採之處」。條約司遵照批示擬具進行辦法中亦云：

> 查與會各國在秘書廳中，大都佔有數席位置，而我國獨抱向隅，
> 似非聯合會力求大同之意。且聯合會於我國禁煙、俄國難民等
> 問題，向均視為重要，而秘書廳中并無接洽之人，不免諸形隔
> 膜。是為聯合會本身辦事計，亦宜酌用中國人員，以資協助；
> 此事……秘書長有承諾之全權，似可電知唐代表，令其即日提
> 向秘書長要求，并將擬派人員先行酌定。❿

但未見有任何進一步的行動。1927年10月，駐國聯代表辦事處秘書長
趙泉，在向外交部報告國聯第八屆大會中國欠費問題時，也在結論中
建議：「中國政府應利用清付欠費機會，要求聯合會秘書廳、勞工局，

---

❾ 〈收駐奧黃公使十月廿三日函〉，1923年11月16日，《外交檔案》03-38
/35-(2)。

❿ 〈條約司呈〉，1923年12月，《外交檔案》03-38/35-(2)。

及國際法庭秘書廳增用不仇視中央政府之華人」。⓫然而在北京政府傾
覆前，國聯秘書廳並沒有增聘華籍職員。

二、中華民國國際聯合會全權代表辦事處

國聯會址在瑞士日內瓦，大會、行政院會議、各種專門委員會也
大多開會於此，是故各會員國為便於聯絡溝通，並隨時就近支援本國
代表出席各項會議，相率設置常駐日內瓦機關，辦理該國與國聯之一
切交涉；並依國聯盟約第七條規定：「聯合會會員之代表及其辦事人
員，當服務聯合會時，應享外交上之特權及免除」。北京政府亦設有
「中華民國國際聯合會全權代表辦事處」，平日負責與秘書廳聯繫，
開會時是中國出席國聯各會議代表的幕僚，為中國與國聯往來的重要
橋樑。但在北京政府時期，該處辦公場所常有變動，編制人事也有變
化。

國聯第一屆大會開會之前，顧維鈞斟酌需要，擬在日內瓦設置中
國代表團常川辦事處。1920年9月26日自美京華盛頓電外交部稱：

> 會務紛繁，不得不稍事組織，茲經與唐使接洽，擬在歐設立各
> 代表總辦事處，庶幾內外接洽均較便利。該處擬分研究與秘書
> 兩股；研究專用富有專門學識人員，分任我國預備提出各種問
> 題，並擔任提案起草編譯等事。秘書股派秘書長一人，常川駐
> 紮，秘書數人，就各館館員中酌調兼任，或酌量另派，分辦中
> 西文牘接洽報界等事。所需費用，計代表三人及辦事處薪津、
> 旅費、電報、公寓、交際、秘密等費，經參照和會辦法，斟酌

⓫　〈收國聯代表辦事處十月十五日公函〉附件〈中國積欠國際聯合會會費
　　情形節略〉，1927年11月2日，《外交檔案》03–38/41–(1)。

　　瑞士貨幣價值，竭力從省，估計每月約需國幣兩萬五千元。⑫

　　外交部將第一年應攤會費及設立國聯辦事處所需經費，提交國務會議；10月初閣議通過：「應由財政部籌撥」。⑬顧氏遂於11月1日成立辦事處於日內瓦，以岳昭燏為秘書長，規模甚為完備，其組織與職掌如下：⑭

總務處

收發科——朱保倫、楊永清

　　駐會收發員——朱保倫、金問泗

漢文科——孫祖烈

---

⑫　〈收駐美顧公使廿六日電〉，1920年9月28日，《外交檔案》03-38/42-(1)。

⑬　〈收國務院八日公函〉，1920年10月9日，《外交檔案》03-38/42-(1)。

⑭　〈收國際聯合會全權代表辦事處九年十一月十三日公函〉，1921年1月4日，《外交檔案》03-38/42-(1)。據同一文件，全權代表辦事處調用人員及各員到差日期清單如下：

秘書長　岳昭燏（尚未到差）

秘書處
{
幫辦秘書長　魏文彬、宋善良——11月1日到差

秘書　楊恩湛、孫祖烈、金問泗——11月1日到差

　　　趙　泉、程錫庚——尚未到差

宋春舫（11月8日到差）、胡世澤（11月13日到差）

隨員秘書處辦事　朱保倫、莊　启、楊永清——11月1日到差

主事　孟憲承（11月1日到差）、張其栻（11月10日到差）
}

專門委員——陳友仁（11月1日到差）、周　緯（11月10日到差）、刁敏謙（尚未到差）

　　文電——孫祖烈、楊恩湛、莊　启

　　報告——金問泗

　　譯電——孟憲承、張其械

　　繕寫——孟憲承、馬宗融、黃仁浩

　　檔案——孟憲承

洋文科——魏文彬

　　文電——魏文彬、宋善良、趙　泉、胡世澤

　　譯電——楊永信、孟憲承

　　會晤錄——魏文彬、宋善良、胡世澤

　　議事錄——周　緯、宋春舫、趙　泉、金問泗

　　探訪——魏文彬、宋善良、周　緯、胡世澤

　　繕寫——楊永清、又雇員

　　圖書檔案——朱保倫、趙　泉、金問泗（暫代）

翻譯科——周　緯

　　漢英文——金問泗、宋春舫

　　漢法文——胡世澤、宋春舫

　　英法文——周　緯、朱保倫、宋春舫

庶務科——楊恩湛

　　會計支應——楊恩湛、莊　启

　　報銷——楊恩湛、莊　启

　　雜務——楊恩湛、宋春舫、楊永清、張其械

報務科——陳友仁

　　接洽國內報界——莊　启

　　接洽英美報界——陳友仁

　　接洽其他報界——宋春舫

　　閱報——宋春舫

交際科——宋善良、宋春舫、趙　泉、楊永清（暫代）

　　謙會

　　謁訪

　　招待

研究處

　政事科──金問泗、趙　泉

　　聯合會組織

　　條約

　　託治

　　山東問題、廿一條問題

　　租借地

　　租界

　　勢力範圍

　　種族平等

　軍事科──梁上棟、吳　晉

　　海陸

　　航空

　　裁兵

　　取締軍械軍火製造

　　撤兵

　司法科──刁敏謙、朱保倫（暫兼）、張其械

　　國際法庭

　　公斷

　　調停

　　治外法權

　經濟科──程錫庚、魏文彬（暫兼）

　　聯合會預算

　　經濟封鎖

　關稅問題

交通科——胡世澤、周　緯

　國際交通

　郵政

公益科——趙　泉、周　緯（暫兼）

　聯合會擔任多項公益事業

　禁煙——金問泗

　　國聯辦事處雖已組成運作，但事屬創舉，正式設立的過程並不順利。直到中國當選行政院非常任會員後，12月22日顧氏電催外交部，云：「請速定議在日來佛設立常川機關與聯合會秘書廳接洽辦事，並請按月撥匯經費二萬五千元」。❺外交部政務司於29日復電稱：「日來弗常川機關既有設置之必要，自應仿照各國辦理；希將組織情形報部備案，並通知聯合會秘書處，以資接洽」。❻後因顧氏被任命為出席行政院代表，並赴倫敦就任駐英公使，以便就近參與國聯各項會議；辦事處遂附設於倫敦使館，規模也縮小許多。顧氏於1921年1月27日抵英，隨即電外交部稱：「代表辦事處常川機關現經組織就緒，派趙泉常駐日來佛，就近與秘書廳隨時接洽。並派周緯等七人分任研究，為討論便利起見，均令暫隨赴英」。❼據周緯報告稱，中國駐國聯代表辦事處設立之初，並非為明令添設之機關，不過暫時試辦之處所，附設於英使館。斯時顧維鈞之意，係欲特別創設一種技術專門人才機關，

❺　〈照錄葉景莘條陳〉，1921年1月7日，《外交檔案》03–38/42–(1)。

❻　〈發顧代表電〉，1920年12月29日，《外交檔案》03–38/42–(1)。

❼　〈收顧唐代表由法京二十四日來電〉，1921年1月29日，《外交檔案》03
　　–44/55〈聯合大會案〉。

以應外交需要；故特別將辦事處分為研究與秘書兩處，而偏重研究一門，專派留學歐美畢業專門技術人才為研究處人員。其資格較深者，名之為專門委員，年齡較幼者稱之為專門秘書；斯時研究處人員計有魏文彬、周緯、刁敏謙、程錫庚、胡世澤、金問泗、趙泉、孟憲承、樓光來諸人。所有中國各項提案及國聯中各項政治、法律、經濟、財政、交通轉運、軍事、代治、禁煙、衛生等專門問題，均交研究處各員分門研究，以備採擇，各項譯文、函牘、演說、提案等件，亦均由研究處各員起草。秘書處則擔任中文函牘及保存文電經理會計等項，由楊恩湛任主任。 **⑱**

國聯辦事處初設時並非正式機構，問題較多，加以1921年底顧維鈞奉派為中國出席華盛頓會議代表後，以駐義公使唐在復代管行政院事；1922年3月9日顧氏於華會後返歐接管，隨即奉召於3月底歸國，仍請唐在復代管行政院事。唐氏才能聲望不如顧氏，加以財務困難，唐氏以「才力財力兩不克勝」，屢次請辭。 **⑲** 顧、唐二氏幾經協調，終於在30日電外交部稱：唐氏暫代國聯事務，費用由顧氏籌墊，其餘待顧氏到北京面商。 **⑳** 然而到4月底經費又告用罄； **㉑** 唐氏屢催顧氏回任。 **㉒** 顧維鈞於5月回到北京，8月出任外交總長；9月28日呈准大總統頒布「全權代表辦事處組織章程」。 依此章程，國聯辦事處為雙館

---

⑱　同註**❶**，頁30、31；及金問泗《從巴黎和會到國聯》（臺北：傳記文學，1967），頁6。

⑲　〈收駐義唐公使電〉，1922年1月14日；及〈收英京唐代表電〉，1922年3月24日，《外交檔案》03-38/15-(1)。

⑳　〈收顧公使唐代表電〉，1922年4月2日，《外交檔案》03-38/15-(1)。

㉑　〈收英京唐代表電〉，1922年4月26日，《外交檔案》03-38/15-(1)。

㉒　〈收英京唐代表電〉，1922年6月17日，《外交檔案》03-38/15-(1)。

制度，組織如下：㉓

　　全權代表三人——由外交部呈請大總統就富有外交經驗資望人員或現
　　　　　　　　任駐外各公使中簡派充任或兼任。
　　辦事處——秘書長一人，一等秘書充任。
　　　　　　二等秘書二人
　　　　　　三等秘書二人
　　　　　　隨員　　二人
　　　　　　主事　　二人

所有人員俸薪待遇均比照使領館人員辦理，於是辦事處成為正式組織；
唐在復也由代改為署，並將辦事處自駐倫敦使館遷到駐羅馬使館。㉔
另外，為處理與國聯秘書廳往來文件，及隨時接洽事務方便以免隔閡，
在日內瓦設有常駐人員。起初派趙泉挈眷常駐，旋因趙氏須赴英館繼
續專任管理案卷事項，而國聯英、法兩文兼用，常駐人員能兼通兩文，
接洽聯絡應酬較為便易，顧維鈞乃改派二等秘書周緯挈眷常駐日內瓦，
與秘書廳、國際勞工局及他國代表團，以及報界政界各方面常川接洽；
並隨時承奉代表命令探詢各項要案，及接洽不克與各方用函電來往之
事件。至國聯所有各種案卷，亦就地收藏全份，以備參考。並屢次奉
派就地出席各種國際會議。周緯於1926年奉派回部任事，改由趙泉任
國聯辦事處秘書長，常駐日內瓦。㉕

㉓　〈制定國際聯合會全權代表辦事處組織章程令〉，1922年9月28日，《外交
　　公報》第17期，（1922年11月），頁（法令）1、2。

㉔　同註❶，頁31。

㉕　同註❶，頁29。

1923年9月國聯第四屆大會，中國在行政院選舉中失利，唐在復曾電部請示是否仍舊保存辦事處。外交總長顧維鈞指示應予保存，惟減派二等、三等秘書、隨員、主事各一人，稍謀減政而仍留存一大館人員制度；至組織章程並未更易。[26]10月駐奧地利公使黃榮良函外交部，條陳調整對國聯政策五事，其中兩點與辦事處有關，為：

> 一、實行簡派專員充任代表。向來各國代表多以現任大使公使兼充，因陋就簡，一時權宜，世人已有非之者；……似應將代表三席，悉數專簡；萬不得已，亦當專派一員，庶平時先操運籌帷幄之良謀，臨時方收樽俎折衝之奇效。
>
> 二、辦事處用人宜有標準。凡事得人則舉，不得人則廢，現在辦事處人員固多英俊之選，無可非議；如果將來不在會，則是皮已不存，毛將焉附，直不成問題；否則此項人選似可不分畛域，不限一途，但求一人有一長，如對外洋文精通，口才伶俐；對內曾經辦理交涉，歷有年所，而確能熟習例案；不可以姑且嘗□之人，任此莫可輕忽之事。庶幾代表等能收指揮若定之效，而成眾擎易舉之美。[27]

這兩點雖未得外交部採納，但可看出當時國聯辦事處人事狀況並不理想。

1925年春末，外交部增派辦事處二等、三等秘書、隨員、主事各一人，仍恢復1922年原定雙館制度。是時原任秘書長王曾思回部辦事，

---

[26] 同註[1]，頁31。

[27] 〈收駐奧黃公使十月廿三日函〉，1923年11月16日，《外交檔案》03-38/35-(2)。

外交部改派周緯為辦事處一等秘書，充任秘書長，仍暫駐日內瓦。旋派張其棟、許念曾為二等秘書，原任顧樹森及錢王杰為三等秘書，陳定、方寶均為隨員，朱樹星、羅世安為主事。9 月初第六屆大會行將開幕，唐在復總代表因病辭職，北京政府改任朱兆莘攝行總代表事務。㉘大會將結束時，朱兆莘電外交部請示稱：「大會定本月二十六日閉會，所有結束會務，編製報告等事，頭緒紛繁。唐代表因病不允繼續負責，代表辦事處應否在日內弗賃屋辦公，抑暫移倫敦，以另委首席代表接收，急候示遵」。㉙兩日後，再電部請示：「唐代表來電辭意堅決，不允繼續負責，辦事處既不能再遷羅馬，莘與各職員行止未定，待命旁皇」。㉚外交部指示：「代表辦事處即暫移倫敦使館辦公」。㉛朱氏遵部令照辦，㉜於是國聯辦事處暫移倫敦，遷回舊址。唐在復電調秘書長周緯赴義趕辦交代事項，10月中旬，由周緯親齎印信關防及歷年要案文牘兩大箱，由義赴英，面交朱兆莘收訖，周緯仍返回日內瓦供職，其餘人員均先後自義到英辦事。未幾唐在復辭去駐義公使職，外交部改派朱兆莘駐羅馬，並發表特派新任駐英公使顏惠慶兼任國聯代表辦事處常川總代表一職。㉝

　　顏惠慶因故並未赴英倫就任，國聯辦事處旋又遷至日內瓦。㉞

㉘　同註❶，頁31、32。

㉙　〈收日來佛朱王代表電〉，1925年9月25日，《外交檔案》03–38/12–(2)。

㉚　〈收日來弗朱代表電〉，1925年9月27日，《外交檔案》03–38/16–(2)。

㉛　〈發日來弗朱代表〉，1925年9月28日，《外交檔案》03–38/12–(2)。

㉜　〈收日來佛朱代表電〉，1925年9月29日，《外交檔案》03–38/12–(2)。

㉝　同註❶，頁32。

㉞　國際勞工局中國分局編《國際勞工組織與中國》（上海，1939），頁98、99，附載(一)中國代表團駐國際聯合會辦事處之略史。

1927年7月，朱氏返國加入南京政府，北京外交部改任駐葡萄牙公使王廷璋為出席國聯大會及行政院代表，王氏於8月偕秘書王念祖赴日內瓦。王氏未到前，國聯辦事處一切事務由秘書長趙泉主持；二等秘書張其棟，已先期由羅馬來此；三等秘書顧樹森改任青浦知縣；其遺缺派王一之補充。其餘常駐於此者，有隨員陳定、方寶鈞，主事羅世安，王廷璋又由巴黎調來三等秘書林炳琛辦理庶務。 ❸ 10月王廷璋與外交部起齟齬，辭去國聯代表職務，改派駐法公使陳籙代表中國出席國聯行政院，陳氏於12月5日電部稱：「辦事處現已決定遷往巴黎」；❸ 14日又電稱：「辦事處遷巴黎，趙秘書長仍留日來弗，予為節省旅費打算」；❸ 於是辦事處由日內瓦遷至巴黎。總之，北京政府時期中國駐國聯代表辦事處多次搬遷，人事亦不安定。直到國民政府時期，於1929年將中國代表團駐國際聯合會辦事處改組，由巴黎遷到日內瓦，添設處長，日常事務由處長負責，直屬外交部，才安定下來。

國聯辦事處常年經費，其始係參照巴黎和會及各使館經常臨時等費，由顧維鈞酌定辦法，於1920年12月22日電告外交部，請按月撥匯經費二萬五千元。 ❸ 至1921年12月復由顧氏將經費核減報部，平時每月經費減為一萬三千元，大會期內以兩個月計算，需費六萬元，全年經費定為十九萬元，各員薪俸在內。1922年9月辦事處奉令正式組織，自英倫遷至羅馬之後，常年經費銳減。代表辦公費用減為每月三千元，大會經費開支另款二萬元；各員薪俸則與各館館員一律由部匯發。 ❸

---

❸　1927年9月29日天津《大公報》日內瓦戈公振君通信，載《國聞週報》第4卷第38期，〈一週間國內外大事述評〉，頁6。

❸　〈收日來弗陳代表五日電〉，1927年12月6日，《外交檔案》03-38/24-(1)。

❸　〈收日來弗陳代表電〉，1927年12月14日，《外交檔案》03-38/24-(1)。

❸　〈照錄葉景莘條陳〉，1921年1月7日，《外交檔案》03-38/42-(1)。

然而北京政府財政拮据，駐外使領費用自1926年即開始拖欠；駐國聯代表辦事處同受其累，大會經費也逐年減少。據《國聞週報》於1927年國聯第八屆大會前報導：

> 大會用費，聞北京已匯來七千元，較去歲又少一半。查民國九年曾開支十二萬元之多，民國十年減為六萬元，民國十一年又減為三萬元，以後逐年減少；計民國十二年為二萬五千元，民國十三年及十四年均為二萬元，民國十五年為一萬五千元。合以今歲之數，洵不勝每況愈下之感。❹

致使大會代表左支右絀，還要受國聯辦事處人員逼迫付薪，景況堪憐。

第二節　中國與國聯禁煙委員會及國際禁煙大會

禁煙是中國參與國聯後，所遭遇到最棘手的問題之一。自袁世凱死後，內地各省罌粟種植死灰復燃；中央政府雖屢申禁令，而割據各省軍人置若罔聞，致使中國成為世界上主要鴉片生產國之一。國聯十分注重國際禁煙問題，中國身為國聯一員，卻未善盡國際禁煙義務，引起各國之不滿，在國聯會議中屢受抨擊，甚至多次提出國際干預中國禁煙之議。另一方面，北京政府雖對內無力貫徹中央政令，對外卻不得不維護國家主權，極力應付國際壓力，抗拒國際干預，使國聯不能強制執行。禁煙問題顯示了中國在國聯的尷尬地位，中國以主權國

---

❸　同註❶，頁32。

❹　《國聞週報》第4卷第38期，〈一週間國內外大事述評〉，頁6。

加入國聯，但無力善盡主權國義務；北京政府為各國承認的中央政府，卻無力施行其權威於各省。然而當地方發生國際問題時，北京政府又要以主權國地位，堅拒他國及國聯干涉內政；而國聯要尊重會員主權，對中國拒絕國際干涉內政時也無可奈何。這是「北洋外交」在國際層面的又一特色。

一、民初鴉片問題與國聯

中國自1858年洋藥弛禁之後，鴉片合法進口。而國人逐漸自種罌粟，以廉價本土鴉片替代進口，雖使進口數量不增反減，但國人普遍吸食，鴉片流毒蔓延更不可遏抑。至甲午戰後，朝野革新求變，禁煙運動再度勃興；光緒三十二年(1906)清廷頒布「限年禁絕鴉片章程」十條，採取漸進方式禁煙。加以國際公論反對吸毒，加速中國禁煙之效。首先是英國因各方反鴉片運動的壓力，與清廷交涉禁煙，於1906年議定「中英禁煙條約」六款。該約規定自1908年起3年之內，若中國禁煙有成，能減少土煙種吸，英國即允將印度出口鴉片按年減少一成，十年盡滅。其次為美國於1909年在上海發起「萬國禁煙大會」，邀請在遠東有屬地各國與會，討論各屬地與中國同時一律禁絕鴉片之法。計有奧匈、中、法、德、英、義、俄、美、丹麥、波斯、葡、暹羅等12國與會，通過議決案9條，同意採取種種方法逐漸禁止吸食鴉片。並在荷蘭海牙(Hague)成立「萬國禁煙公會」，召開國際會議，於1912年訂定「海牙禁煙公約」25條，為國際禁煙運動及各種禁煙公約之基礎，委託荷蘭政府經理其事。 **④**

在國內外共同努力之下，清末民初的禁煙運動，雷厲風行成效卓

---

④　于恩德編著《中國禁煙法令變遷史》，　沈雲龍主編，文海出版社印行，《近代中國史料叢刊》，第878輯，頁120～123。

著。至1907年，「前英國駐華公使朱爾典爵士，宣言中國全境，煙土業已絕種，乃得與英國訂立中英停運印土協定」。❷然而自袁世凱死後，軍人橫行各據一方，為擁兵籌餉，復鼓勵種植鴉片，以抽取重稅；甚至有包庇煙販，私種私運者。於是毒卉復萌，毒品違法私運日漸興盛，吸食者又有增加；而外國運入之嗎啡、海洛英等毒物走私入口情形，也日益嚴重。中國禁毒之國際信用破壞，再次成為國際禁毒運動注目的焦點。故中國自加入國際聯盟之後，即為禁煙問題承受強大壓力。

國聯成立之宗旨，除維護國際和平之外，即在促進國際合作，注重種種經濟與人道事業，國際禁煙為其工作重點之一。1919年巴黎和會中，即將1912年「海牙禁煙公約」列入對德、奧和約內。國聯盟約第二十三條（丙）中明訂：「關於販賣婦孺、販賣鴉片及危害藥物等各種條約之實行，概以監督之權委託聯合會」。

1920年國聯第一屆大會前，中國出席代表顧維鈞、唐在復都去電外交部，提醒各國注意禁煙，而此事關係重大，必須預籌應付。外交部遂會商內務部，將歷年禁煙成績摘要寄歐；聲明我政府力負禁種之責，而各國政府對於鴉片、嗎啡私運侵入，亦應禁止；並指示中國代表酌量於會內宣布。❸12月10日，大會第二股會議討論禁煙案，印度代表提議：1.請行政院及秘書廳擔任監察禁煙公約之實行；2.請行政院組織禁煙專門委員會。中國出席代表依外交部指示，宣布中國禁煙成績及辦理困難情形，同時聲言請各國將禁煙公約切實奉行；對於禁煙委員會則主張早日成立，並以美國素來熱心協助禁煙事宜，提議邀

---

❷　夏奇峰〈國際禁煙大會之籌備及其草案〉，《東方雜誌》第21卷第20號，1924年10月25日，頁22。

❸　〈上大總統呈〉，1921年4月16日，《外交檔案》03-38/44-(1)。

請美國派員入委員會；得全體贊成。❹15日，大會議決，禁煙公約之
執行由荷蘭移交國聯；並為各國共同辦理禁煙，嚴格進行起見，由行
政院指派與禁煙關係密切的中、英、法、日、荷、葡、印度、暹羅等
八國，組織「禁煙委員會」；「此種委員會于聯合會每次開大會三個月
以前，應將關於執行鴉片及其他毒藥之各種條約上一切問題，報告行
政院，以便由行政院提交大會討論」。❺同日，中國當選行政院非常任
會員，國際地位提升，而國際責任也隨之加重。

二、禁煙委員會第一次會議

　　1921年2月21日，行政院第十二次會在巴黎開議，正式組成「禁
煙委員會」（Advisory Committee on the Opium，或譯為「販賣鴉片顧
問委員會」）；並決定該委員會第一次會議於5月2日在日內瓦召開，請
各國於3月31日派定代表。中國出席行政院代表顧維鈞對禁煙問題十
分重視，於1月23日電外交部，稱此事與中國關係頗大，宜及早預備，
指派專家參與，並建議：「伍連德前經迭次參預禁煙公會，其於禁煙
事宜當能洞曉情形，未知能否來歐。如須員襄助，查有美國哥倫比亞
大學博士董維乾曾就禁煙問題，著有博士科畢業論文，似已研究有素，
惟該生已回長沙原籍，倘擬調用，請先就近接洽」。❻2月14日，顧氏
又電詢：「伍醫官能否來歐?」❼外交部與內務部商議此事，❽3月3日，

❹　〈收顧唐代表十日電〉，1920年12月14日，《外交檔案》03-23/118-(2)。
❺　〈國際聯合會議決書〉，1920年12月15日大會通過，《外交檔案》03-23
　　/118-(2)。
❻　〈收法京顧代表廿三日電〉，1920年1月29日，《外交檔案》03-23/118-(2)。
❼　〈收英京十四日來電〉，1921年2月17日，《外交檔案》03-38/44-(1)。
❽　〈發內務部咨〉，1921年3月19日，《外交檔案》03-38/44-(1)。

內務部咨復云：「查伍連德現在滿哈一帶辦理防疫事務，正在吃緊之際，未便遠離。董維乾現居湘省，無從接洽。惟會期迫促，本部現無相當人員可以派充，應請貴部迅電顧唐兩代表就近遴派委員與會，以免遲誤」。 [49]3月8日，外交部將內務部答覆電告顧氏。[50]次日，顧氏回電云：「禁煙事關係頗巨，各大國均派委員與會，或宜仿辦，方能因應得宜。伍董兩君既難來歐，大部張參事昶雲於交涉禁煙問題富有經驗，能否派來與會，請轉商內務部」。 [51]3月19日，外交部復電稱：「張參事職務羈身未能赴會」，表示擬派顧、唐二人與會。[52]最後，外交部與內務部商定，呈大總統稱：「查駐義公使唐在復駐和多年，於禁煙事務極為熟悉；且現充和會代表，以之兼充禁煙會委員，最為相宜」。 [53]由以上函電往返，可知北京政府對此會並未十分重視，於是顧氏主張由專家與會的構想不能實現。

　　會前的準備工作方面，當時外交部參事嚴鶴齡正在國聯秘書廳任禁煙股主任，辦理「禁煙委員會」開會事務。會前嚴鶴齡報告英國《泰晤士報》攻擊中國種煙普遍，情況對中國不利。[54]2月14日，顧維鈞報告外交部稱：

　　　現據嚴參事密告，將來該委員會開會時，某國對於我國罌粟復

---

[49]　〈收內務部咨〉，1921年3月3日，《外交檔案》03-38/44-(1)。

[50]　〈發駐英顧公使電〉，1921年3月8日，《外交檔案》03-38/44-(1)。

[51]　〈收駐英顧公使九日電〉，1921年3月12日，《外交檔案》03-38/44-(1)。

[52]　〈發復顧代表電〉，1921年3月19日，《外交檔案》03-38/44-(1)。

[53]　〈上大總統呈〉，1921年4月16日，《外交檔案》03-38/44-(1)。

[54]　〈收聯合會嚴秘書三月十九日來函〉，1921年5月11日，《外交檔案》03-23/118-(2)。

現事定有提案云。查國際禁煙問題印度等國以歲入攸關，自難期其與我一致主張積極進行，彼在大會或未便公然反對，代表在委員會諒後來對我禁煙成績必有評論；在我自當迅速籌備以資應付。擬請將各省私種罌粟實情設法查明，並將此項材料交所派委員帶歐。㊸

又報告國聯對中國鴉片問題的重視與不滿，云：「國際聯盟會近日對於鴉片問題頗為注意，擬派員密查我國私種及私運實情，以憑辦理。又近日報載，我國各省罌粟復見，地方執行禁令似無誠意云云。此事不但有關我國民幸福，且牽及國際信用，擬請政府酌量重申禁令，昭示至誠」。外交部遂咨內務部云：「查中國禁煙向為外人所注視，如果各省種運仍未淨絕，殊與國際信用大有關礙。茲准顧使來電，國際聯盟會竟有派員密查之議，亟應密電各省嚴切查禁，俾免菶卉再行發現；至應否呈明大總統重頒禁令以促進行之處，相應咨行貴部查照核辦」。㊹並電顧氏云：「各省種煙事，迭准院部電飭，嚴切查禁，務絕根株；國際聯盟會似無派員密查之必要，希轉達該會，並隨時探詢實情電部，以便籌備」。㊺顧氏覆電云：「以我政府嚴禁，國民合力鼓吹，及各省迭次毀煙等情，用個人名義託會中熟人設法詳告該會當局。頃悉派員密查之舉，現定從緩」。㊻外交部以國聯派員密查之舉雖告暫緩，

㊸　〈收英京十四日來電〉，1921年2月17日，《外交檔案》03-38/44-(1)。

㊹　〈發內務部咨〉，1921年3月24日，《外交檔案》03-38/44-(1)。

㊺　〈發巴黎顧專使電〉，1920年4月9日，《外交檔案》03-38/44-(1)；查電文內容及前後電，應是1921年。

㊻　〈發內務部咨〉，1920年5月17日，《外交檔案》03-38/44-(1)；應是1921年。

然情況對中國十分不利，乃於4月16日上大總統呈曰：「中國歷年禁煙成績雖經本部暨內務部撮要宣布，惟各國對於此層仍多疑慮。……擬請大總統明發命令嚴切誥誡，倘各地方官有查禁不力，□賄縱容，即由各該長官查明呈請嚴行懲辦，以肅法紀」。❺❾

「禁煙委員會」第一次會於1921年5月2至5日召開，共委員會八國代表及三名技術顧問，包括英國前駐北京公使朱爾典與會。會前外交部指示唐在復：「禁煙委員會吾國應宣布之案：一為自任禁種，一為請各國政府對於鴉片嗎啡私運侵入，盡力取締」。❻⓿會中主要討論事項為分致各國調查表之項目，及禁煙辦法。前者無多討論即修改通過；後者則辯論激烈，中國因種煙復熾，遭到各國抨擊。朱爾典甚至建議：種煙省分非中央政府權力所及，禁煙唯一辦法為各國領事取得北京政府同意，與種煙各省督軍談判，以得其助力禁絕種煙之舉。❻❶唐氏極力辯駁，強調中央政府禁種鴉片從嚴取締之決心，及遍地種煙之不確；縱有邊省數處因有亂事，政府權力不逮，偶有私種發現，係暫時之事，中央政府可盡力擔保禁絕。並反擊各國縱容私土、嗎啡走私入中國，為患甚大；提議委員會建議行政院，請其通告有關係各國將禁煙公約第十五條：「請各條約國應竭力採用切實辦法，禁止密售鴉片，及他種危險藥品之貿易。」速予實行；得全體暫贊成。英國代表主張將朱爾典提議付諸表決，唐氏聲明此係內政問題，應由中國政府決斷，故不應表決。但朱氏提議得其他七國代表贊成通過。唐氏只有請朱爾典自行聲明：此案並無干涉中國內政之意，且不超越禁煙公約之範圍；並列入議事錄。❻❷

❺❾　〈上大總統呈〉，1921年4月16日，《外交檔案》03-38/44-(1)。

❻⓿　〈發駐義唐公使電〉，1921年4月26日，《外交檔案》03-38/44-(1)。

❻❶　〈禁煙委員會首次會議報告〉，《外交檔案》03-23/118-(2)。

　　唐氏在此會中雖極力維護國權，然未能成功，心力交瘁；會後電
告云：「此次在會英、法、印度聯絡一氣，餘亦多附和，我國獨受其
衝。」並以勢難相敵，會中又用英文，非唐氏專長，引咎辭職。[63] 另在
呈送外交部的〈會議報告〉中，語重心長的總結云：

　　此次鴉片委員會開會，除討論調查表外，極注意印度及中國種
　　煙之事，印度代表藉口公約，屢次拒絕提議禁種問題，英、法
　　代表默予贊許。而對於中國種煙，則頗表示譏評之意；吾國代
　　表周旋其間，雖歷次聲明吾政府禁種禁吸之決心，然事實上似
　　未能盡掩確有難於洗刷盡淨者。今而後吾政府苟欲堅國際之信
　　用，必須於明春禁煙委員會開會之前，實行切實禁種、禁運、
　　禁吃之法，且須以嚴刑峻法繩之，雷屬風行，使犯者不敢嘗試，
　　則怯毒方有盡絕之望。又須立有詳細表冊，隨時公布世界，此
　　後在歐代表始有辯論餘地，否則難免多所責言，且恐國際干涉
　　相逼而來，至足慮也。[64]

道盡了中國承受國際壓力之大。

　　「禁煙委員會」於會後草成一報告書及建議案，送交行政院轉交
大會。建議案共有六款：要求非國聯會員國批准禁煙公約；公約締約
國向國聯具送執行公約情形之報告書；國聯應調查各國醫藥等正當用
途麻醉品供應數量；督促各國奉行公約；禁止毒品貿易等。其中對中
國影響最大的是第五款：中國有數省盛植煙苗，而中央政府無法約束，

<hr />

[62]　〈行政院第十三次會議報告〉，《外交檔案》03-38/21-(2)。

[63]　〈收駐義唐公使七日電〉，1921年5月13日，《外交檔案》03-23/118-(2)。

[64]　〈禁煙委員會首次會議報告〉，《外交檔案》03-23/118-(2)。

朱爾典建議：「擬請訂約各國，倘得中國政府允許，訓令各省領事，向省當道嚴重詰責，以期補救」。❻5月10日，嚴鶴齡電告外交部云：「竊恐此案如經行政院通過，勢將實行，我國宜早自布置」。❻

　　北京政府得此嚴重消息，立即採取具體措施，力圖消弭外力干預危機。5月27日，外交部電告出席國聯代表顧維鈞稱：「閣議決定呈請特派大員查勘」。❻31日，大總統徐世昌嚴令禁煙，令曰：

　　鴉片貽害至鉅，懸為屬禁，律有專條，復經迭頒明令，剴切申儆，凡我邦人，當曉然於積患之各宜痛除，禁令之不容嘗試，滌瑕盪穢，咸與維新。惟是我國幅員綦廣，近年國事不寧，深慮防檢之偶疏，或致前功之未竟。政府關懷民瘼，期在除惡務盡，各省區軍民長官均有督察之責務，各督飭所屬於禁吸、禁運、禁種諸條切實奉行，並隨時認真考察，即以成績之等差，為考成之殿最。其有奉行不力或涉徇縱者，立予糾劾嚴懲；並曉諭各轄境人民一體遵守，勿干國典以貽後悔。政府并當遴派大員，分赴各省切實查勘，隨時呈辦；務使一律肅清，不得稍留餘孽。將此通令知之。此令。❻

　　6月18日，國聯行政院第十三次會召開；28日，討論「禁煙委員會」之報告及建議案，由顧維鈞任報告員。顧氏利用機會宣揚中國政

❻　〈禁煙委員會首次會議報告〉附件二，《外交檔案》03-23/118-(2)。

❻　〈收日來佛嚴秘書十日來電〉，1921年5月15日，《外交檔案》03-23/118-(2)。

❻　〈收駐英顧公使一日電〉，1921年6月3日，《外交檔案》03-23/119-(1)。

❻　〈行政院第十三次會議報告〉，《外交檔案》03-38/21-(2)。

府禁煙決心及具體行動，除大總統頒禁煙令外，已決定派大員前往各省調查。並表示報告書內第五建議案：「不獨在事實上本多困難，而在我既已採取積極政策，該節建議案自當從緩辦理。」然後宣讀報告書建議案，將次序文句略做修改；把原第五建議案領事查煙一節，建議「從緩辦理」。得英、法代表先後發言贊成，報告所提各節遂經行政院全體通過。㉕顧氏報告外交部，稱行政院對禁煙委員會報告，以「抗議之舉係干預內政，非中國政府可以容許，並恐授人口實，轉非聯合會之福，決議從緩；意在此調查一層」。㉗嚴鶴齡亦報告稱：「由訂約國領事向省憲抗議一層，今日已由行政院決定緩行」。㉘各國干預中國禁煙之議，遂在北京政府重申禁令，派大員調查，尤其是顧維鈞在行政院會議中技巧折衝之下，暫時化解了。

　　1921年9月5日，國聯第二屆大會召開，顧維鈞以第十四屆行政院會議主席資格擔任大會臨時主席，首先致辭歡迎各國代表，次述國聯一年來成績，再述本屆大會議題，最後強調國聯及各國代表責任之重，相互勉勵。㉙關於禁煙問題，顧氏會前電詢外交部云：「禁煙問題本屆大會亦須討論，前派查勘大員，諒均已出發，有何報告，盼能電示切實進行情形，俾開會時對於他人主張領事抗議辦法，稍易設法應付」。㉚果然15日第五股會議討論行政院禁煙報告時，印度代表反對「領事抗議從緩辦理」一層，以「中國產煙現居世界全額百分之八十，

㉖　〈行政院第十三次會議報告〉，《外交檔案》03-38/21-(2)；及〈收駐英顧公使廿八日電〉，1921年7月5日，《外交檔案》03-23/119-(1)。

㉗　〈收駐英顧公使廿三日電〉，1921年9月29日，《外交檔案》03-23/119-(1)。

㉘　〈收日來佛嚴秘書廿八日電〉，1921年7月5日，《外交檔案》03-23/119-(1)。

㉙　〈參與國際聯合會第二屆大會總報告〉，頁1、2，《外交檔案》03-38/8-(1)。

㉚　〈收駐英顧公使一日電〉，1921年9月3日，《外交檔案》03-23/119-(1)。

中國政府無力禁止，即以抗議事屬必要。倘因抗議字樣有礙中國體面，可酌改字句」。顧維鈞以茲事關係國家主權榮譽，17日於會中亟起申辯，強調中國禁煙成績。雙方相持不下，英國及南非代表提議調停辦法，改為中國准由各國領事隨往各地查勘，顧維鈞仍竭力反駁。最後第五股決議照行政院原議辦理，但將顧氏聲明：「中國政府確已派大員查勘煙禁，並信政府可將查勘結果通知聯合會。」一層列入報告書內。❼❹30日，第五股提報告於大會，云：「本股因據中國代表聲稱，中國政府確已特派大員查勘煙禁，並信政府可將查勘結果通知聯合會，所以領事抗議一層，本股以為可從緩辦理。」得大會通過。❼❺

　　國聯第二屆大會結束後，行政院繼續開會討論大會議決案。10月12日，顧氏報告禁煙問題，稱第二屆大會共通過八項議決案，包括（乙）凡為該公約締約國而與中國有條約關係者，既已請其特別注意該公約第十五條之規定，以便切實禁止私販鴉片及其他流毒藥品，則中國政府亦應請其注意及此。會後顧氏向外交部報告會議情形，於結論中語重心長的說道：「至禁煙一案，吾國已不免為眾毀所歸，禁煙委員會第二屆開會又復為期在邇；及今除惡不盡，他日棘手堪虞，此為內外朝野所當共勵者」。❼❻大總統徐世昌閱此報告後，發下說帖，批交部院，云：「禁煙問題為我國所宜注重，……似乙項所謂禁私販鴉

---

❼❹　〈收駐英顧公使廿三日電〉，1921年9月27日，《外交檔案》03-23/118-(2)；及〈參與國際聯合會第二屆大會總報告〉，頁6、7，《外交檔案》03-38/8-(1)。

❼❺　〈收日來佛顧唐王代表三十日電〉，1921年10月6日，《外交檔案》03-23/119-(1)。

❼❻　〈行政部第十四屆日來弗開會情形報告書〉，頁11上及15上，《外交檔案》03-38/22-(1)。

片及其他流毒藥品者，我國尚未十分禁絕。今該議案敦勉他國注意，
則我國更應嚴切實行；一以杜各國之反稽，一以見執行之有力。擬令
主管各機關特別注意」。❼

　　國聯第二屆大會雖經顧維鈞的強力辯護，並以中國自行調查為理
由，得以暫時避開各國「領事抗議」，但此非治本之方。25日，顧維
鈞建議外交部切實進行查煙，並邀各國人士會同，以昭信用並杜外人
干預之口實云：

> 近據福建等省禁煙會電稱：煙苗遍地，查勘難周，非有相當外
> 人隨同辦理，不足以昭國際信用等語。明春聯合會禁煙大會開
> 會時，對於我國禁煙情形又必嚴加查考，倘未能一律肅清，難
> 免友邦詰責。可否電商福建等省當局，於查煙大員蒞省時，酌
> 邀各國該處禁煙會名望外人會同查勘，以明真相而杜口實。于
> 我將來應付國際禁煙問題不無助力。❽

29日，外交部電陝西等省照辦。陝西省電復，以地方動亂推托不辦，
電文稱：「揆之陝省現勢，似未便驟邀外人，致有疏虞；擬俟地方平
靖確需外人會勘時，再行察酌辦理」。❾外交部也無可奈何。

三、禁煙委員會第二次會議

　　「禁煙委員會」第二次會議於1922年4月19至29日召開，外交部
仍派唐在復出席，並派駐英代辦朱兆莘為第二委員。唐氏極力推辭，

❼　〈國務院函〉，1922年1月14日，《外交檔案》03-38/22-(1)。

❽　〈收駐英顧公使廿五日電〉，1921年10月27日，《外交檔案》03-23/119-(1)。

❾　〈收陝西督軍省長二日電〉，1921年12月3日，《外交檔案》03-23/119-(1)。

於1921年12月31日復電云:「加派第二委員不合會章,且英、義遙隔不便接洽,仍請將復兼職開去,另派一員以專職掌,並利進行。至遇要事會商主持,復與顧使皆係聯合會全權代表,本有應盡之責,自當繼續擔任」。⑧會前秘書長請各國答復各調查案,俾交委員會研究。關於中國者,調查表雖已寄出,其餘尚有數種報告待補;並催寄顧維鈞允送之七省查煙大員報告。⑧1月31日,唐氏電外交部云:

> 我國查煙大員第一批報告雖已寄到,惜僅一鱗半爪,似應另有詳切報告;對于外方疑謗誣衊之言,援據切證,層層辯駁者,乞速商內務部趕辦寄出,以資對答。第二屆委員會已定於四月十九開,領事干涉一端,又列入議事日程,將來如何應付,亦請預籌。⑧

4月15日,又電部催詢稱:「聯合會秘書長函索查煙大員報告,以備委員會開會前刊布。該大員等當已查竣覆命,總報告何時寄出,請先將所查結果詳細電示」。⑧

　　4月19日,會議開始,中國由朱兆莘代表出席。經多次討論後,達成會議議決案,其中第六段對中國多所指責,指出中國許多省份種煙吸煙有重大擴張,違犯公約且未盡國聯會員義務;但因中國中央政

⑧　〈收駐義唐公使十二月卅一日電〉,1922年1月2日,《外交檔案》03-23/119-(1)。

⑧　〈收駐義唐公使十六日電〉,1922年1月19日,《外交檔案》03-23/119-(1)。

⑧　〈收英京唐代表一月卅一日電〉,1922年2月4日,《外交檔案》03-23/119-(1)。

⑧　〈收英京唐代表十五日電〉,1922年4月19日,《外交檔案》03-23/119-(1)。

府無力，只能用輿論壓迫之力量以挽救之。又質疑中國政府所提交之調查報告，要求派赴種煙各省之調查委員，除官員外應包含各商會、各教育會及與禁煙特別有關之各團體。並迫切勸告中國政府，邀請國聯代表數人協同查煙；指出查煙之舉必須於罌粟花開期內始有效。最後要求行政院公佈會議結論。❽

此「禁煙委員會」第二次會議報告，提交於5月14日召開的行政院第十八次會討論。中國出席行政院代表唐在復見此報告後，認為第六段中指斥中國禁煙不力，主張國聯派員會查，並欲公佈對中國之指責，已超越權限並侵犯中國內政，實屬有意尋釁，中國決不可坐視。乃設法在行政院開會之前，商請國聯秘書長將禁煙案延至下次會議再討論，然未獲允准。唐在復乃辭去禁煙報告員身份，以保留自由發言之權；又請將此案列於會期之末討論。並在11日送交中國政府之抗議書給秘書長，要求取消攻擊中國諸款，並於會前將此抗議書交行政院各會員。秘書廳見中國態度強硬，遂趨於妥協；首先將報告中逾越權限，措詞過當諸款取消；但是仍要求由中國政府邀國聯派一代表隨同查煙，以利進行。唐氏不允。又建議由中國政府允准北京「萬國拒土會」派一代表，同時充當國聯代表隨同查煙。唐氏又拒之。最後秘書廳讓步到請中國准拒土會隨同查煙，另作一報告交由中國政府轉送國聯。唐氏以國聯所重在調查之信用問題，此係「禁煙委員會」最後通融，已無礙於中國主權，且拒土會報告由政府代轉，其中有伸縮餘地，而中國抗議之目的均已達到，於是接受此安排。❽

---

❽　〈行政院第十八屆會議報告〉，《外交檔案》03-38/22-(3)。

❽　「萬國拒土會」由北京中外人士於1918年成立，其宗旨為防止鴉片貿易及種植之復活；次年又在天津、上海及各省設有分會，成為全國性組織；總會設在北京，負責處理國際及外交事務，分會則將各該省毒害情形報

　　16日，行政院討論「禁煙委員會」報告，其第六段大致皆照會前協議修改，將中國各項責任暨國聯派員會勘一層打銷。惟須請中國政府派員偕同商會、教育會、禁煙會之代表，組織調查會，於本年及下數年在罌粟開花期內，再赴種煙各省查勘，將報告送交聯合會。又須中國政府請北京「萬國拒土會」派一代表隨往，其報告交中國政府轉送到會。唐氏報告稱：「以上二層，一則由我國代表提案在前，必須承認；一則用以打銷聯合會派員干涉之必不可少條件，復無法爭持，不得不為此最後讓步」。與秘書廳商定後，交託比利時代表提交報告。日本代表在討論時，忽生異議，欲維持國聯干涉原案；幸他國代表不以為然，始允改從多數，贊同修改案。唐氏稱：「結果尚稱滿意。拒土會派員一節，由我自請，亦與主權無礙。時機迫促，不及候部覆電，業已承允」。❽❻

　　然而「禁煙委員會」對行政院通過之修改案不滿，藉口各會員之意見不同，欲維持原案，只將文字稍加修改，再提交7月17日至24日召開的行政院第十九次會議。會中唐在復堅持非維持上屆行政院會議之修改案不可，得英國方面轉圜，由秘書長自行提議，將該案中關於中國部分仍發回「禁煙委員會」再議。唐氏對此安排表示滿意，行政院會議亦一致通過。❽❼唐氏報告外交部云：「迭經抗辯，復從英國方面

　　告總會。該會在國內積極設法制止各地鴉片之復種，注重宣傳工作，使社會人士明瞭鴉片之害；以輿論力量制止煙害。又積極要求政府制定詳盡禁煙辦法，並切實執行；對中國政府之禁煙立法有極大之影響。該會亦從事國際活動，與各國政府及民間組織聯絡，並與國聯合作，以國際力量協助禁煙。參見于恩德編著《中國禁煙法令變遷史》，頁183～185。

❽❻　〈收英京唐代表十七日電〉，1922年5月19日，《外交檔案》03-23/119-(1)。

❽❼　〈行政院第十九屆倫敦開會情形報告書〉，頁2、3，《外交檔案》03-38

暗行疏通，始議決發回該會再行討論。嗣後仍當與朱委員隨時接洽堅持到底，以期不違初旨」。[88]「禁煙委員會」英國委員達爾溫琴(Malcolm Delevigne)對行政院發回再議的決定不滿，致函英國外交部，表示中國違反1912年國際禁煙公約，「禁煙委員會」應堅持其原始建議案，由國聯派員會查中國禁煙成果，交行政院及大會促中國政府實施。但英國外交部認為中國所提：由北京萬國拒土會派員隨往調查之修正案，與原案精神相近；覆函表示倫敦認為修正案可接受，但也不反對其試圖堅持原案。[89]

四、禁煙委員會第三、四次會議

「禁煙委員會」第三次會於1922年9月1日召開，朱兆莘代表中國出席。會中覆議行政院發還關於中國查勘煙苗一案，「莘堅持不讓，幸朱爾典及 Helen 女秘書從中轉圜，卒照唐代表在行政院主張刪加各節原案通過」。[90]此案提交在國聯大會前後召開的行政院會議，照案通過，提交大會。[91]

國聯第三屆大會於9月4日開幕；5日，外交部致電出席國聯大會代表唐在復，告以北京政府將派大員赴各省查煙。13日，唐氏復電，

/22-(2)。

[88] 〈國聯代表辦事處十一年十一月二十七日函〉，1923年1月11日，《外交檔案》03-38/22-(3)。

[89] Sir M. Delevigne to Wellesley, Aug. 24, 1922, FO371/8019 [F2751/277/10].

[90] 〈收駐英朱代辦五日電〉，1922年9月8日，《外交檔案》03-23/119-(2)。

[91] 〈行政院第二十、廿一、廿二屆日來弗開會情形報告書〉，頁18，《外交檔案》03-38/22-(2)。

認為「禁煙委員會」議決案中，以查煙應在罌粟開花時期；現該會報告正交大會審查，若宣布此時派員查煙，恐招抗議，於我國主張轉多不利，故宜暫緩宣布。第五股會中，朱兆莘以「英、印藉口中國煙苗未清，動輒責我違約」，特提一案抵制印度，「提出大會時，諒不至另生枝節」。❷結果在大會第五股提付審查報告時，「英、印代表發言，對我國吃煙販煙略有提及，並未攻擊」。 大會也順利通過審查報告，「至於委員會照行政院發還覆議原意改定之全案，亦照通過，關於中國查勘煙苗一款在內。又派員查煙事，即遵電宣布」。❸唐在復會後報告本大會中討論鴉片問題之情形，云：「此次提交大會照案通過，未加討論，蓋因其事尚在調查期內，無爭點可以發生；第恐詰責之來仍在下屆大會，若各省辦理禁煙仍未能核實進行，將開國際干涉之漸，當不僅限於議席上之聽人指摘已也」。 ❹又在行政院20至22次會後，報告強調云：「領事會查及由會派員調查二節，雖經暫時打消，若我國私種省分不能早日禁絕，本年查煙報告或又如上年之不能有滿意結果，恐仍不免死灰復燃之慮也」。❺

　　1923年1月「禁煙委員會」開第四次會，會中朱兆莘與各國代表為中國禁煙情形辯爭頗多。各國詢問查煙大員曾否會同拒土會代表，

---

❷　〈收日來佛唐代表十三日電〉，1922年9月15日，《外交檔案》03-23/119 -(2)。

❸　〈收日來佛唐黃代表十九日電〉，1922年9月22日，《外交檔案》03-23/ 119-(2)。

❹　〈呈大總統文——恭報參與國際聯合會第三屆大會大概情形〉， 1922年11月15日，《外交檔案》03-38/9-(1)。

❺　〈國聯代表辦事處二月十四日函〉，1923年4月5日，《外交檔案》03-38/ 22-(2)。

於罌粟開花時期出勘；朱氏答以正在籌備中。各國又詰問川、雲、貴為何不派查煙大員？朱氏依外交部電答覆之。印度代表質問：中國設置製藥廠，是否違背中英禁煙條約？朱氏答解釋條約為另一問題，惟設製藥廠係總稅務司條陳，必能嚴格管理，專供藥品用途。各國代表多婉勸朱氏轉達政府，勿設製藥廠，致外人疑中國無禁絕毒藥誠意；朱氏應允轉達。朱爾典云：拒土會報告新疆交界俄地，招華民種煙，須設法禁止；朱氏亦云得新疆報告，其事甚確。各國詢及上海海關歷年破獲印度煙土走私數目；朱氏將海關統計譯交印佈。會中又決定：海關破獲私土，可將偷運人名履歷及案情逐告知他國海關，以資協緝而免漏網。 **⑨**

中國代表雖努力維護國家體面，然而煙害日益嚴重，中央政府無力貫徹禁煙，連調查報告也不完全；國際上的同情與耐心逐漸消耗，不滿卻與日俱增。3月20日，唐在復報告稱：「下屆禁煙會定於五月間開會；秘書廳又來催，且援引公約第二十一條，以示提醒我國如不編送詳細統計，會中將據駐華領事、教士等報告為論斷，甚屬可慮，於我國主權亦有關係」。 **⑨**

五、禁煙委員會第五、六次會議

「禁煙委員會」第五次會於1923年4月24日至5月7日在日內瓦召開，此次會議最大特色為美國派代表列席，並提出禁煙建議：1.如欲達到海牙會議禁煙之政策及其精神，則嗣後除為醫學上及科學應用外，其他一切之鴉片用途，俱為非法。2.既欲限止鴉片，但能供給醫學上與科學上之應用，須設法限制其出產，以免濫用之弊。 **⑨**

⑨ 〈收駐英朱代辦十七日電〉，1923年1月19日，《外交檔案》03-23/119-(2)。

⑨ 〈收駐義唐公使二十日電〉，1923年3月22日，《外交檔案》03-23/119-(2)。

此會中也討論中國禁煙問題；會前英國代表達爾溫琴提出其調查中國1920～1922年產煙報告書，分發各委員，大略謂:㈠陝西、甘肅、河南、吉林、黑龍江、雲南、貴州、四川、廣西、福建、新疆等省煙苗遍地，長江各省煙禁亦弛。㈡軍人勸迫農民種煙，以收煙稅作兵餉。㈢產煙量多，故煙價便宜，苦力率染煙癖；文武官員吸煙者不少。㈣嗎啡充斥。㈤中國政府查煙在罌粟開花後，萬國拒土會已提抗議。㈥各省在軍人勢力之下，查亦徒勞無功。以上各節，要求中國代表於開會時答覆。且在議程中，有各國產煙情形一案，內列有考慮中國地位一項。加以中國所提1922年查煙報告，比1921年之報告更不完備，會前朱兆莘電外交部云:「會議席上，各代表必環而攻我；領事干涉案，恐不免舊事重提。唐代表函告有聯合會派員往查之消息；凡此干預內政之議案，莘必竭口舌之力不使通過。此次如尚有應宣布事項及準備辯護理由，乞速電示」。❾❾果然在會中，中國受到各國攻擊，朱兆莘承認中國有種煙吸煙情形，但強調此非中國單方面之責任，鄰近各國屬地競製准吸鴉片，流毒中國亦有影響；故欲完全禁絕鴉片，非各國通力合作，同時進行不可。而議決案之一、二兩款即為朱氏力爭之結果。

最後會中採納美國之禁煙建議，及朱兆莘意見達成議決案七款如下:

1.邀請甲、製煙及產煙國政府，乙、暫准吸煙國政府及中國政府，立即會商:

----

❾❽　夏奇峰〈國際禁煙大會之籌備及其草案〉，《東方雜誌》第21卷第20號，1924年10月25日，頁18、19；夏奇峰當時任職於國聯秘書廳公佈組。

❾❾　〈收駐英朱代辦十日電〉，1923年5月12日，《外交檔案》03–23/119–(2)；及華第〈國際聯盟禁煙會之中國鴉片報告〉，《東方雜誌》第20卷第13號，1923年7月10日，頁123～131。

㈎限制製煙及產煙之額。

㈏縮減吸煙地內進口之額，以及中國政府對於國內違法種吸所
　應自行取締之辦法。

2. 邀請在遠東有領地之國，在該領地內暫准吸煙者，召集特別會議，
　研究屬行禁煙公約第二章之辦法，並縮減禁煙之額。同時又陳述各
　種規條，俾各國一致行動。

3. 請各國政府對於海洛英之製造完全禁止，或嚴加限制之議發表意
　見。

4. 請各國政府將關於鴉片出產及貿易情形之報告，按期編送，務從詳
　盡。

5. 請各國政府不但將稅關緝獲（私運詳情通知有關係國政府，亦並將
　其大批之緝獲）知照聯合會秘書廳，該廳如得有關係國政府同意，
　可轉知他國，並在報紙宣布。

6. 請將英國及聯合會秘書廳所備之節略，關於稅關統計及稅關存貨狀
　況者，通知各國政府，請其發表意見。

7. 照法國代表本年二月間在行政院建議之旨加重懲敬規條，罰鍰之外
　科以監禁。⑩

　　其中以第一款與中國關係最密切，朱氏報告稱：「在中國自應認定
乙項內二層之有連帶關係，必須同時協議辦法。至中國對於種吸所應
取締之法，外人要求會商，確有不可拒卻之情勢，今既加有：仍由中
國自行措辦之字樣在內，則實行上可不受外人之干涉也」。對整個議
決案，朱氏云：「以上七款或關公法或屬內政，非有國際輿論一致相
助，不能為功」。⑪

---

⑩　〈國際聯合會行政院第二十五屆在日來弗開會情形報告書〉，頁37，《外
　　交檔案》03-38/23-(1)。

「禁煙委員會」將此議決案送交行政院。7月2日，行政院開第二十五次會；7日，討論禁煙案，決定令秘書長速將「禁煙委員會」之報告送交會員國詳加研究，俾大會時各國代表商訂實行之法。唐在復在會中宣言：中國政府感謝美國匡助禁煙之盛舉，並聲明盼望維持原案之意。⑩其用意為「此次我國在院主張維持，俾知我國種吸未絕原因，乃鄰近各地競製准吸之影響，不能獨任其咎。又將來禁種禁吸辦法，應由我國自行取決，不受外人干涉」。⑩

9月國聯第四次大會召開，第五股自18日起審查鴉片問題，美國派非正式代表列席，主要議題為討論「禁煙委員會」之報告書。經4次會議，於27日向大會報告，通過該報告書。除原建議之由行政院召集遠東禁煙會議，由在遠東有殖民地各國及中國、日本、暹羅參加外；並建議召開一普通會議，凡國聯會員國及海牙公約已、未批准國均參與；得大會通過。⑩本屆第五股會議之重點，在討論召開國際禁煙大會，中國煙害情形未多受攻擊。⑩唐在復報告會議情形云：「在復等抱定保持國權之旨，力杜外人干涉之漸，並在議席上辯明報載中國政府將行鴉片專賣之不確；又痛陳嗎啡偷運入華甚於吸煙之害，藉以預制

----

⑩　〈國際聯合會行政院第二十五屆在日來弗開會情形報告書〉，頁37～39，《外交檔案》03-38/23-(1)。

⑩　同上，頁39。

⑩　〈聯合會代表辦事處快郵代電——1923年7月19日〉，1923年8月29日，《外交檔案》03-23/119-(2)。

⑩　〈收日來弗陳唐朱代表廿二日電〉，1923年9月23日，《外交檔案》03-23/119-(2)。

⑩　〈收日來弗陳唐代表廿七日電〉，1923年9月28日，《外交檔案》03-23/119-(2)。

外人之責言。嗣大會議決訂期重開禁煙公會，我國屆時如何因應，自當未雨綢繆也」。[106]

12月行政院開第二十七次會，討論大會之議決案及「禁煙委員會」之建議案，決定根據原案通過，兩種禁煙會議定1924年11月舉行。[107]並組織籌備會，於1924年3至7月，共開會四次。「禁煙委員會」於8月4日開第六次會，審查籌備會之報告。5至10日，籌備會再開會議擬定具體報告；11日，經「禁煙委員會」審查修改，通過禁煙大會草案意見書。[108]

9月，國聯第五屆大會召開，第五股審查「禁煙委員會」報告書，予以通過。該報告書中針對中國者有兩款，曰：

(戊)禁煙委員會主張勸請在中國享有治外法權之各國，規定章程以取締其本國人民在中國販運公約第三章內所載之藥品。……

(己)中國依禁煙委員會之勸告，自一九二二年即著手查禁鴉片，迄今二年，惜無美滿成績，各省且尚繼續種煙。現在中國鴉片產額甚鉅，殊為遠東禁止販運之障礙。禁煙委員會主張勸請聯合會秘書廳將鴉片問題在委員會經過之討論情形，廣為宣傳；假手遠東報界喚醒輿論，以促中國各省官吏之反省。

朱兆莘辯稱：中國幅員廣大，又值過渡時期政局未定，禁煙及調查結

[106] 〈參與國際聯合會第四屆大會大概情形呈〉，《外交檔案》03-38/10-(1)。

[107] 〈收義京唐代表廿七日電〉，1923年12月28日，《外交檔案》03-23/119-(2)。

[108] 夏奇峰〈國際禁煙大會之籌備及其草案〉，《東方雜誌》第21卷第20號，1924年10月25日，頁21、22；草案見頁23～26。

果不佳；但中國政府仍盡力進行，一旦政局安定，不難切實實行禁煙法令。朱氏並強調中國未製造麻醉藥品，但各國在華人士利用治外法權偷運牟利，為數甚鉅，而中國政府受限於條約，無法取締。禁毒必須有列強之援助，中國方能著手，北京政府曾就商於外交團，未有答覆。然而大會仍依「禁煙委員會」報告書之巳款通過議決案，譴責中國。⑩朱氏則強調欲真正消除鴉片等毒害，非全球通力合作不為功；至無論何種舉動，何項提議，凡足以妨礙中國主權者，中國政府及人民決不承認。⑪

六、國際禁煙大會(Geneva Opium Conference)

日內瓦國際禁煙大會分兩次會議召開，第一會議由中、日、暹羅及在遠東有屬地之英、法、荷、葡各國，加上印度共八國參與，於1924年11月3日在日內瓦開議，討論禁止遠東各國鴉片的辦法。第二會議由所有國聯會員及海牙禁煙大會參與國共同參加，於11月17日開議，討論禁止嗎啡等麻醉藥品的辦法，至1925年2月19日閉會。中國是這次大會，尤其是第一會議的眾矢之的；會議情形及結果，與中國國際地位之前途關係頗巨，因此朝野對此會都十分重視。1924年7月15日，外交部派駐美公使施肇基、駐荷公使王廣圻及駐英代辦朱兆莘為國際禁煙大會全權代表。⑪民間各禁煙組織，為向國際禁煙大會展現中國

---

⑩ 〈參與國際聯合會第五屆大會第五股報告〉，頁3～11，《外交檔案》03–38/11–(2)。

⑪ 〈參與國際聯合會第五屆大會總報告〉，《外交公報》第49期（1925年7月），頁（專件）13。

⑪ 〈參與國際禁煙會議代表十二月廿五日咨——咨報第一會議情形由〉，

人民反毒之決心，在8月合作組織「中華國民拒毒會」；並公推蔡元培、伍連德、顧子仁為國民代表，出席國際禁煙大會，陳述中國人民之公意；並攜有請願書，請求限制鴉片及毒品之出產以科學及醫學用途為度，有全國四千多團體簽名，代表四百多萬人。後蔡、伍二人因故未能出席。⑫

　　第一會議依據1912年海牙禁煙公約第二章：「各國應逐漸切實禁止鴉片之製造、販賣、吸食、輸出入。」討論具體措施。其議程如下：

甲類—— 1. 1912年海牙公約各締約國在各該國遠東屬地上施行該約第二章之規定其現狀如何；又各該國實行該約第二章時，所遇之困難如何；應分別研究考量。

　　　　 2. 關於海牙公約第二章：逐漸禁絕吸用鴉片之政策，應參照1923年5月禁煙委員會第二決議案，研究可使該政策更覺實施得力之方法。

　　　　 3. 彙集本會可以贊成之各種方法訂成公約。

乙類—— 1. 研究中國產煙之現狀及其影響鄰國禁煙之結果。

1925年4月18日，《外交檔案》03–23/119–(3)。

⑫　1924年7月「中華高等教育會」於南京舉行年會，議決反對使用毒品，促全國教育機關於日內瓦國際禁煙大會之前先開始一種拒毒運動，並其他團體合作。同時上海各民間團體也開會討論組織一永久拒毒機關。結果於8月成立「中華國民拒毒會」，著力於表現中國人民禁煙之熱情與努力，以應付國際禁煙大會。先後加入該會的有40團體，全國分會及籌備處300餘處。該會為國內唯一之代表民眾拒毒機關，對政府之禁煙政策有極大之影響。見於恩德著《中國禁煙法令變遷史》，頁185～188；及上海市禁毒工作領導小組辦公室、上海市檔案館編《清末民初的禁煙運動和萬國禁煙會》，頁496～506。

2.研究中國政府自行採用之各種方法，俾禁絕其國內違法所
　產及使用之鴉片。⑬

　　會中討論甲類第一項時，各國除各自報告禁煙現狀外，都將矛頭
指向中國；集矢於中國產煙之鉅及私販之甚，稱中國年產煙土一萬五
千噸，幾占全球煙額十分之九；而官商勾結走私煙土至香港、安南及
南洋一帶。尤其是英、法、印度，更宣稱其遠東屬地禁煙困難，皆因
中國煙土走私入境所致，諉過於中國。施氏報告稱：「當時會場空氣
甚惡，我國幾為眾矢之的」。並稱：「各國在其屬地之禁煙政策，類多
徒托空言掩人耳目；究其實際，則因煙稅收入之鉅，亦未能盡為經
濟上之犧牲，真為人道謀幸福也。然攻擊我又惟恐不力，……意在減
輕責任」。⑭

　　議及甲類第二、三項時，因各國意見紛歧，難在大會討論，遂另
組委員會，由英、法、荷、日四國代表組成，研討 1.各屬地內現在消
用熟煙之總額； 2.各種監察制度； 3.私販問題。該委員會將研究結果
報告大會，並由英、法代表據之各擬一公約草案交會討論。約中建議
實施國家專賣、註冊吸煙、進口執照等辦法，以限制吸食及防止走私。
其中政府專賣與中國政策抵觸，施氏不便堅持反對，只聲明不滿意。
而註冊吸煙為中國代表所建議，由大會採納；但草約中規定此辦法不
適用於鴉片違法貿易額超過合法貿易額之國，顯然將中國排除在外。
討論進口執照辦法時，英、日代表為載運合法鴉片之各國船隻差別待
遇問題，激烈爭辯，到16日原定閉會日期，仍未達成協議。⑮

---

⑬　〈陳報禁煙會議之由來及第一會議結果〉，《外交公報》第47期，（1925
　　年5月），頁（通商）1、2。

⑭　同上，頁3。

⑮　幼雄〈連續舉行的兩個國際禁煙會議〉，《東方雜誌》第21卷第22號，1924

　　討論乙類第一項中國煙害問題時，施肇基等極力辯駁，強調鴉片為舶來品，鴉片戰敗後外人有治外法權為護符，進口無法制止，國人才自種罌粟；1907 年中英訂約，以減少印煙運華為中國禁種之條件，至1917年成效之著全球共知，近年因政局不寧，禁煙才稍廢弛。又駁各國所舉萬國拒土會或教士報告中國產煙數目之不確。最後反擊各國在遠東屬地或中國租界內，不但不盡力禁煙，且放任麻醉劑之非法營業。故中國鴉片未絕，中國不應獨任其咎。遂要求以下五款：

1. 請各國切實宣告吸用鴉片為非法。
2. 請各國禁止輸入不作科學藥品用途之鴉片。
3. 請各國禁止輸出不作科學藥品用途之鴉片。
4. 請各國將此項禁止輸入輸出之法令同時適用於各該國之屬地。
5. 在各該國屬地內之中國或他國僑民，禁止其吸用鴉片時，如因年老或醫學上關係應特別待遇者不在此例。

作為反擊。 **⑯**

　　討論乙類第二項時，施肇基強調中國政府禁煙之決心，稱：「中國不幸政潮迭起，致禁煙政策功虧一簣；一俟建設鞏固，必當賡續進行，尚望各國合作」。 但中國煙禁廢弛早已惡名昭彰，既未在會前駁辯，安能收效於頃刻。英國代表在會中強烈抨擊中國政府禁煙之態度，謂中國拒絕朱爾典所提領事勸告，又拒絕禁煙委員會建議請由國聯協同中國政府調查中國鴉片現狀，最後由中國政府自行調查；調查結果稱中國煙苗業經斷絕，與事實相去太遠，早已失信用；施氏所稱一俟政府鞏固必以禁煙為要務，如何可信。並稱：「大會對於中國代表此次之宣言，與三年內中國代表之演說完全相同；中國代表既不承認中國

　　　年11月25日，頁8～11。

　⑯　同註**⑬**，頁2、3。

產煙，實係遠東情形中之一大問題」。　又駁斥施氏攻擊外人之說法，
云：「至於禁煙與治外法權之關係本席實不明瞭，治外法權係早有之
事實，中國前者禁煙並奏成效，中國軍閥之迫種鴉片與治外法權何干。
本席僅希望中國代表日後或將改其態度，否則第一次會議勢必完全無
效」。 ⓻施氏則在13日下午第11次會中鄭重聲明：禁煙為中國政策，
「中國對列席各國願再完全擔保在其行政權力範圍以內，必切實施行
現行法令；遇有必要時，并當另採其他辦法，俾完全吸禁絕用熟煙。
既有此項擔保，中國希望各國與之合作，在各該國屬地內採用使中國
政策易於實行之辦法」。日本代表表示支持，並聲明不干涉中國內政；
英、印對中國之攻擊始緩，「蓋知種種干涉之嘗試均將不可能也」。ⓒ

　　總而言之，國際禁煙第一會議中，中國與各國爭執甚多，施肇基
反覆申辯，舌戰群雄。主要爭論為中國主張中外合作共同嚴禁鴉片，
但會議中有數國因為本國或其殖民地生產鴉片甚多，若全數禁絕，會
影響歲入，所以多方設法阻撓。例如印度的鴉片稅收甚多，故在會議
中阻撓最力；英、法等次之，因此絕對禁止鴉片為不可能。而擬定之
公約草案，著重於限制吸食、防止走私之措施，等於永久允許遠東吸
食鴉片之合同。加以約中對中國多所指責，而國家專賣制度與中國政
策相背；故中國代表團早在原定簽約日之前，已擬就理由書，準備於
拒絕簽字時發表。ⓒ施肇基就該會中擬就的禁煙協定及議定書草案，
向外交部報告其意見云：

⓻　同註ⓒ，頁4，10、11。

ⓒ　同註ⓒ，頁4、5。

ⓒ　幼雄〈鴉片會議的停頓〉，《東方雜誌》第22卷第2號，1925年1月25日，
　　〈內外時評〉，頁7、8。

細繹條文所載，其引言中即稱遠東各屬地之私販鴉片日有增加，致海牙公約所定之逐漸禁絕政策難以收效；其指責各國之意仍在言外；殆無非為迴護其專賣等制。故約文第一條即定鴉片歸國家專賣，無異恃賣煙為財源，豈真有禁煙之誠意；所謂補海牙公約之不足者果安在耶。基等所提以專賣收入充足救濟貧苦吸戶之用，各國猶以有關預算為辭，不允載入公約，其用心亦可知矣。至議定書中所稱，某某等國其鴉片之私販，幾與正式營業者相等，或且過之，致註冊及限制吸煙辦法非特無益，而又有害；故聽締約各國自擇適宜辦法云云。基等曾聲明反對，蓋會中不能指出真確之憑據也，各國徒責我國產煙過多，有礙其屬地之禁煙政策；然統觀約文所載，又無具體之禁絕鴉片辦法，且明定鴉片專賣，更與我國政策相背，故曾於十二月歌電陳明擬不簽字，並將不便簽字之理由草就一文，以備簽字日宣布。**⑫⓪**

此外，英、日又為追認執照及運送船舶國籍及貨之來源待遇等技術問題，爭執不下，遲遲未能議定公約。13日，英國代表稱：奉政府訓令，提出休會；法國代表也稱不能簽字，於是不待中國拒絕，第一會議便陷於停頓。**⑫①** 而第二會議已定於17日開幕，故第一會議至16日下午之第17次會暫停，推一委員會繼續研擬公約草案，各國代表則依原定時間參加第二會議。施肇基於第一會議結束時報告云：「至第一次會議公約，我國似不能不從眾稽延，惟對於非法賦稅之影響，及各國責備中國藉以自減其責任諸端，擬加保留」。**⑫②**

---

⑫⓪　同註**⑬**，頁6。

⑫①　同註**⑲**，頁8。

最後，第一會議各國於第二會議期間又集會4次，擬定草約；總計第一會議共開21次會，議定「禁煙會議協定條文」(League of Nations First Opium Conference Agreement)15條，及「禁煙會議議定書」(Final Protocol of the Conference on the Application in the Far East of Chapter II of the International Opium Conference of January 23rd 1912, Convened at Geneva on November 3rd 1924)一件，於1924年12月13日由八國代表簽訂。中國代表因前述原因，拒絕在此禁煙協定及議定書簽字。❿

國際禁煙大會第二會議於11月17日開幕，共41國參加；非國聯會員之美、德亦派代表參加，俄國受邀但拒絕參加。公推古巴代表為議長，中國代表施肇基為副議長；會議主旨在討論限制麻醉藥如：嗎啡、海洛因、古柯鹼等之生產問題。會中，美國最注重禁種鴉片，以第一會議未達成具體結果，提案更改議程，請各國訂立法規限制生鴉片及古柯葉(coca)之出產。印度雖竭力反對，但表決後通過列入議程。美

---

❿　〈收日來佛王施朱代表十七日電〉，1924年11月18日，《外交檔案》03-23/119-(3)。

❿　〈禁煙會議議定書〉，《外交檔案》03-23/119-(3)。議定書云：本議定書係附加於此協定之後，中國代表保留。本會除中國代表團外更通過下列之決議：本會據報告謂在某某國內特准（或註冊）及限制制度對於減少吸煙人數頗有良好結果；惟本會承認在其他國內私販之甚等於合法貿易，或且過之，故施行此項制度頗為困難。且據有關係之數政府之意見，此制因私販之故成為無用或且危險，因是本會聲明能否採用此制度，或在施行此制有良好結果之國內能否保存此制，全視私販之情形為斷，故本會對於未曾施行此制之各締約國，聽其自行選擇相當時期以採用此制；並在未採用以前，可採取所有視為適宜之預備辦法。

國代表又提議逐漸禁止鴉片，云：「凡各締約國中之尚准使用熟鴉片者，允由本約批准之日起，逐年按現今專備製造熟鴉片之生鴉片進口總額遞改十分之一，並不得增種土煙作代；十年以後不准再輸入生煙以供吸用」。 英、法、荷、葡等國因其殖民地每年煙稅收入為數甚鉅，若締約禁絕鴉片則損失甚大；故藉詞作難，盡力反對。施肇基對第一會議公約草案本就持反對態度，乃乘機宣言贊成美國提案，以圖重翻前案。結果因雙方相持不下，又以新年在即，12月26日，大會宣布休會。

原定1925年1月12日再開會，後因故延至19日始續開會，再討論美國建議案。英國代表聲明：「英政府對其屬地上之吸煙惡習，願在十五年內禁除之。此十五年之起點以中國能實行禁種，不再有私販危險之日始。至欲知何時中國禁種已達無私販危險之地步，則由聯合會行政院組織一委員會調查後決定之。」 荷、法代表附和之。施肇基宣言反對云：「西方各國於遠東屬地立法禁煙毫無定期，中國人民頗為失望。本代表團對鴉片私販有礙各屬地監督及限制合法貿易一節，並不完全否認；但各國故意誇大其事，視私販為不能履行海牙公約所載禁吸條件之理由，本代表團萬難同意」。美國代表團亦稱：「英屬禁煙以中國能否實施禁種為斷，但中國欲實行禁種，而他國之不願禁吸者或設法阻撓之，則將如何？現中國以政局關係，致有非法吸種，然他國決不能作為藉口希圖免除海牙公約之義務」。 與會各國多贊成美國提案，但英、法、荷、印竭力反對；經多次調停，仍無圓滿結果。美國代表團遂於2月6日宣告退出第二會議。⑫⑭

美國退出禁煙大會後，中國代表團考慮再三後，決定不再與會，報告外交部云：

---

⑫⑭ 〈參與國際禁煙第二會議報告送請查照函——附參與國際禁煙第二會議報告〉，《外交公報》第49期（1925年7月），頁（通商）24～29。

英、法、和蘭等國於各該國遠東屬地內無意實行禁煙政策於此可見，而各該屬地內受鴉片之鴆毒者，均為吾國僑居海外之人民，處此境遇若吾國代表團對英、法等國態度一無表示，則何異默認鴉片之宜專賣，華洋之可歧視。吾代表團在禁煙會中因國內禁煙廢弛，袒護已是不易，攻擊更屬困難；徒因美國主張與我一致，故能勉力支持。今美案既未採納，所議結果可以概見；美國既已退出會議，則吾代表團之孤掌難鳴亦不言而喻矣。肇基等於美代表團決定退出之際，磋議再四，以為英代表團提議由聯合會派員調查一層，有干我內政之嫌。禁種雖經條約規定，而施行之效果如何，究屬內政；外人公然正式派員調查，不特損我國體，恐開共管之先聲，此端一開，接踵效尤，將置我國家地位於何在。美國既決定退出，我益孤立；英代表提議勢必為會中採納。肇基等悚於共管之漸，關係國家命脈，詳細考慮，覺有不能繼續蒞會之勢。[125]

於是中國代表團在 7 日也宣告退出會議。[126]當時國內雜誌頗多記述中國退出國際禁煙大會者，如《國聞週報》報導云：「此次鴉片會議存心禁絕鴉片及毒物之非法貿易者，允推美國，而中國則常與美表同情；至若英國則以印度關係，固未嘗真願禁煙；宜其互相扞格也」。[127]《東方雜誌》則稱：「各國禁絕鴉片，仍無確期，美代表認為不能滿意，

[125]　同上，頁29、30。

[126]　同上，頁30；及〈中國代表團停止參與國際禁煙會議時所致會長函件送請查照函〉及附件，《外交公報》第53期（1925年11月），頁（通商）1～7。

[127]　《國聞週報》，〈國內外一週大事記〉，1924年12月11～17日。

乃於六日退席。中國施代表因英法日有意藉中國未實行禁煙，以圖阻遏國際合同禁止鴉片之企圖，亦於是日退出會議」。⑱美、中相繼退出後，禁煙大會仍繼續進行，到2月19日閉會。第一會議各國於2月10日簽訂「第一期禁煙會議英代表建議之第二擬定書」； 第二會議各國於19日簽訂「國際禁煙公約」（第二期禁煙會議公約, International Opium Convention and the Protocol）。⑲中國代表團報告稱：「本代表團於該各約並未簽押，先經退出會議」。⑳

中國雖退出國際禁煙大會，也未簽署公約，但「該會議對於中國之禁煙實施，實有莫大之影響，即因中國代表受國際之指責，而喚起政府與人民之覺悟及注意，並決心禁煙也」。㉑國內報章報導，中國在此次國際禁煙大會的處境，「頗像犯罪者的出席法庭，受法吏審判，而完全失卻其國際間一分子的資格。」㉒並期望北京政府能有所警惕，云：「日內瓦鴉片會議以後，我國禁煙有名無實，已為全世界所共知。此後如何實行禁絕，如何阻止軍人私賣，卻是有關於民族體面的大問題，而實在是正在開議的善後會議所應十分注意的」。㉓北京政府也思有所作為，㉔1924年11月15日，攝政內閣總理黃郛擬頒禁煙與正俗兩

⑱　《東方雜誌》第22卷第5號，1925年3月10日，頁142。

⑲　各約見《外交檔案》03–23/119–(3)。

⑳　〈收特派參與禁煙會議王代表咨陳——1925年5月18日〉，1925年6月9日，《外交檔案》03–23/119–(3)。

㉑　于恩德著《中國禁煙法令變遷史》，頁190。

㉒　南雁〈中國代表在國際禁煙會議中的被窘〉，《東方雜誌》第21卷第22號，1924年11月25日，頁6～8。

㉓　〈內外時評——鴉片問題〉，《東方雜誌》第22卷第4號，1925年2月25日，頁2～3。

令，其禁煙令曰：「近據瑞士日內瓦萬國禁煙會議中國代表電稱，各國對中國禁煙現狀，極多疑慮等語。若不迅速籌維，嚴定辦法，外損國信，內戕民生，受害遺毒，永無底止。著責成內務部暨各省軍民長官，妥籌切實禁煙辦法，剋日施行，期於永杜毒萌，作新朝氣。」❸但因受到阻力，中途抽回作罷。然而民間反煙毒運動因此國際禁煙大會而覺醒；1925年2月，財政部長李思浩在國務會議提出說帖，主張鴉片公賣，理由是1.中央財政困難，賴此可以籌款；2.各省私販鴉片，政府無法禁止，不如明定官賣，寓禁於徵。此案在閣議未獲通過，並引起全國拒毒團體反對。❸又如上海各地公團、中華拒毒會及旅京蘇籍議員，眼見海陸軍人公然包運煙土，紛紛電請政府徹底查辦。❸

七、國際禁煙大會之後

　　1925年初中國退出禁煙大會之後，中國雖仍多次繼續參與國聯「禁煙委員會」會議，但北京政府對此會之態度已趨於消極。8月，國聯「禁煙委員會」開第七屆會，重點在討論如何嚴格查緝鴉片私運，尤其是遠東地區。朱兆莘奉外交部令未出席該會。❸駐美公使施肇基曾電外交部詢問，云：「報載中國經已退出國際聯合會禁煙鴉片顧問委員會，是否確實」。❸《申報》則報導云：「中國代表不出席，此不

❸　《國聞週報》，〈國內外一週大事記〉，1924年11月6～12日。

❸　《中華民國史事紀要》，民國十三年，頁860、861。

❸　同註❸。

❸　《東方雜誌》第22卷第12號，1925年6月25日，頁1、2 & 135、136。

❸　〈參與國際聯合會第六屆大會第五股報告〉，頁11，《外交檔案》03-38/12-(2)。

❸　〈收駐美施公使十七日電〉，1925年8月24日，《外交檔案》03-23/119-(3)。

足異，因中代表已於二月十七日退出議場也」。⑭此會中，朱爾典攻擊中國不提供禁煙消息，砲艦不搜查鴉片，反而運送鴉片。⑭最後通過議決案七條，其中有論及鴉片之非法貿易者，主張採行嚴厲方法以查究私運之人。⑭

　　1925年9月，國聯第六屆大會召開，第五股討論「禁煙委員會」第七屆會議報告，通過以下二議決案。

1.通過並贊成禁煙委員會之報告及其議決案。

2.力請尚未批准第一第二禁煙會議條約諸國從速批准或加入。

並討論國際禁煙大會第二會議議決之：組織前往產煙國調查委員會問題。中國代表朱兆莘因中國並未簽署第二禁煙公約，故對派員赴產煙國調查之決議不予承認，⑭在會中發言，謂：「中國非首要產煙國，雖仍有產煙省分，實非財政問題；中政府繼續履行海牙公約，依法屬禁，終有肅清之日；至派委員團赴產煙國調查一節，中政府認此與中國無關，歉難接納」。⑭會後朱氏報告云：

　　　禁煙問題自國際聯盟承繼海牙公約禁煙責任組織常川顧問委員會以來，我國煙禁廢弛屢受責備。始則提議領事協同查煙，

⑭　《申報》，1925年8月26日，第7版。

⑭　《申報》，1925年8月28日，第6版。

⑭　《申報》，1925年9月2日，第8版。

⑭　〈參與國際聯合會第六屆大會第五股報告〉，頁11，《外交檔案》03-38
　　/12-(2)。

⑭　〈收日來弗朱王代表廿三日電〉，1925年9月24日，《外交檔案》03-23/
　　119-(3)；及〈收國際聯合會朱王代表九月廿六日函〉，1925年10月19日，
　　《外交檔案》03-38/12-(2)。

繼則主張聯盟會派員往查，乘機干涉，不止一次，此為侵犯內
政之漸。兆莘在會數年，據理力爭，主權所在，不敢放棄。本
屆大會之始，又有遣派委員團赴產煙各國查勘之議，趕即電部
請示；我國禁煙，律有明文，私種雖未肅清，不應在產煙國之
列；基此理由嚴詞拒駁派查之舉，遂無形打消。惟煙患一日不
除，外人干涉雖可倖免，而受害者仍是吾民，此則可為寒心者
也。🄯

「禁煙委員會」第八屆會議於1926年5月26日至6月8日開會。駐
美公使施肇基甚為關心此會，4月20日電外交部云：

我政府是否派員與會？訓條如何？查此會情形不同，不僅關係
政治，即與種族發展亦甚重要。上屆萬國禁煙大會各國不能誠
心履行海牙成約，我國與美國退出大會，表示不滿。此次美國
被邀，僅派當地領事為參預員，祇能到會觀聽而不發言。查此
項造意發言之人本不易要求，我國如擬派員，似可仿照美國辦
理。🄰

又於5月10日及19日催問外交部，中國對待此次「禁煙委員會」之方
針為何？🄱外交部命朱兆莘出席該會；會中，英國代表又強烈攻擊中
國政府禁煙不力，朱兆莘憤而反擊，稱英國為以鴉片毒害世界之始作

🄯　〈參與國際聯合會第六屆大會代表呈執政文〉，1925年11月1日，《外交
　　檔案》03-38/12-(2)。

🄰　〈收駐美施公使二十日電〉，1926年4月22日，《外交檔案》03-23/119-(3)。

🄱　〈收駐美施公使十九日電〉，1926年5月21日，《外交檔案》03-23/119-(3)。

俑者，又稱中國境內仇英輿論日見增盛。大會主席宣布休息，才平息雙方爭辯。❶ 該會重點在討論各地私販煙土毒藥之盛行；議決一案，以遠東販運煙土者，常利用郵便寄運嗎啡及其他藥品；建議行政院通知各國注意，若有查獲應報告國聯。❶

國聯第七屆大會於1926年9月召開，第五股討論第八屆「禁煙委員會」報告，各國均表示各地私販煙土毒藥未能十分禁絕，而1925年日內瓦國際禁煙公約未實行前，國際監察頗難執行。會中對中國未再攻擊，英國代表對日本人走私歐洲嗎啡在香港被逮，及波斯灣船隻偷運生煙，多所責難。中國代表朱兆莘在會中，重申中國政府履行世界禁煙義務之決心，稱「中國查煙報告往往愆期未送，由於幅員廣闊交通梗阻所致；然北京來文謂本年年底將有一次報告送到，足見中國政府力所能逮者無不勉為也」。 並以受「中華國民拒毒會」之託，報告該會第三屆拒毒運動週情形，強調中國民間禁毒之決心。❶

第九屆國際「禁煙委員會」於1927年1月17日至2月2日在日內瓦開會，中國由駐義公使朱兆莘代表出席。會中共議決十案，與中國有關者為第一案：因禁煙大會閉幕將近兩年，批准該項公約者為數寥寥，請行政院注意此問題，務使該項公約得迅速批准。及第三案：對中國用郵遞方法輸出大宗毒藥，請各國注意。❶

---

❶　《申報》，1926年6月3日，第5版。

❶　〈國際聯合會通知第八屆禁煙會議關於遠東販運煙土常利用郵便之議決案抄送原件請核辦函〉，《外交公報》第69期（1927年3月），頁（通商）1。

❶　〈參與國際聯合會第七屆大會第五股報告〉，《外交公報》第72期（1927年6月），頁（專件）2；及于恩德編著《中國禁煙法令變遷史》，頁186。

❶　〈第九屆國際禁煙顧問委員會會議報告〉，《外交公報》第71期（1927年

第十屆「禁煙委員會」於1927年下半年召開，中國出席代表朱兆莘已於7月自行回國，遂無中國代表出席。該會將中國缺席情形，特別記錄；並譴責因中國政府之反對，不能續行直接接受在華萬國拒土會之查煙報告。會中通過一與中國有關之議決案：

> 本委員會請行政院轉知中國政府，倘該政府能將海關所轄各口岸所有關係重要之緝獲私土報告送達該會，當與該會極大之便利；此種報告亦可助其他政府協助此項違禁品運華。但該報告須在每季終送會方有效，並應詳載數量、包裹封條式、途徑、來源、匯價、輸出及輸入者。

12月，行政院第四十八次會通過「禁煙委員會」報告，並請國聯秘書長將該議決案送達中國政府。中國代表陳籙擔任該次行政院會議主席，以該議決案既經禁煙委員會通過，欲求打消，甚為困難；乃聲明稱：中國政府素來將緝獲私土所知一切情形，按時報告國聯，其延宕多為翻譯費時所致。[152]

　　1928年4月12日，「禁煙委員會」第十一屆會議召開，共13國出席，中國由國聯辦事處秘書長趙泉代表出席。[153]會中討論各國查獲鴉片、麻醉藥品走私等問題，共有議案十五項，與中國有關者頗多。各國代表提及中國鴉片吸食普遍，上海區域一年鴉片煙稅有二百萬磅之多；

5月），頁（專件）29–34。

[152] 〈國聯會陳代表十六年十二月三十一日咨陳〉，1928年2月4日，《外交檔案》03–38/24–(1)。

[153] 〈收日來佛趙秘書長十二日電〉，1928年4月13日，《外交檔案》03–23/119–(4)。

吸食嗎啡者日增，走私毒品依然不絕，非至中國秩序恢復，實不見有何補救之方。趙泉強調政府掃毒決心，承認現時禁煙成效不彰，但中國亦有困難，如租界及領事裁判權關係，使政府勢力不能普及。⓮此為北京政府最後一次出席國聯「禁煙委員會」。

第三節　中國與國際法庭及編纂國際法委員會

國際法庭(Permanent Court of International Justice)雖非國際聯盟正式組織的一部份，但是與國聯關係密切，是和平解決國際爭端的重要仲裁機構。中國在國際法庭，及與之相關的國聯「編纂國際法委員會」都有相當的參與，主要人物是王寵惠。

一、北京政府與國際法庭

19世紀國際爭端日益增多，為促進爭議的和平解決，遂有設立具國際管轄權的仲裁機關的構想。1899 年第一次萬國平和會議，開會於荷蘭海牙，議決一國際公斷條約，並成立永久公斷處 (Cour Permanente d'arbitrage)。1907年第二次海牙萬國平和會議，進一步討論設立一常設法庭，以期漸次發展國際司法管轄權。清廷也派代表團出席，由美籍顧問福斯特(John W. Foster)指導。該會議決一國際條約，以期設立一國際捕獲法庭(International Prize Court)；並議決一關於國際法庭設立之國際條約草案，然無成議。其後不斷有此類之主張與討論，到歐戰爆發其議中止。⓯歐戰之後，國際聯盟以維護世界和平為號召，繼

⓮　〈一週間國內外大事述評——國聯禁煙會議〉，《國聞週報》第5卷第16
　　期，頁8～10。

續承擔此項工作。1919年在巴黎和會中，與會者一致認為設立國際法庭是維護世界和平所必需；但和會只決定了原則，將細節交給擬議中的國聯行政院處理。故國聯盟約第14款規定：「行政院應籌擬設立經常國際審判法庭之計畫，交聯合會各會員採用；凡各造提出屬於國際性質之爭議，該法庭有權審理並判決之。凡有爭議或問題經行政院或大會有所諮詢，該法庭亦可發抒意見」。

　　1920年2月，國聯行政院討論建立國際法庭的計劃，特派法國蒲爾若為代表，指派英、法、美、日、義、比、西、荷、挪、巴西等十國，各派專家一人，自6月16日起在海牙和平宮審訂國際法庭草案；至7月25日，草案完成。❺❺行政院略加修正後，將草案提交國聯第一屆大會。11月24日，大會第三股討論國際法庭組織案，決定組一分委員會詳議此案。12月13日，分委員會在第20次大會中提出報告，要點為1.法官之任命：各國推舉被選舉員，由國聯行政院任命之。2.不採強制裁判，此項制度之應否取用，或規定某類問題引用此制，由各國自定。簡言之，即強制裁判僅行於願受強制裁判之國；當時中國贊成強制裁判。大會一致通過「國際裁判永久法庭建設案」及「國際聯合會國際裁判永久法庭規約」3章64條。12月16日，中國全權代表顧維鈞、唐在復會同各國代表簽字。❺❼18日，又通過「國際法庭人員俸

---

❺❺　王寵惠〈國際法庭〉，《東方雜誌》第22卷第14號，1925年7月25日，頁20、21。

❺❻　〈收駐和唐公使八月十七日函〉，1920年10月2日，〈收駐和唐公使十七日電〉，1920年6月18日，〈收駐和唐公使廿六日電〉，1920年7月28日，《外交檔案》03–23/115–(1)。及同註❶，頁21、22。

❺❼　〈收法京顧唐代表十九日電〉，1920年12月25日，《外交檔案》03–23/115–(1)。

給案」。❿公約由國聯秘書廳於1921年2月函送各國政府。5月，駐英公使顧維鈞催促北京政府早日批准該約，並詢問準備推選法官事。❿外交部於8月15日致函駐瑞士汪榮寶公使，稱：「國際法庭規約本部現正從事迻譯，一俟譯印告竣，當即呈請批准。至推選候補法官事宜，海牙公斷院之中國公斷員團已查照國際聯合會秘書長通函辦理矣」。❿

　　到1921年9月國聯第二屆大會時，該規約已得過半數會員之批准，遂由大會選舉國際法庭法官。中國則尚未批准該約，影響到法官的選舉，出席國聯代表顧維鈞與外交部往還電商後，23日，外交部呈請大總統徐世昌批准「國際法庭規約及議定書」，呈文曰：

> 現查該項規約業經三十餘國批准，法庭裁判官亦將於本年國際聯合會第二屆大會選定，該法庭成立在即，我國自當及時批准，以期與各國一致。……至強迫受審制度，……我國素來崇尚法理，在原則上當然予以承認，並擬於聲明時仿照和蘭等國辦法，附加相互主義及五年為期兩項條件以資保障。送與顧代表等往返電商，意見相同。

雖當時國會尚未召集，「而該規約亟待批准，未便久稽，擬請先行批准，俟國會開會時再行提請追認」。❿29日，奉大總統指令呈悉應即批准。❿批准文中聲明「保留中國政府遵照法庭規約第三十六條第二款

---

❿　莊肩〈國際聯盟第一次大會始末記〉，《東方雜誌》第18卷第11號，1921年6月10日，頁89～104。

❿　〈收駐英顧公使十三日電〉，1921年5月16日，《外交檔案》03-23/116-(1)。

❿　〈函駐瑞士汪公使〉，1921年8月15日，《外交檔案》03-23/116-(1)。

對於業已承受同樣義務之任何入會國，或其他國家，以相互為條件；並以五年為期，承認法庭之裁判權為當然強制的，無須另訂條約」。[162] 10月1日，顧維鈞函知國聯秘書長。[163]結果直到1923年4月底及5月初，眾議院法典、外交兩委員會才開聯合審查會，審查國際法庭公約，外交部派條約司錢泰司長出席。[164]

　　1921年9月14日，國聯第二屆大會選舉國際法庭法官，共選出正法官11人，副法官4人，任期9年。候選人皆具國際法庭規約中所規定之資格，1.在各本國內俱有最高司法官員之派充資格者；2.於國際法富有研究之著名法學家。[165]中國推舉大理院長王寵惠為候選人。選舉在大會及行政院分別舉行，凡兩處得票均過半者當選；王寵惠在行政院得全票，在大會也得26票多數，當選為副法官。[166]國際法庭成立後，擔任行政院第十四次會主席的顧維鈞報告此盛事，稱：

[161] 〈呈大總統——呈請批准國際法庭規約議定書由〉，1921年9月23日，《外交檔案》03-23/116-(1)。

[162] 〈國際法庭規約議定書——附大總統批准文件〉，《外交公報》第5期（1921年11月），頁（條約）49。

[163] 〈收國聯代表辦事處十月二十日函〉，1921年11月30日，《外交檔案》03-23/116-(1)。

[164] 〈收眾議院秘書廳廿一、廿六、廿九日，五月一日函〉，1923年4月21日，《外交檔案》03-23/115-(2)。

[165] 〈海牙國際法庭之開幕〉，《東方雜誌》第19卷第8號，1922年4月25日，頁93～95。

[166] 〈參與國際聯合會第二屆大會總報告〉，頁8，《外交檔案》03-38/8-(1)；〈行政部第十四屆日來弗開會情形報告書〉，頁5b～6b，《外交檔案》03-38/22-(1)；及〈國際法庭裁判官選舉情形並王代表當選備補裁判官電〉，1921年9月17日，《外交公報》第5期，1921年11月，頁（條約）1。

國際永久法庭者所以昭曲直明是非而協和萬邦之具也，本屆行
政部開會選法官而立法庭，實為罷兵以來僅有絕無之舉；雖或
止戈偃武規模未可云備，列國方欲集會於美京，其成敗亦尚有
待；然而聯合會規畫弭兵未嘗稍懈，此觀於該部本屆會議而可
知者。**⑯**

1922年1月30日，國際法庭全體法官首次聚集；2月15日，在海牙平和
宮舉行成立大會；然後開預備會議，通過法院規則，並定6月15日再
召集，正式開庭審判國際事件。

　　王寵惠於1921年初赴歐，代表中國出席國聯「盟約修改委員會」
6月及9月的兩次會議，9月代表中國出席國聯第二屆大會，會後與顧
維鈞連袂赴美國，出席華盛頓會議，因此在當選國際法庭副法官後，
無法出席國際法庭開幕典禮。1922年春，華會結束後，王氏回國。其
時國內政局動盪，4月底直奉戰爭爆發，5月初直系獲勝，6月初徐世
昌辭職，黎元洪再任大總統，恢復法統，8月第一屆國會在北京繼續
開會。黎元洪任命唐紹儀為內閣總理，未就職前以署理教育總長王寵
惠代理內閣總理，顧維鈞署外交總長。9月唐紹儀拒絕出任總理後，
王氏真除總理。但王氏與國會時起衝突，11月因財政總長羅文榦被控
訂立「奧國借款展期合同」有納賄情事，總統下令逮羅氏入獄，王氏
與內閣因而總辭。1923年4月18日，王寵惠自上海赴海牙國際法庭，
就副法官職。**⑱**直到1925年底回國，在歐洲近兩年。

　　王寵惠在海牙任職期間，頗有表現；「歷次代理國際法庭裁判官職

---

⑯　〈行政部第十四屆日來弗開會情形報告書〉，頁14b～15a，《外交檔案》
　　03–38/22–(1)。

⑱　《東方雜誌》第20卷第10號，1923年5月25日，頁133。

務，袍冕判案，聲譽卓然」。 **⑯**如在1923年11月，國際法庭「開特別庭時，新法官未到任，由副法官我國王寵惠氏代理出庭。……此次開庭共判決要案四件；經王寵惠起稿裁判者兩案，頗獲各國法律家之推崇」。**⑰**王氏原有機會在國聯第四屆大會中改選為正法官，但當時北京政局不安，黎元洪總統下野，又無內閣，國際地位大受影響；在行政院中已占有之地位尚且不保，故不能從事運動大會選舉王氏為正法官。**⑰**

二、中國與編纂國際法委員會

1924年9月國聯第五屆大會，第一股提議：「咨請行政院組織一法家委員會，代表全球各大文化及各主要法制，專謀發達國際法，彙集國際聯合會五年來國際事業之成績，而謀試編國際法典」。 該委員會之職務有三：

1. 將國際法問題中，最似可以用訂結國際約章方法以解決而並能實行者，彙成一臨時表目。
2. 由秘書廳將該表目轉送會員及非會員各國政府詢問意見後，研究各國政府之答復。
3. 將業已成熟之問題，及籌備解決此項問題國際會議之手續，報告行政院。

大會將此項議案咨請行政院核辦。12月行政院第三十二次會在羅馬召

---

⑯ 周緯〈國際聯合會之組織經過及吾國六年參與會務情形述要〉，《外交公報》第64期，頁（專件）16。

⑰ 奇峰〈國際聯盟會一年間之成績〉，《東方雜誌》第21卷第8號，1924年4月25日，頁38～45。

⑰ 同上。

開，討論此案，並核定此「編纂國際法委員會」（League Committee
for the Progressive Codification of International Law，或譯為國際法革
新編纂委員會）會員名單。原定七名委員，後增至十二名，又增至十
七名，包括中國駐國聯代表辦事處推薦之王寵惠。⑰國聯辦事處則報
告云：王氏之任委員，「係聯合會總秘書廳法律股長慕其學識經驗，
專誠前來敦請者」。⑬

　　1925年4月1至8日，「編纂國際法委員會」第一次集議於日内瓦，
主旨在「將國際法之標題暫定一表，用國際間協商之法，使之易合實
用。」隨即展開對修訂國際法之範圍，大體加以討論。至第5次會，議
決推舉一起草委員會，審查各委員之意見，並舉出3人會同會長為起
草委員會委員，王寵惠被舉為其中之一。5日，起草委員會乃將各人
所擬就之應行研究問題，分別報告專家委員會，逐條討論。8日，決
定組織分委員會11個，並舉出分委員會報告員、委員等，按題擬具報
告，作初步之預備。會中，王寵惠最注重的是與中國司法前途關係重
要之中外交涉議題，提出：一國家對於在其領土内之外國人民，或外
國人民之財物，受損害時，應否負責？及按何種情形，應行負責？能
否訂定一國際公約，以條文指定國家負責之事實，以及禁止此等案件
發生時，在未用平和方法以前所施行之各種強壓手段？以求國聯修訂
國際法時，能公正訂定規條，通行各國，中國也隨同遵守，避免中外
糾紛。王氏提案被接受，列入11個分委員會研究議題之一，王氏也任
該分委員會3名報告員之一。⑭該委員會第二次會議於1926年1月召

⑫　〈國際聯合會行政院一九二四年議決事項之總報告書〉，頁39b～40b，
　　《外交檔案》03-38/23-(1)。

⑬　同註⑮。

⑭　〈國際聯合會行政院其秘書廳向第六次大會提出關于辦事情形暨實行各

開，而王寵惠已於1925年底返國主持法權調查委員會，未能出席。第
三次會於1927年3月開議，王氏也不克赴歐出席。

「編纂國際法委員會」經3次會議後，於1927年6月在國聯行政院
第四十五次會中提出報告書，舉出 7 個項目，認為業經成熟，可交國
際討論。其中包括王寵惠擔任之：「對外國人損害之國家責任問題」；
及王氏擔任一部份之：「遏止海賊問題」。 **⑯**9月，國聯第八屆大會審
查上項報告，決議選定三個題目，即： 1.國籍, 2.領水, 3.國家對外
僑損害賠償之責任（即國家責任問題）； 預備於1929年召集首次編訂
國際公約之會議，提出討論，然後據以編製法典；可惜進行並不順
利。**⑯**

王寵惠於1925年9月被北京政府任命為關稅會議委員，後任為法
權調查委員會名譽主席，及法律增訂館館長。12 月，王氏返抵中國，
赴北京主持法權會議。王氏後來又於1930年被選為國際法庭法官，並
於1932年4月至1936年1月在海牙，執行其法官職務。王氏前後任職國
際法庭將近十年。

種議決案之報告〉，《外交公報》第79期（1928年1月），頁（專件）1～
6；及夏奇峰〈國際聯盟修訂國際法——分期修訂國際法專家委員會成
立之經過〉，《東方雜誌》第22卷第14號，1925年7月25日，頁40～48。

⑯ 〈行政院第45屆會議情形報告〉，1927年6月13～18日，《外交檔案》
03-38/23-(2)；北京《晨報》，1927年6月14日，第3版。

⑯ 《國聞週報》第4卷第38期，〈一週間國內外大事述評〉，頁5；劉達人著
《外交科學概論》，昆明中華書局，1941年再版，頁413，收入《民國叢
書》，上海書店，第四編28集。

第四節　中國與國際勞工組織及其他國聯專門機構

　　國際勞工組織（International Labour Organization，或譯為國際保工會）創於巴黎和會，其目的在以社會正義為基礎，建立世界和平；與國際聯盟以防止國際政治衝突，來維持國際和平，兩者相輔相成，關係密切，同為歐戰之後維持全球和平架構中重要的一部份。因此，國際勞工組織常被視為廣義的國聯的一部份。1920年代，中國產業尚在萌芽階段，在國際勞工組織中並非重要成員，但仍派遣駐外人員參與歷屆國際勞工大會，可算是中國在國聯參與的一部份。

　　中國在國際聯盟其他專門機構也有參與，但是較不重要。如裁減軍備會議，中國當時雖被稱為全球兵額最多之國，但軍力甚弱，非裁減軍備之主要對象；歷次會議中國代表甚少發言。國際智育合作委員會與中國關係在1920年代也不重要。他如國際經濟會議、國際貿易會議、交通運輸委員會等皆是如此。

一、中國對國際勞工大會的參與

　　勞工規約與國際聯盟盟約同為巴黎和會的產物，凡爾賽條約共十五章，第一章是國聯盟約，第十三章即為勞工規約，共四十一條。其中規定：凡加入國際聯盟之國，同時加入國際勞工組織。中國既加入國際聯盟為創始會員國，依盟約第二十三條(甲)規定：國聯會員應「勉力設法為男女及幼稚，在其本國及其工商關係所及之各國，確保公平人道之勞動狀況而維持之；並為此項目的設立必要之國際機關而維持之。」因此也成為國際勞工組織的一員。

　　國際勞工組織與國聯關係密切，國際勞工事務局與國聯會所同設於日內瓦，所有國聯會員國又同時為國際勞工大會會員國；國際勞工組織之預算案且須經由國聯大會通過，由國聯各會員國直接繳款給國聯，再轉付勞工局；該局一切文卷函牘又均冠以國際聯盟國際勞工局字樣，常令人將國際勞工組織置於國聯範圍之內。實則國際勞工組織完全自由獨立，不歸國聯統屬；自有其行政會議，每年有其國際大會；自有勞工事務局，組織完備，百政自主，直接與各國政府交涉談判；有職員三百餘人，幾與國聯秘書廳相埒。除預算案外，並無所求於國聯。而且其會員國除國聯會員外，自始即包含德、匈等非國聯會員國。甚且，國際勞工大會各國之出席者，除政府代表外，且廣納資本界及勞動界之代表議事投票；其權利與政府代表相等。[177]在這幾方面，國際勞工組織涵蓋的範圍，甚至較國聯更廣。

　　國際勞工組織包含三個機關，1.國際勞工大會(International Labour Conference)，2.國際勞工局(International Labour Office)，3.理事院（Governing Body，或譯為理事部、行政委員會等）。國際勞工局為大會之經常事務處，於1920年1月設於倫敦，後遷日內瓦，其中有一名中國籍職員。理事院專司監督勞工局的工作，由委員24人組成，其中政府代表12名，資方代表及勞工代表各6名；中國在北洋政府時期未曾入選。[178]

[177]　周緯〈國際聯合會之組織經過及吾國六年參與會務情形述要〉，1926年，《外交公報》第64期（1926年10月），頁（專件）23、24。

[178]　同上，頁24～26。中國在國際勞工局中任職的是陳宗城，法國巴黎大學畢業法學博士，自行投考勞工局，得陳籙公使力為介紹，1925年秋入局辦事為暫用科員；見陳宗城〈國際勞工組織與中國〉，《東方雜誌》第25卷第19號，1928年8月10日，頁35。

　　國際勞工事務局設於日內瓦，會員各國多派專員常駐以資接洽而通聲氣。中國也於1922年冬，由駐瑞士公使陸徵祥呈請政府核准，組織一中國勞工代表常川辦事處，附設於瑞京伯恩(Bern)使館之內。陸公使為總代表，並請北京政府明令指派瑞館一等秘書衛二等秘書蕭繼榮為中國勞工辦事處處長。[179]1923年3月該處正式成立，直轄於外交、實業及內政三部，但一切處務仍秉承駐瑞士公使辦理，每月經費四百元。[180]中國國際勞工事務處前後存在凡四年，於1927年蕭繼榮交卸駐瑞代辦後，即無形取消。其後關於國際勞工組織之事務，劃歸駐國聯代表辦事處辦理。[181]

　　國際勞工大會每年開會一次，中國除第二屆外，皆派代表參與。1919年10月29日至11月29日，第一屆國際勞工大會在華盛頓召開，駐美公使顧維鈞派奉北京政府命令，派館員數人出席；出席代表如下：政府代表——王麟閣、容揆，顧問——伍常、孫祖烈、夏邦輔、楊永清、閔孝威、程萬里。此次大會將國際勞工組織設立完備，選定理事院，並通過6個公約草案及6個提議。[182]會中曾組織一「特別國委員會」，討論工業幼稚各國適用八小時公約的問題；該委員會認為中國工業幼稚，關稅又未自主，承認中國暫時不能完全仿行歐美各國現在勞工法。[183]該委員會關於中國之報告，建議如下：

[179]　同上，頁26、27。

[180]　國際勞工局中國分局編《國際勞工組織與中國》，1939年5月，上海，頁83。

[181]　同上，頁98。

[182]　詳情見〈第一次國際勞動大會之經過〉，《東方雜誌》第17卷第1號，1920年1月10日，頁41～43；及張慰慈〈國際勞工組織〉，《東方雜誌》第23卷第1號，1926年1月10日，頁43～45。

㈎希望中國政府採取以工廠法保護工人之原則。

㈏主張國際勞工大會向各關係國交涉，使其在華享有之租界及租借地仿照中國政府已訂之勞工法，採取同一辦法，或由各該國家決定凡中國政府制定之勞工法，得由中國政府在租界及租借地內執行。⓼

1920年初，國聯秘書長致函中國駐英使館，附送國際勞工大會正式訂定公約，施肇基公使將該公約寄交北京國務院。⓸

　　1920年6月15日到7月10日，第二屆國際勞工大會在義大利熱內亞(Genoa)召開，中國未派員列席；出席國聯代表顧維鈞報告云：「但以和約關係，對於該會所通過之特許待遇草約及建議案，仍有批准或不批准或採取其他舉動之義務。茲據勞工局依上理由函詢我國對於該案之辦理情形，以備在第三屆大會報告」。⓺國際勞工組織第三屆大會於1921年10月25日到11月19日在日內瓦開會，中國由駐瑞士汪榮寶公使出席，該會共議決「保工會條約草案」及條陳15件。⓻第四屆勞工大會於1922年10月18日到11月3日在日內瓦召開，9月中國出席國聯大會代表接到勞工局函，請中國派代表出席。⓼北京政府派駐瑞士公使陸

⓷　陳宗城〈國際勞工組織與中國〉，《東方雜誌》第25卷第19號，1928年10月10日，頁35。

⓸　同註⓹，頁82。

⓹　〈收國務院函〉，1920年4月30日，《外交檔案》03–38/4–(1)。

⓺　〈收駐英顧公使十七日電〉，1921年10月20日，《外交檔案》03–38/4–(1)。

⓻　〈收駐瑞士汪公使三月二十五日函〉，1922年6月19日，《外交檔案》03–38/4–(1)。

⓼　〈收日來弗唐黃代表二十日電〉，1922年9月22日，《外交檔案》03–38/4–(1)。

徵祥及二等秘書蕭繼榮參加。1923年4月5日，陸徵祥電北京，云勞工局催繳經費。外交部復電稱：「國際聯合會經費歷次均匯交該會秘書長，現已匯至民國十年份，勞工局經費既在此款之內，似應由勞工局逕向秘書長接洽」。[189]

　　1923年10月22日到29日，第五屆勞工大會開會，會前外交部請駐瑞士陸公使出席9月國聯大會及勞工大會，陸氏復電稱回國船位已定，屆時歉難與會；又稱：「本年十月間第五次勞工大會會期僅一星期，專議稽查勞工問題。上屆蕭秘書隨同赴會，深資得力，本屆擬請部中以代辦名義派蕭秘書代表與會，並以汪延熙及瑞士工專大學畢業工程師王念祖充秘書，以資歷練」。[190]9月初，陸使又電稱：「現國際勞工行政院議決召集一勞工統計大會，冀規定勞工統計大綱數種，以便於國際間之比較，於本年十月二十九日在日內佛開會，請屆時派員與會」。[191]10月初，外交部指示：「勞工統計會可派蕭秘書前往」。[192]10月29日，勞工大會後，蕭繼榮報告稱：「本日勞工會一致通過監察工作條陳一道，即日閉會」。[193]1925年春，北京政府依第五屆勞工大會議決，由農商部提出工廠檢查法，通過國務會議，並又在農商部內設立了幾個工廠檢查官員。[194]

　　1924年6月16日到7月5日，第六屆國際勞工大會召開，中國由蕭

---

[189]　〈電駐瑞士陸公使〉，1923年4月13日，《外交檔案》03-38/4-(1)。

[190]　〈收駐瑞士陸公使十四日電〉，1923年7月15日，《外交檔案》03-38/4-(1)。

[191]　〈收瑞士陸公使五日電〉，1923年9月7日，《外交檔案》03-38/4-(1)。

[192]　〈發駐瑞士陸公使電〉，1923年10月9日，《外交檔案》03-38/4-(1)。

[193]　〈收瑞士蕭秘書廿九日電〉，1923年10月31日，《外交檔案》03-38/4-(1)。

[194]　張慰慈〈國際勞工組織〉，《東方雜誌》第23卷第1號，1926年1月10日，頁46。

繼榮出席，王念祖任秘書。與大會同時召開的「平等待遇大會」由蕭
繼榮出席，6月19日，蕭氏報告稱:「平等待遇委員會選舉，競爭極烈，
我國以四十六票當選」。 [195]26日，又報告稱「平等待遇大會」內，芬
蘭代表提議在公約內加入:如僑工本國內無災變保險法者，不得享受
平等撫卹等語; 法國代表並引申中國為比喻。蕭氏以此案關係國家體
面及利益頗大，因起立爭辯，謂中國亦有此法，並以公約不應有限制
條件，以免失原約本意為理由，極力反對。最後芬蘭代表之提議雖被
否決，但公約內加入:如簽約國無此項法律者，應速為編訂。蕭氏因
此於電文中稱:「乞商主管各部迅籌辦法為要」。 [196]

　　第七屆國際勞工大會於1925年5月14日至6月10日在日內瓦召開，
中國由駐義公使唐在復及前陝西實業廳長嚴莊代表出席。並加派徐墀、
唐進、薛正清、汪文璣、張祖訓五人為政府專門顧問，沈本強為秘書，
隨同嚴代表來歐參加大會。此為北京政府首次尊重勞工大會之表示，
然而仍無資本及勞動界代表到會。會後並有〈第七屆國際保工大會報
告〉32頁，詳細報告大會經過。此屆大會共討論6提案，與中國有關
的有兩項，即:日本工人代表提出，請勞工局長與中國政府考量，中
國以後赴國際勞工大會如何可以派包括工人代表之完全代表團案; 及
英國工人代表提出上海工廠僱用童工違反公約案。此二案與中國直接
相關，並有妨礙中國主權之處，經中國代表唐在復多方溝通，發言解
釋中國勞工狀況，並以此二案侵及中國主權，請求撤回後，原提案者
自動撤回。 [197]

---

[195]　〈收駐瑞士蕭秘書十九日電〉，1924年6月20日，《外交檔案》03-38/4-(2)。

[196]　〈收瑞士蕭代表廿六日電〉，1924年6月27日，《外交檔案》03-38/4-(2)。

[197]　詳情見〈收駐義唐公使函〉，1925年12月1日，《外交檔案》03-38/5-(3)，
　　　頁27b～32b。

　　第八屆國際勞工大會於1926年5月26日召開，會前外交部請駐瑞士公使陸徵祥酌派館員與會；陸氏電外交部云：「勞工大會關係重要，各國均派全權代表參與，我國亦係歷次簡派，此次如以時間過促，不派亦可；至於酌派館員與會一節，似欠慎重，事關國家體制及信用，仍乞詳核辦理」。⑲⑧外交部乃派駐義公使朱兆莘及蕭繼榮參加，方寶均、朱樹星任秘書。會中代表不斷要求外交部電匯款項，以資運用。⑲⑨6月5日，大會閉會，7日續開第九屆（海事）大會，代表又電部稱：「本日續開第九次大會，經費需用甚急，務乞大部先墊撥五千圓，能否即日電匯，並乞電示」。⑳⑩14日再電稱：「會期延長，需費甚鉅，無論暫撥多少，乞速電匯，俾免枵腹從公」。⑳⑪第十屆勞工大會於1927年召開，北京政府派朱兆莘、蕭繼榮為代表，方寶均、朱伯然、朱樹星為秘書。第十一屆大會於1928年召開，陳籙、蕭繼榮任代表出席。⑳⑫

二、中國與國際勞工立法

　　1921年11月，國際勞工組織第三屆大會議決「保工會條約草案」，及條陳15件：「農業上失工預防方法條陳」、「農業內婦女傭工產前產後保護條陳」、「農業內婦女夜工條陳」、「兒童從事農業之允許工作年

---

⑲⑧　〈收駐瑞士陸公使十九日電〉，1926年5月20日，《外交檔案》03-38/6-(1)。

⑲⑨　〈收日來弗朱蕭代表二十六日電〉，1926年5月27日，《外交檔案》03-38/6-(1)。

⑳⑩　〈收日來弗朱蕭代表七日電〉，1926年6月8日，《外交檔案》03-38/6-(1)。

⑳⑪　〈收日來弗朱蕭代表十四日電〉，1926年6月16日，《外交檔案》03-38/6-(1)。

⑳⑫　國際勞工局中國分局編《國際勞工組織與中國》，頁84。

齡公約草案」、「農業內兒童及少年夜工條陳」、「發展農事專門教育條陳」、「農業傭工之住屋及寢處條陳」、「農業勞工結社集會權公約草案」、「因農業工作遭遇意外之救濟法公約草案」、「農業內社會保險條陳」、「繪畫使用鉛白公約草案」、「工場星期休息公約草案」、「商店適用星期休息條陳」、「規定青年充當貨艙夫火夫之准許年齡公約草案」、「船隻上雇用兒童及青年強制醫術檢查公約草案」。⑳1923年初，駐英代辦朱兆莘呈送國際勞工組織致外交部函，催詢中國政府關於第三屆勞工大會所採納之條約草案及條陳辦理情形；外交部分別致函內務、農商、交通等部查詢。農商部復稱：

> 查第三次保工大會議決之事共為十五項，其中取公約草案形式者七，取條陳形式者八。公約須經批准手續，條陳則僅依本國立法之方法或其他辦法使之發生效力。我國代表於第一次保工大會，業已提議中國政府未調查確鑿將工廠法令成績具報以前，暫免加入公約，當經大會贊同。我國工廠法迄今尚未訂定，此次各項公約，似可援照前例無庸正式批准。不過批准與否僅屬手續問題，關於前案進行情形，既經國際勞工局來函詢問，自應分別答覆以資接洽。⑳

北京政府指示中國代表函覆國際勞工組織，謂已將第三屆大會議決各公約草案及條陳等分咨各主管機關詳核。

　　9月，國際勞工局致函陸徵祥公使，再請中國贊成公約並要求批

---

⑳　〈收駐瑞士汪公使三月二十五日函〉，1922年6月19日，《外交檔案》03-38/4-(1)。

⑳　〈致駐瑞士陸、義唐公使咨〉，1923年2月26日，《外交檔案》03-38/4-(1)。

准，稱：「批准者並非僅一單簡之形式，其力足以使批准之國家，在一定期間內負充分施行該公約之義務，此實為聖日耳曼條約三百五十條內辦法之精采，亦實為國際勞工組織進行之關鍵」。並強調該局對中國批准公約之重視，云：「蓋貴國之正式批准，其效力足以影響及於與中國同為依特別條件施行公約之其他各國，又足以對國際勞工內組織全體表示中國參加護會進步事業之決心」。 [205]27日，陸徵祥報告外交部云：

> 查該局所稱批准公約為國際勞工組織進行之關鍵，確係實情。計國際勞工會成立五年，除第二次大會外，我國每次均派員與會，而對所議決公約十餘起，迄未批准一項，固公約所載各節不能盡與我國工業情形適合，而其中亦有簡而易行窒礙不多者，似宜擇一二項正式批准，以符聖日耳曼條約勞動部之原意，而表示我國擔任國際義務之決心。應請會商主管機關，提出國務會議，妥籌辦法，並請見復為荷。[206]

11月初，外交總長顧維鈞批交條約司錢泰司長，云：「已簽條約於批准前應否提交國會同意一節，前經憲政實施籌備處解釋在案，希將該處解釋案先擬具說帖提出閣議議決以昭鄭重」。[207]

1924年初，外交部與農商、交通部會商後，擬將「規定青年充當貨艙夫火夫之准許年齡公約草案」，及「船隻上雇用兒童及青年強制

---

[205] 〈收駐瑞士陸公使1923年9月27日函〉， 1923年11月4日，《外交檔案》03-38/4-(1) & (2)。

[206] 同上。

[207] 同上。

醫術檢查公約草案」兩公約草案，以及國聯所訂之「禁止販賣婦孺公約」及「禁止淫刊公約」等四約，提出國務會議公決。事先詢問國務院，四公約須經國會批准否？4月26日，國務院函稱四約似可由政府逕行批准。顧維鈞總長於是批示：「擬具說帖備提閣議。」[208]並於5月10日，將四約提出國務會議。[209]20日，收國務院函，稱四約已由政府逕行批准。[210]但是該四公約送「憲政實施籌備處」核議後，該處於6月19日復函國務院，稱：「該公約若依照憲法，自可由政府逕行批准，惟原案第三條第三款所設之例外不無疑義，應由我國陳述意見後再行批准方為妥協」。國務會議議決交法制局再加核議：「究竟該公約內容是否屬於關係立法事項之類，可否逕行批准，以昭鄭重」。法制局復稱：「查此項公約，嚴格言之，實具有關係立法事項之性質，如非急待批准，似應交由國會，經其同意。惟該公約之內容與現行法令并無抵觸，且此項公約係屬國際上之協定，與條約性質究有不同，若因多數國業已批准，於外交上有急須批准之必要，似亦不妨逕行批准」。11月5日，國務院函外交部云：「我國對於此項公約批准之手續，似應參照憲法上與我國有相同規定之各國，對於此種公約所執行之辦法，然後決定，以昭鄭重」。[211]於是各公約之批准又遭擱置。

　　1926年6月2日，國際勞工第八屆大會中，朱兆莘演說中國未即施行國際勞工各議決案之理由，為：

1.中國仍重農業，可以補助各工業國原料食品；

---

[208]　〈收國務院函〉，1924年4月26日；及〈收交通部函〉，1924年5月8日，《外交檔案》03-38/4-(2)。

[209]　〈發國務會議議案〉，1924年5月10日，《外交檔案》03-38/4-(2)。

[210]　〈收國務院函〉，1924年5月20日，《外交檔案》03-38/4-(2)。

[211]　〈收國務院函〉，1924年11月5日，《外交檔案》03-38/5-(1)。

2.中國不急於變為工業國以搖動國民生計；

3.中國工人耐勞苦生活習慣與西國異；

4.租界工廠不遵行中國法令；

5.外國資本家利用華工低廉又不向中國政府納稅；

6.關稅未自主，國內工業難與外商競爭。

然後懇請各會員國同情中國處境，協助解除不平等條約之束縛，俾中國經濟自由發達，得以屬行保工各法令，世界勞工同受其益。❷ 1925年夏第七屆大會議決各案中，有「關於工人災變撫恤本國工人與外國工人平等待遇公約」，當時我國代表表示贊同，外交部於1927年初咨農商部，得該部贊同，提交閣議。❷ 提案文稱：「當時已由我國出席大會代表表示贊同，是對於此項公約我國自應酌予批准。……我國旅外僑民甚多，對於該約實有批准之必要」。❷

　　國際勞工組織主要任務為制定國際勞工法規，與搜集和傳播世界上經濟和勞工的消息。北京政府時期中國對國際勞工組織的參與，基本上只在國際勞工大會，而且只有政府代表而無資方及勞工代表。國際勞工大會所議決的建議，中國也有採納過，如工廠檢查之建議，與加入 1906 年之禁用黃磷公約的建議等等。但大會所議決的公約草案，則都沒有批准。因為中國當時工業方在萌芽階段，不能適用依工業先進國家狀況制定的公約。❷

---

❷　〈收日來弗朱蕭代表二日電〉，1926年6月3日，《外交檔案》03–38/6–(1)。

❷　〈收農商部咨〉，1927年1月28日；〈發農商部咨〉，2月10日；〈照錄國務會議案會稿〉，3月；〈收農商部公函〉，3月29日；〈發農商部公函〉，4月11日；《外交檔案》03–38/6–(3)。

❷　〈照錄國務會議議案稿〉，1927年3月，《外交檔案》03–38/6–(4)。

❷　陳宗城〈國際勞工組織與中國〉，《東方雜誌》第25卷第19號，頁35。

三、中國與裁減軍備會議

國際聯盟以維護國際和平為宗旨，裁減軍備為其重要工作之一。其時中國兵額雖多，國內也時有裁軍之議，但實際軍力甚弱，在國際裁軍會議之參與，只能算是備位而已。歐戰之起與軍備競賽密切相關，戰後遂有裁減軍備為和平前提之說。國聯盟約第九條規定：「設一經常委員會俾向行政院條陳關於第一第八兩條各規定之履行，及大概關於海陸空各問題」。此即「裁減軍備臨時委員會」之由來。此外，對奧地利聖日爾曼條約中，包含有軍械等貿易專約，北京政府於1920年6月18日同時批准。12月國聯第一屆大會通過「裁減軍備預算建議案」，大致謂入會各國在以後兩屆會計年度內，對於海陸航空軍備之經費，應以本屆會計年度之預算為標準。1921年初國聯秘書長將此案函請各會員國，請於5月1日前答覆。外交部於4月28日函陸軍部、海軍部、航空署，詢以：「我國是否同意，為期甚迫，應請貴部、署於兩日內核定見復」。⑯得陸軍部、海軍部、航空署表示同意該志願案。

1921年9月，國聯第二屆大會通過一議決案：「應請臨時委員會按照削減各國軍備大綱制成提案；此類提案為求精確起見，應成一種草約或其同樣確定計畫之形式，於明年大會以前務望提交行政院」。1922年3月25日，行政院決議從速徵求有關係各國政府之意見，遂函達各國政府，「請就該國安全之需要，該國之國際義務，該國之地理位置，以及不論何種之特別情形凡該國所欲主張之意見，制成一種節略交下。此外尤須另行指陳該國政府以為維持國內秩序所必不可少之警察與軍隊，及照此削減之支出」。外交部致函陸軍部、海軍部、航空署，請

---

⑯　〈函陸軍部、海軍部、航空署〉，1921年4月28日，《外交檔案》03-38/25-(1)。

擬具節略回復。❷ 幾經函件往來，得各部、署節略，於8月16日函寄駐義唐在復公使，轉交國聯。❷

　　1922年9月26日，國聯第三屆大會審查裁減軍備案報告，其中裁減海軍一節，議決由行政院從速召集國際會議，以華盛頓條約為根據，非華會簽約國均須限制，不得逾現有軍備之額，具有特別情形者會議時加以考量。❷ 中國代表為將來赴會時要求特加考量免受限制起見，於會中聲明：中國海岸線太長，而海軍太弱，情形特別；為自衛計，應免受限制。❷ 並要求將此聲明載入第三股會議記錄。大會並通過「裁減軍備臨時委員會」關於締結相互保障公約問題所提出之報告，委員會將實行之法先行研究，由行政院徵得其意見後，再行編訂一政治與軍備兩方兼顧所應有機關之組織法。又為切實推行此項計畫，送交各國政府就其主權考量，提出意見。❷ 外交部將此裁減軍備之相互保障公約辦法，函送陸、海軍部及航空署。海、空軍皆復以中國尚應擴充軍備，無裁減之可言；陸軍部則僅報告統計數字。❷ 1923年國聯第四屆大會第三股提出相互保障公約草案，及報告書。行政院請秘書長將

❷　〈函陸軍部、海軍部、航空署〉，1922年6月17日，《外交檔案》03–38/25–(1)。

❷　〈函駐義唐公使〉，1922年8月16日，《外交檔案》03–38/25–(2)。

❷　〈收日來弗唐黃代表廿六日電〉，1922年9月29日，《外交檔案》03–38/25–(2)。

❷　〈院交指令一件——呈大總統恭報參與國際聯合會第三屆大會大概情形，十一年十一月十五日〉，1923年2月20日，《外交檔案》03–38/9–(1)。

❷　〈收聯合會代表處十一年十一月十八日函〉，1923年1月6日，《外交檔案》03–38/26–(1)。

❷　〈函陸海軍部、航空署〉，1923年1月20日，《外交檔案》03–38/26–(1)。

報告書等寄交各國，請各國提出意見書，於下年初通知秘書廳。外交部函交各部，但無回音。1924年初國聯辦事處函催外交部，早日將意見書寄下。❷❷外交部復函稱：陸、海軍部無特別意見。❷❷

　　國聯行政院於1925年12月12日會議，通過組織準備裁減軍備大會籌備會(Preparatory Commission for the Disarmament Conference)，❷❷照章行政院各會員均應派代表列席，北京政府派朱兆莘出席該籌備會。❷❷1926年3月21日，籌備委員會開會，各國代表各就本國情形發表意見。朱兆莘演說，謂：「報載中國為地球上今日擁兵最多之國，予不能不有所解釋，中國現當改革過渡時期，俟政局統一，即改組全國陸軍；倘患兵多自當裁減」。❷❷其後裁減軍備籌備委員會又召開多次會議，北京政府於1927年11月改派駐法公使陳籙出席。❷❷

---

❷❷　〈收國聯代表處四月十七日函〉，1924年5月28日，《外交檔案》03–38/27–(1)。

❷❷　〈函國聯代表處〉，1924年6月10日，《外交檔案》03–38/27–(1)。

❷❷　〈收國聯代表處朱代表一月七日函〉，1926年3月13日，《外交檔案》03–38/28–(2)。

❷❷　〈電日來佛朱代表〉，1926年11月9日，《外交檔案》03–38/29–(1)。

❷❷　〈收國聯代表處三月廿五日代電〉，1927年4月18日，《外交檔案》03–38/29–(1)。

❷❷　〈電巴黎陳代表〉，1927年11月21日，《外交檔案》03–38/29–(1)。會議情形參見「裁軍籌備委員會關於仲裁及保安委員會之報告書」（法文），及「第二屆籌備委員會第12、13次會計錄」（法文），《外交檔案》03–38/30–(2)。及「國聯縮減軍備預備委員會第三次大會報告」，1927年3月21日至4月26日，英法代表提出條約草案；《外交檔案》03–38/30–(1)。另《國聞週報》及《東方雜誌》中，對各次國聯裁減軍備會議也有報導。

四、中國與其他國聯專門機構

國聯其他專門機構中，北京政府有參與可查者，尚有國際智育合作(International Committee on Intellectural Cooperation)、國際經濟會議(International Economic Conference) 及國際貿易會議(International Trade Conference)等。國聯第一屆大會中有人提議成立「智識合作委員會」， 大會決議責成行政院研究。行政院研議後，通過成立一國際委員會。國聯第二屆大會又決議由行政院聘請12名委員組成之。1922年5月，行政院決定人選，8月開始召開第一次委員會，並陸續成立各項機構，推動國際文化合作工作。由於該會早期工作著重於歐洲，中國又因內部政局不安，兩者間進行的文化合作，在北京政府時期可說是微不足道。❷❷❾

國際經濟會議於1927年5月4日在日內瓦開幕，到會者47國代表，包括美、俄、土耳其、埃及等非國聯會員國代表。中國代表朱兆莘6日在會中發表宣言，陳述中國遭受的關稅限制，要求中國有自定其經濟政策之權力；並申說中國政治與經濟的不穩定，乃列強不肯立即廢除現有種種限制所致。中國需求外國資本以發展其無窮之天然利源，中國境內失業問題的唯一解決方法，在與外人合作，使中國完全實業化。23日會議閉幕，共通過決議案與勸告案多種。重要者如保護關稅之降低，最惠國條款的廣義解釋，自然資源之合宜運用，國際商品的標準化，商農教育，生產者消費者國際協調之必要等。❷❸⓿

---

❷❷❾ 參見張力〈國聯與中國的文化合作〉，「明末以來中西文化交匯研討會」（香港中文大學歷史系等合辦，1996年5月3、4日），其中第二節——中國對文化合作的初期反應，討論北京政府時期中國與國際智育合作關係甚詳。

❷❸⓿ 幼雄〈國際經濟會議的經過〉，《東方雜誌》第24卷第12號，1927年6月

　　國際貿易會議於1927年10月17日在日內瓦召開，有33國代表出席，中國派兩代表與會。會議首先討論廢除進出口限制及禁止各事，中國代表宣稱：「一俟各國承認中國關稅自主權後，中國即準備簽定公約」。　中國當時深受國際貿易上種種限制，無力限制不願輸入之貨物，如煙草、鴉片、嗎啡的輸入；不願輸出者，如棉花、小麥、米糧等，也不能禁止輸出。《東方雜誌》報導云：「中國是沒有關稅壁壘的國家，這時還夠不上說簽什麼國際廢除商務障礙公約；這時所急切的要求的，還是關稅自主啊」。㉛

小　結

　　北京政府時期中國在國聯，除參與大會及行政院會議外，也有少數人在秘書廳工作；並為與秘書廳保持聯繫，設立國聯辦事處。在國際組織有工作人員，設置常駐國際組織辦事處，都是中國外交史中的創舉，有其特殊意義。中國對與國聯密切相關的國際法庭及國際勞工組織也有參與。王寵惠被選為國際法庭副法官，仲裁國際爭端；政府派代表參加國際勞工大會，並配合做了一些勞工立法，代表中國更進一步融入新國際家庭。此外，中國對國聯一些專門機構，如禁煙委員會、國際法編纂委員會、智育合作委員會等，也都有參與，為日後中國與國聯的合作奠下基礎。其中最值得重視，也最能代表當時中國與國聯關係特色的，就是禁煙問題。國聯中的中國禁煙問題，是表現「北洋外交」在國際層面各種特色的最好案例之一。

　　25日，頁45～47。

㉛　育幹〈國際貿易會議〉，《東方雜誌》第24卷第20號，1927年10月25日，頁4、5。

　　中國以主權國家加入國聯，致力於提升國際地位；但是北京政府政令不出都門，管不到割據地方的軍人，無力善盡主權國家國際義務，反而損傷了中國的國際信用與聲譽。國際聯盟執行國際禁煙，各國在國聯會議中抨擊中國禁煙不力，並用國際輿論壓力及訂定國際禁煙公約，向中國施加壓力。中國代表則在各次會議中努力維護國權，力抗各種外力介入中國禁煙之議，由早期之拒絕領事抗議，到反對國聯派員與中國政府合組調查團，堅持中國自行調查與禁煙，態度一貫而堅定。中國最有力之武器，就是以國聯干預中國禁煙為干涉內政，侵犯國家主權。國際聯盟為主權國家間之組織，以自由合作為基礎。國家主權問題在國聯會議中曾一再反覆討論，各國多堅主維持；在國聯會議中通過的議決案，或在議席上發抒意見，亦不應有限制國家行動自由，或論及國家內政之處。並屢次申言國聯並非太上國家，盟約第十五條即保留國內事件於國聯權限之外；❷❸❷故國聯不能強迫中國接受監督禁煙。加以民國初年「國際共管中國」之說甚囂塵上，政府重要部門，如海關、郵政、鹽務等已被列強控制；1923年臨城劫車案後，列強有接管中國鐵路警察之議；此外國際銀行團復活之說不斷，國人對外力干預內政戒心頗深。輿論亦有同樣關心，如國際禁煙大會時，即有報紙云：「迴思南京條約之成立，為中國在國際上喪權之始。今日之日內瓦會議，其為中國內政被干涉之始乎？」❷❸❸外交部對國際介入中國禁煙問題，自然十分排斥；歷任「禁煙委員會」代表在報告中亦屢屢強調，必須堅持拒絕國聯干涉中國禁煙，以杜國際共管之漸。

　　其次，中國代表反擊西方列強也有私心，不願在遠東屬地全面禁煙，以免影響稅收；並有不肖人士利用治外法權及租界，走私鴉片及

---

❷❸❷　伊格敦著，梁鋆立譯，《國際政府》，臺北：商務，頁565、566。

❷❸❸　〈益世報社論：國際禁煙問題〉，《中華民國史事紀要》，1925年11月3日。

麻醉藥，在在增加中國禁煙的困難。故中國在禁煙大會中主張各國在遠東屬地一致嚴格禁煙，英、法等國做不到，致使美國不滿，先退出大會；中國也得以隨之退出會議，不致完全孤立。此外，中、日在禁煙問題上同受西方打壓，在禁煙大會中兩國關係親善，《東方雜誌》報導云：「在這次禁煙會議中最可注意之點，是中日代表的合作。如十三日日本代表提出議案，對於施代表之言表示信任；即其一端」。❷❸❹中國在國際禁煙大會，由於禁煙成效不彰，煙害愈見普遍；而調查報告謂煙毒禁絕，更成為國際笑柄，飽受各國強烈攻擊，「致使我國於會議中，左右輾轉，宛如待決之囚」。❷❸❺北京政府雖以退出會議為抗議，拒簽日內瓦禁煙公約，此後對國聯禁煙採消極態度。而民間禁煙運動則受國際輿論刺激，漸趨蓬勃；1924年國民禁煙運動再興，因民眾之覺醒向煙毒宣戰，有「中華國民拒毒會」之成立，該會成立之最初目的，則為日內瓦國際禁煙大會而起，為向該大會表示中國之民意；並講求對該大會之對策；其後此團體成為國內拒毒運動之領導者。❷❸❻

❷❸❹　幼雄〈連續舉行的兩個國際禁煙會議〉，《東方雜誌》第21卷第22號，1924年11月25日，頁11。另〈國內外一週大事記——禁煙會議〉，《國聞週報》1924年11月13～19日，頁13，亦稱：「是日會場中可注意之特點，為中日兩國代表間之親善合作」（11月13日）。

❷❸❺　同註❶❺❶。

❷❸❻　1924年以後中國民間禁煙運動再興，見于恩德編著《中國禁煙法令變遷史》，頁243；及上海市禁毒工作領導小組辦公室、上海市檔案館編《清末民初的禁煙運動和萬國禁煙會》，頁496～506。及周憲文〈中國之煙禍及其救濟策〉，《東方雜誌》第23卷第20號，1926年10月25日，頁38。

結　語

　　國際聯盟是歐戰之後，國際理想主義新外交的嘗試；試圖以公理正義原則加強國際合作，建立集體安全體系，避免過去帝國主義強權政治之下的弱肉強食，及國際激烈競爭帶來的大戰浩劫。大致上，國聯在1920年代，尚能成功維持世界和平；但到1930年代，則因國際大環境的變化，及國聯內部的弱點，對某些大國的擴張束手無策，無力阻止第二次世界大戰的爆發。對國人而言，九一八事變後，國聯不能制止日本侵略中國，不但是其維護國際和平功能首次重大的挫敗，嚴重打擊了國聯的威信，對中國更是創鉅痛深，因此一般對國聯評價不高。常見的批評有國聯只重歐洲事務，對遠東問題漠不關心；國聯本身無實力，不能制裁強國的侵略行為；國聯是歐戰後戰勝國藉以分贓，維護其勝利果實，保持現狀的機制，公理正義只是幌子而已；這些批評都有根據，國聯的不成功已是不爭的事實。然而國聯雖然在維護和平之裁軍、止戰及以和平方式解決國際爭端等方面，未能成功；但在促進國際合作及人道救援上，則成果斐然。而且其許多理想已由聯合國繼承，國際公理正義等原則也普遍為各國接受；以國際合作取代國際競爭已成為當世的主要潮流。

　　就中國外交史而言，北京外交部新興起的年輕外交家們，在歐戰之後，內審國內昂揚的民氣，外察國際外交的新趨勢，結合種種有利因素，堅持爭回國權，為中國外交開創了可貴的新階段。國聯代表的世界外交新格局，是「北洋外交」的國際大環境。1919到1928年北京

政府對國際聯盟的參與，是中國在歐戰之後，參與全球新外交格局中重要的一環；整個歷程中，彼此都有相當的期許與失望，也有其重要的意義與影響，可藉此考察1920年代「北洋外交」在國際層面的一些特色。

一、北京政府在國聯的目標

中國與國際聯盟的關係，始於1919年顧維鈞代表中國參與巴黎和會中的「國際聯盟委員會」。 當時中國對威爾遜總統十四點原則有期盼，且為聯好美國，在和會中大力支持國際聯盟的成立；希望能得美國支持爭回山東利權，並修改其他不平等對待。但是事與願違，爭取山東權利失敗，引發國內五四愛國運動，導致中國代表團拒簽對德凡爾賽和約，並因此幾乎不能參加國聯。其後中國以簽署對奧和約，仍得以創始會員身份加入國聯。起初中國朝野對新成立的國聯期許甚高，不少國人以之為世界大同理想的實現，「公理戰勝強權」的表徵；寄望它能對巴黎和會未合理解決的山東問題，及未受理的修改條約及廢止二十一條問題，能依國際公理做公正的處理。然而因國聯受國際現實政治牽制，不能真正主持正義，使國人對國聯興趣大減。中國關心的問題，後來多在華盛頓會議中解決，遂使國人有國聯不關心遠東事務的印象；且無美國加入，國聯在遠東太平洋區域，無制衡日本的實力，國人對國聯更是意興闌珊，不再指望國聯能協助中國解決實際的問題。此後北京政府對國聯的參與，由理想返歸現實，轉到更廣泛的提升國際地位，參與國際事務等方面，回到外交的常軌。

中國在國聯中致力於提升國際地位，此目標可由爭取行政院席位的努力看出來。1920年底的國聯第一次大會，是中國繼1919年巴黎和

會，到1921年華盛頓會議前，又一次參與重要國際會議，共同規畫新的國際秩序，意義重大。顧維鈞在會中表現傑出，運用巴黎和會以來國際對中國的同情，力主行政院非常任席位應採分洲主義，又與中南美洲小國結成團體；成功利用希臘因政變不再得英、法青睞的空檔，使中國當選為行政院四席非常任會員之一，這可說是北京政府在國際外交上的一大勝利，極大的提升了中國的國際地位。其後顧維鈞於1921年8月任行政院第十四次會議主席，是為中國主持國際事務的創舉；顧氏並以行政院主席身份主持國聯第二屆大會的開幕式，此殊榮不但使時年35的顧維鈞國際聲譽更上層樓，也是中國國際地位的高峰。此後中國順利連任行政院席兩次，但因內戰頻仍，嚴重損害國際形象，加以顧氏返國，1923年失去行政院席位。其後北京政府不斷努力運動再選入行政院，終於在1926年利用國聯本身危機，當選任期兩年的非常任院席。

　　北京政府在國聯的另一目標是維護國權，如在盟約制定、編纂國際法及禁煙問題上，中國代表都努力維護本國利益，抗拒外力干預。在盟約起草時，顧維鈞支持小國在行政院應有較高地位，力抗「門羅主義」納入盟約，呼應日本所提「人種平等」案，在在顯示其爭取國家利益的努力。王寵惠在修正約法委員會力爭將分洲主義納入盟約，並在國際法編纂委員會中提出外國人在內戰中財物受損的賠償問題等，與中國國情有關的議題。而中國歷任代表在禁煙問題上，抗拒國際干預，堅持國家主權不容侵犯，並反擊列強本身禁煙的缺失；最後施肇基在國際禁煙大會上舌戰群雄，並以大會對中國不公平，斷然退出會議，拒簽公約，令人印象深刻。

　　中國加入國聯後，承擔了分攤會費，遵守盟約、國際禁煙公約等國際義務。但因種種限制，北京政府未能善盡這些義務，招致不少國

際譴責。這些「北洋外交」的內在弱點有：中國南北分裂，互爭國際承認；北京政局不穩，內戰不斷，影響國際形象至大。北京政府無實力，政令常不出都門，各省形同半獨立，無法貫徹國際義務。如禁煙問題，北京雖屢申禁令，而各省或敷衍了事，或置若罔聞，甚至有地方軍人包種包運，使煙害復熾，嚴重損害中國國際聲譽。北京政府財力窘迫，根本無力負擔國聯會費；加以關稅不能自主，受制於外交團，無法以加徵關稅來繳交會費並支付駐外使領經費，致使中國連年欠費，成為國聯最大債戶，歷屆大會中國代表都受盡諷譏；代表本身對外要強顏硬挺，卻又要枵腹從公，處境堪憐。這些特殊的國情，限制了在國聯的表現，也在國際上引發了一個問題，即中國是否是國際社會完整的一員？雖然在巴黎和會之後，各國承認北京政府為國際家庭中的一員，以主權國家身份加入國聯。但外受不平等條約束縛，內又無力貫徹政令於各省，不能善盡主權國家的國際義務；北京政府常只是外交門面，努力維持中國之國際體面。在這種惡劣的處境下，外交家們努力維護國權，仍能有所表現，更顯得難能可貴。

二、北洋外交在國際層面的表現

　　北京政府時期中國出席國聯的代表，主要是顧維鈞、王寵惠及施肇基，❶他們在各種會議中表現傑出，為中國爭取權利，也為自己贏

---

❶　顧維鈞於1919年代表中國出席巴黎和會，對國聯的創立有相當貢獻；1920到1922年出席國聯第一、二屆大會及行政院會議，顧氏這兩年多的努力重心在國聯，也為自己建立了崇高的國際聲譽。顧氏於1921年底赴美出席華盛頓會議，1922年中奉召返國，其後在多次出掌外交部時，都很關心國聯事務。北京政府傾覆後一度出國，後居瀋陽；1931年九一八

得國際聲譽。其次是駐歐使節，也有一定水準的表現。當時中國對外關係仍以歐洲列強為重鎮，除美國、日本外，重要使節都在歐洲。如駐英朱兆莘，駐法陳籙，駐義唐在復，駐瑞士汪榮寶、陸徵祥，駐奧黃榮良，駐荷王廣圻，駐比王景岐，駐葡王廷璋，及駐國聯代表辦事處秘書長岳昭燏、周緯、趙泉、胡世澤等，他們代表中國出席國聯各種會議，雖屢屢受窘，仍強顏抗辯，辛苦維護國家顏面。民國初年，中國駐外重要使節，如顏惠慶、顧維鈞、施肇基等，多奉召回國主持外交；海外缺乏資深望重的外交官，致使出席國聯代表，在1922年以後每況愈下。1924年北京政府一度想派顏惠慶駐英，兼出席國聯，但因故未能成行。

　　中國在國聯的主要策略是結合小國與分洲主義。國聯創立之初，

事變後，被南京政府徵召出任外交部長，旋奉命赴日內瓦出席國聯特別大會，再隨李頓調查團(Lytton Commission)來華調查。其後出任中國駐法、美等國大使；1944年9月任中國出席敦巴頓橡園會議首席代表，為成立聯合國貢獻其意見。1946年任駐美大使，到1956年退休，又被選入國際法庭任法官，擔任過副庭長，直到1967年退休為止；顧氏可說是近代中國最具國際聲望的外交家，與國際聯盟淵源深厚。施肇基於1919年代表中國出席巴黎和會，1921～1922年任華盛頓會議中國首席代表；1924～1925年出席國際禁煙大會；南京政府時期任出席國聯代表團團長。王寵惠於1921年赴歐出席國聯盟約修正委員會，並出席國聯第二屆大會，被選為國際法庭副法官；1921年底赴美出席華盛頓會議；1923～1925年在海牙任職於國際法庭；1932～1936年又擔任國際法庭法官；其後也曾參與聯合國的創立。他們是中國具國際聲望，能力一流的重要外交人才；可說是中國最早的一批國際主義者，關心國際事務，強調國際合作的重要；同時又都具有強烈的民族情操，不遺餘力的維護國權，追求更平等的國際地位。

尚有一些理想主義成分，強調各國平等，減少大國控制的色彩；因此在行政院中，大小國維持平衡比例；大會中，小國得有一定發言權，享有平等投票權。中國在巴黎和會的基本策略是聯好美國，依賴大國；但是結果令人失望，被大國間利益交換犧牲了。不少國人因此對國聯產生懷疑，認為它只不過是大國分贓的場所，主張中國不應加入；但也有人認為應參加國聯，聯絡各小國。如王寵惠即主張：「我國不如與列國握手，直行加入聯盟，然後再結合聯盟中之小國，以圖善後之謀。」吳品今也主張：「我國立足於國際間，苟為鞏固本國地位起見，則當持小國結合主義」。❷實際在國聯中執行此方針的是顧維鈞，顧氏與中南美各國關係良好，巴黎和會期間，中國代表團曾分配工作，由各全權代表分向各國聯絡，顧氏即負責南美各國。❸顧氏在和會期間的傑出表現，深得南美各國代表的欣佩。1920年國聯第一屆大會競選行政院席時，南美各國全力支持中國；當時國聯43個創始會員國，中南美就佔了16國，可謂舉足輕重，是中國選入行政院的主要助力。另外，中國力主分洲主義，強調國聯中地域代表性的公平分配，聯絡歐、美之外各國，尤其是結亞洲各國為一體，得波斯、暹羅等國的支持。

　　由北京政府在國聯的參與，可以較長期的考察北洋外交實際決策與運作的過程。由上文可知，北京外交部在外交決策上，具有相當的獨立性，至少在與國聯有關的問題上看不到總統府、國會、國務院，甚至掌握北京的軍閥等，有較深介入的情形；這與過去學者對北洋外

---

❷　吳品今〈再讀凡爾賽條約〉，《國際聯盟及其趨勢》下卷，頁268、269。

❸　〈巴黎和會中國代表團第四次會議錄〉，1919年1月28日，《外交檔案》03-37/11-(3)。除顧維鈞外，施肇基負責加拿大、紐西蘭、南非及羅馬尼亞；胡惟德負責葡萄牙、波蘭及暹羅；王正廷負責希臘；汪榮寶負責日本。

交部的研究結果相符。❹但是在實際運作上，外交部受財政部、稅務
處等單位的牽制頗大，甚至提出國務會議獲通過的案子，如國聯欠費
案，財政部也常相應不理。在國際事務上，外交部相當注重駐外使節
意見，此與《顧維鈞回憶錄》中所言相合；❺但常因使領費用拖欠，
造成駐外使節怨聲載道，也使得在國聯的表現大打折扣。

由北京政府在國聯的地位及表現看，1923 年是個明顯的分水嶺。
1919 到 1922 年為中國國際地位的高峰期，當時全球大環境對華有利，
加以中國代表表現傑出，不論是巴黎和會、華盛頓會議與國聯各會議，
中國都得到一定的尊重；而國際承認與支持，也加強了北京政府的地
位。但是中國因政局動盪，未能好好把握此國際有利局勢。黎安友
(Andrew Nathan)稱：1922年北京恢復臨時約法與召集舊國會，黎元洪
再任總統，並任命所謂好人內閣，可說是北京政府實施憲政的最後機
會；然而派系鬥爭及1923年黎氏下野，使民初憲政更加惡化，普遍失
去國人支持。❻由本書的研究看，國內的亂象，相當程度的影響了外

---

❹　研究北京政府外交的學者，多認為外交部在辦外交時相當自主；如 Leong
　　Sow-theng, *Sino-Soviet Diplomatic Relations, 1917～1926*, pp.294～295
　　就稱：「外交部遠比大多數人了解的更有權力與獨立，更有持續性，較
　　好的成員，更積極的政策，更具民族主義動機」。Lucian Pye, *Warlord
　　Politics: Conflict and Coalition in Mordernization of Republican China*,
　　(New York, 1971), pp.151～152，也有類似的說法。《顧維鈞回憶錄》第
　　一分冊中，論及北京與南京在對外事務方面的對比時，多次強調：北京
　　當政者將外交事務交給「外交專家」去辦理。

❺　顧維鈞著《顧維鈞回憶錄》，第一分冊，頁393。

❻　參見 Andrew Nathan, *Peking Politics, 1918～1923: Factionalism and the
　　Failure of Constitutionalism*, Berkeley, University of California Press,

交。諸如黎元洪被逼下臺，曹錕賄選，加上臨城劫車案，使國際上自巴黎和會以來對中國的同情消耗殆盡，而國際共管中國之議再起。國聯中也因中國欠費趨於嚴重，禁煙義務未能執行，逐中國出行政院的呼聲越來越高。終於使中國在1923年9月國聯第四屆大會中，競選連任行政院席位失敗。英國甚至於1924年初，認真考慮藉國聯整理中國財政之可能。

當時國人已體認到內爭影響到國際地位，羅文榦即云：「從前好容易纔在國際聯盟得些地位，今亂七八糟鬧一年內爭，便就將地位丟失了」。❼周鯁生也稱歐戰以後，中國的國際地位有所增進，一方面免於日、俄侵吞的危險，一方面在國際會議上博得列國的重視。尤其是1920年當選國聯行政院會員，並連任兩屆，「得派代表列席這個國際組織中最重要的機關，也可說是中國國際地位增進的徵象。」及至1923年中國失去行政院席位，則是中國體面的大損失，「中國自己損傷了自己的國際地位，又何怪他國看不起中國來！」❽總之，1923年北京政府內政不修，優秀外交家回國，國際同情喪失殆盡，國聯對中國的期許完全幻滅；喪失國聯行政院席位，可視為中國國際地位下降的警訊。

三、1920年代中國的國際主義與民族主義

過去在民族主義史觀之下，常強調近代中國民族主義的發皇，認為民族主義與國際主義是相衝突的。但由本書研究，可看出在中國外

　　1976, p.3.

❼　羅文榦《獄中人語》（臺北：文海出版社翻印），頁202。

❽　周鯁生〈中國的國際地位〉，《東方雜誌》第23卷第1號，1926年1月10日，頁14。

交中兩者應有相輔相成的一面。歐戰之後，舊式帝國主義外交日漸沒落，威爾遜主義及列寧主義成為1919年以來競爭主導全球新秩序的兩大主張。中國本身民族主義也在同時昂揚，追尋平等獨立的國際地位。中國民族主義與全球國際主義同時興起，並在國際聯盟（代表西方資本主義國際秩序）及共產國際（蘇聯為首的社會主義國際秩序），都有相當程度的參與；其間的關係，不僅是現代中國外交史的主要脈絡之一，也應是二十世紀世界國際關係史的重要問題。「北洋外交」正值中國民族主義興起，與現代世界政治格局形成之時，在中國外交史中應有其重要的意義與影響。

　　歐戰結束時，國人對威爾遜總統倡議的國際主義理想相當憧憬，在1919年巴黎和會期間，對國聯期許很高。但在山東問題失敗後，國人感到被列強出賣，五四運動期間，高喊「外抗強權」的民族主義大興。其後北京政府參加國聯與華會，成為「凡爾賽—華盛頓體系」的一員；在初期的理想主義幻滅後，回到現實政治；把握國際有利局勢，在英、美、日均勢間，以民族主義與國際主義結合，善於運用國際法，要求各國尊重中國主權，逐步修改中外間不平等條約，發展出所謂的「修約外交」，收回部份國權。廣州政府爭取西方各國支持失敗後，逐漸靠向共產國際，攻擊國聯為西方帝國主義壓迫弱國的組織，❾以民族主義與另一種國際主義結合，高唱廢除不平等條約，發展出較激進的「革命外交」，也達成相當的成果。不論北京政府或是廣州政府，都有民族主義與國際主義的結合，藉外力之助以收回國權。基本上北京政府主持外交的國際主義者，也都是民族主義者，主張藉國際力量制衡日本侵逼，提升中國國際地位，但同時極力反對國際干預中國內

❾　參見李玉貞《孫中山與共產國際》（臺北：近史所，1996），第十二章〈孫中山的抉擇和構想——社會主義與民族國際〉。

政。民族主義與國際主義在1920年代中國外交中，關係錯綜複雜，常是有衝突又有合作；國際共管與國際合作，也常是一線之隔。論當時中國外交，若太注重民族主義的一面，難免失之偏頗；倘能適度注意到國際主義的發展，應可得較全面的理解。北京政府對國聯的參與，應是一個很好的例子。

四、北京政府對國聯參與的影響

從北京政府到現在，中國對國聯及聯合國等國際組織的參與，是中國外交史中一個尚待開拓的領域。1919～1928年北京政府與國際聯盟，是這整個傳承的初始階段。近代中國內亂不斷，政權更迭頻繁；但是國際人格是一貫的，追求平等的國際地位，收回已失國權，是前後各個政府同樣戮力以赴的目標。雖因環境不同，會有不同的作法，但也有其一脈相承的地方。北京政府在國聯的參與和努力，為日後國民政府留下不少寶貴的遺產，不可因其政權傾覆而抹煞其成就。目前雖因缺乏對國民政府時期中國與國聯關係，以及中國與聯合國關係的全面研究，❿尚不能正確評估北京政府對國聯參與的影響，但由一些已知的事例，仍能約略看出其傳承與演變。

---

❿　國民政府與國聯，目前有中央研究院近代史研究所副研究員張力於1997年6月通過之政治大學歷史研究所博士論文〈國際聯盟與中國現代化〉，著重於國民政府時期與國聯在文化、醫療、技術、禁煙及勞工等各方面的關係。中華民國與聯合國，則有文化大學歷史系副教授李朝津撰寫之〈抗戰時期中國對聯合國成立的態度〉，《慶祝抗戰勝利五十週年兩岸學術研討會論文集》（臺北：聯經出版社，1996），上冊，頁345～368。及其進行中的「中國與聯合國」研究計劃。

　　國民政府定都南京之後，致力於改變中外之間不平等條約，取得
部份成果，但在國際上陷於較孤立的不利局面。待1931年九一八事變
後，體認到國際集體安全的重要，注意與國聯保持友好關係。就國際
層面而言，回到北京政府時期的老路，重行起用北京政府時期的所謂
「職業外交家」，借重他們的國際聲譽，豐富的外交經驗；並由他們
擔任出席國聯會議代表，加強與西方各國的關係；注重禁煙，與國聯
協調欠費問題的解決。然而南京政府時期與國聯的關係，重點與北京
政府時期有相當的轉變。北京政府時期國家內部分裂，在國際上努力
方向在消極的維護國權，如何在國力衰微的情況下，不再喪失權益。
南京政府時期，國家漸趨統一，在國際上除希冀以集體安全制止外力
侵逼外，有積極的借外力幫助國家現代化的一面，與國聯間的技術合
作就是最好的例子。 **⓫**

　　北京政府在國聯的參與，甚至影響及日後聯合國成立時中國代表
的態度。1944年秋敦巴頓橡園會議，美、蘇、英、中四強討論日後成
立聯合國各項原則時，顧維鈞任中國首席代表，以其在國聯的經驗，
提出不少寶貴建議。中國代表王寵惠提出種族與國家平等原則，王世
杰主張安全理事會中非常任理事國應按地區分配等，**⓬** 都是明顯的例
證。從這個角度看，1919～1928年北京政府對國際聯盟的參與，是中
國加入國際社會，參與國際組織的重要初始階段，對後來的發展，有
深遠的影響。

⓫　同上，張力之博士論文。

⓬　參見李朝津〈抗戰時期中國對聯合國成立的態度〉。

附　錄

國聯盟約——1919年4月28日巴黎和會通過，1921年國聯第二屆大會
　　修訂，各國陸續批准。
　　1926年外交部譯本，見《外交檔案》03–23/111–(1)。
　　標點符號為筆者自加。

國際聯合會盟約

　　締約各國為增進國際間協同行事，並保持其和平與安寧起見，特
允承受不事戰爭之義務；維持各國間光明平允榮譽之邦交；確守國際
公法之規定，以為各國政府間行為之軌範；於有組織之民族間，彼此
待遇維持公道，並恪遵條約上之一切義務；議定國際聯合會盟約如下：

第一條

　　㈠國際聯合會之創始會員，應以本盟約附款內所列之各簽押國及
附款內所列願意無保留加入本盟約之各國為度。此項加入應在本盟約
實行後兩個月內，備聲明書交存秘書處，並應通知聯合會中之其他會
員。

　　㈡凡完全自治國及此類屬地或殖民地為附款中所未列者，如經大
會三分之二之同意，得加入為國際聯合會會員；惟須確切保證有篤守
國際義務之誠意，並須承認聯合會所規定關於其海陸空實力暨軍備之
章程。

㈢凡聯合會會員，經兩年前豫先通告後，得退出聯合會；但須於退出之時，將其所有國際義務及為本盟約所負之一切義務履行完竣。

第二條

聯合會按照本盟約所定之舉動，應經由一大會及一行政院執行之，並以一經常秘書處佐理其事。

第三條

㈠大會由聯合會會員之代表組織之。

㈡大會應按照所定時期，或隨時遇事機所需，在聯合會所在地或其他擇定之地點開會。

㈢大會開會時，得處理屬於聯合會舉動範圍以內，或關係世界和平之任何事件。

㈣大會開會時，聯合會每一會員祇有一投票權，且其代表不得逾三人。

第四條

㈠行政院由協商及參戰領袖各國之代表，與聯合會其他四會員之代表組織之。此聯合會之四會員由大會隨時斟酌選定，在大會第一次選定四會員代表以前，比利時、巴西、日斯巴尼亞、希臘之代表應為行政院會員。

（二甲）行政院經大會多數核准，得指定聯合會之其他會員其代表應為行政院常任會員；行政院經同樣之核准，得將大會所欲選舉列席於行政院之聯合會會員數增加之。

（二乙）大會應以三分之二之多數，決定關於選舉行政院非常任

會員之條例，而以決定關於非常任會員任期及被選連任條件之各項章
程為尤要。

㈢行政院應隨時按事機所需，並至少每年一次在聯合會所在地或
其他擇定之地點開會。

㈣行政院開會時得處理屬於聯合會舉動範圍以內，或關係世界和
平之任何事件。

㈤凡聯合會會員未列席於行政院者，遇該院考量事件與之有特別
關係時，應請其派一代表以行政院會員名義列席。

㈥行政院開會時，聯合會之每一會員列席於行政院者，祇有一投
票權，並祇有代表一人。

第五條

㈠除本盟約或本條約另有明白規定者外，凡大會或行政院開會時
之決議，應得聯合會列席於會議之會員全體同意。

㈡關於大會或行政院開會手續之各問題，連指派審查特別事件之
委員會在內，均由大會或行政院規定之，並由聯合會列席於會議之會
員多數決定。

㈢大會第一次會議及行政院第一次會議均應由美國大總統召集
之。

第六條

㈠經常秘書處設於聯合會所在地，秘書處設秘書長一員，暨應需
之秘書及職員。

㈡第一任秘書長以附款所載之員充之，嗣後秘書長應由行政院得
大會多數之核准委任之。

㈢秘書處之秘書及職員由秘書長得行政院之核准委任之。

㈣聯合會之秘書長當然為行政院之秘書長。

㈤聯合會經費應由聯合會會員依照大會決定之比例分擔之。

第七條

㈠以日來弗為聯合會所在地。

㈡行政院可隨時決定將聯合會所在地改移他處。

㈢凡屬聯合會，或與該會有關係之一切位置，連秘書處在內，無分男女均得充任。

㈣聯合會會員之代表及其辦事人員，當服務聯合會時，應享外交上之特權及免除。

㈤聯合會或其人員或蒞會代表所佔之房屋及他項產業均不得侵犯。

第八條

㈠聯合會會員承認為維持和平起見，必須減縮各本國軍備至最少之數，以適足保衛國家之安寧及共同實行國際義務為度。

㈡行政院審度每一國之地勢及其特別狀況，應預定此項減縮軍備之計畫，以便各國政府之考慮及施行。

㈢此項計畫至少每十年須重行考量及修正一次。

㈣此項計畫經各政府採用後，所定軍備之限制非得行政院同意不得超過。

㈤因私人製造軍火及戰事材料引起重大之異議，聯合會會員責成行政院籌適當辦法以免流弊，惟應兼顧聯合會會員有未能製造必需之軍火及戰事材料以保持安寧者。

㈥聯合會會員擔任將其國內關於軍備之程度，陸海空之計畫，以及可供戰爭作用之實業情形互換最誠實最完備之通知。

第九條

設一經常委員會俾向行政院條陳關於第一、第八兩條各規定之履行，及大概關於陸海空各問題。

第十條

聯合會會員擔任尊重並保持所有聯合會各會員之領土完全，及現有之政治上獨立，以防禦外來之侵犯；如遇此種侵犯或有此種侵犯之任何威嚇或危險之虞時，行政院應籌履行此項義務之方法。

第十一條

㈠茲特聲明凡任何戰爭或戰爭之危險，不論其立即涉及聯合會任何一會員與否，皆為有關聯合會全體之事，聯合會應用任何辦法視為敏妙而有力者，以保持各國間之和平。如遇此等情事，秘書長應依聯合會任何會員之請求，立即召集行政院。

㈡又聲明凡牽動國際關係之任何情勢，足以擾亂國際和平或危及國際和平所恃之良好諒解者，聯合會任何會員有權以友誼名義，提請大會或行政院注意。

第十二條

㈠聯合會會員約定儻聯合會會員間發生爭議勢將決裂者，當將此事提交公斷，或依法律手續解決，或交行政院審查，並約定無論如何非俟公斷員裁決，或法庭判決，或行政院報告後三個月屆滿以前，不

得從事戰爭。

㈡在本條內無論何案，公斷員之裁決，或法庭之判決，應於相當時間發表，而行政院之報告應自爭議移付之日起六個月內成立。

第十三條

㈠聯合會會員約定無論何時聯合會會員間發生爭議，認為適於公斷或法律解決而不能在外交上圓滿解決者，將該問題完全提交公斷或法律解決。

㈡茲聲明：凡爭議關於一條約之解決，或國際法中之任何問題，或因某項事實之實際，如其成立足以破壞國際成約並由此種破壞應議補償之範圍及性質者，概應認為在適於提交公斷或法律解決之列。

㈢為討論此項爭議起見，受理此項爭議之法庭，應為按照第十四條所設立之經常國際審判法庭，或為各造所同意，或照各造間現行條約所規定之任何裁判所。

㈣聯合會會員約定彼此以完全誠意實行所發表之裁決或判決，並對於遵行裁決或判決之聯合會任何會員，不得以戰爭從事；設有未能實行此項裁決或判決者，行政院應擬辦法使生效力。

第十四條

行政院應籌擬設立經常國際審判法庭之計畫，交聯合會各會員採用；凡各造提出屬於國際性質之爭議，該法庭有權審理並判決之；凡有爭議或問題經行政院或大會有所諮詢，該法庭亦可發抒意見。

第十五條

㈠聯合會會員約定如聯合會會員間發生足以決裂之爭議，而未照

第十三條提交公斷或法律解決者，應將該案提交行政院；職是之由各造中任何一造可將爭議通知秘書長，秘書長即籌備一切，以便詳細調查及研究。

㈡相爭各造應以案情之說明書，連同相關之事實及文件，從速送交秘書長，行政院可將此項案卷立命公布。

㈢行政院應盡力使此爭議得以解決，如其有效，須將關於該爭議之事實與解釋並此項解決之條文酌量公布。

㈣倘爭議不能如此解決，則行政院經全體或多數之表決，應繕發報告書說明爭議之事實及行政院所認為公允適當之建議。

㈤聯合會任何會員列席於行政院者，亦得將爭議之事實及其自國之決議以說明書公布之。

㈥如行政院報告書除相爭之一造或一造以上之代表外，該院會員一致贊成，則聯合會會員約定，彼此不得向遵從報告書建議之任何一造從事戰爭。

㈦如行政院除相爭之一造或一造以上之代表外，不能使該院會員一致贊成其報告書，則聯合會會員保留權利施行認為維持正義與公道所必需之舉動。

㈧如相爭各造之一對於爭議自行聲明並為行政院所承認，按諸國際公法純屬該造本國法權內事件，則行政院應據情報告而不必為解決該爭議之建議。

㈨按照本條任何案件行政院得將爭議移送大會，經相爭之一造請求，應即如此辦理。惟此項請求應於爭議送交行政院後十四日內提出。

㈩凡移付大會之任何案件，所有本條及第十二條之規定關於行政院之行為及職權，大會亦適用之。大會之報告書，除相爭各造之代表外，如經聯合會列席於行政院會員之代表並聯合會其他會員多數核准，

應於行政院之報告書除相爭之一造或一造以上之代表外，經該院會員全體核准者，同其效力。

第十六條

㈠聯合會會員如有不顧本約第十二條、第十三條或第十五條所定之規約而從事戰爭者，則據此事實應即視為對於所有聯合會其他會員有戰爭行為，其他各會員擔任立即與之斷絕各種商業上或財政上之關係，禁止人民與破壞盟約國人民之各種往來，並阻止其他任何一國為聯合會會員或非聯合會會員之人民，與該國之人民財政上、商業上或個人之往來。

㈡遇此情形行政院應負向關係各政府建議之責，俾聯合會各會員出陸海空之實力組成軍隊，以維護聯合會盟約之實行。

㈢又聯合會會員約定當按照本條適用財政上及經濟上應採之辦法時，彼此互相扶助，使因此所致之損失與困難減至最少之點；如破壞盟約國對於聯合會中之一會員施行任何特殊辦法，亦應互相扶助以抵制之；其協同維護聯合會盟約之聯合會任何會員之軍隊，應取必要方法予以假道之便利。

㈣聯合會任何會員違犯聯合會盟約內之一項者，經列席行政院所有聯合會其他會員之代表投票表決，即可宣告令其出會。

第十七條

㈠若一聯合會會員與一非聯合會會員之國，或兩國均非聯合會會員，遇有爭議，應邀非聯合會會員之一國或數國承受聯合會會員之義務，照行政院認為正當之條件以解決爭議；此項邀請如經承受，則第十二條至第十六條之規定，除行政院認為有必要之變更外，應適用之。

㈡前項邀請發出後，行政院應即調查爭議之情形，並建議其所認為最適當、最有效之辦法。

㈢如被邀請之一國拒絕承受聯合會會員之義務以解決爭議，而向聯合會一會員以戰爭從事，則對於取此行動之國即可適用第十六條之規定。

㈣如相爭之兩造於被邀請後，均拒絕承受聯合會會員之義務以解決爭議，則行政院可籌一切辦法並提各種建議，以防止戰事解決紛爭。

第十八條

嗣後聯合會任何會員所訂條約或國際契約，應立送秘書處登記，並由秘書處從速發表；此項條約或國際契約，未經登記以前不生效力。

第十九條

大會可隨時請聯合會會員重行考慮已不適用之條約，以及國際情勢繼續不改或致危及世界之和平者。

第二十條

㈠聯合會會員各自承認凡彼此間所有與本盟約條文抵觸之義務或協商均因本盟約而廢止，並莊嚴擔任此後不得訂立相類之件。

㈡如有聯合會任何一會員於未經加入聯合會以前負有與本盟約條文抵觸之義務，則應立籌辦法脫離此項義務。

第二十一條

國際契約，如公斷條約或區域協商，類似孟羅主義者，皆屬維持和平，不得視為與本盟約內任何規定有所抵觸。

　　第二十二條

　　㈠凡殖民地及領土於此次戰事之後不復屬於從前統治該地之各國，而其居民尚不克自立於今世特別困難狀況之中，則適用下列之原則，即以此等人民之福利及發展成為文明之神聖任務，此項任務之履行應載入本盟約。

　　㈡實行此項原則之最善方法，其如以此種人民之保育委諸資源上、經驗上或地理上足以擔此責任，而亦樂於接受之各先進國；該國即以受託之資格為聯合會施行此項保育。

　　㈢委託之性質應以該地人民發展之程度、領土之地勢、經濟之狀況及其他類似之情形而區別之。

　　㈣前屬土耳其帝國之數部落，其發展已達可以暫認為獨立國之程度，惟仍須由受託國予以行政之指導及援助，至其能自立之時為止；該受託國之選擇應先儘此數部落之志願。

　　㈤其他民族，尤以在中非洲者為甚，其發展之程度不得不由受託國負地方行政之責；惟其條件應擔保其信仰及宗教自由，而以維持公共安寧及善良風俗所能准許之限制為衡，禁止各項弊端：如奴隸之販賣、軍械之貿易、烈酒之買賣，並阻止建築砲臺或設立海陸軍根據地。除警察國防所需外，不得以軍事教育施諸土人。擔保聯合會之其他會員交易上、商業上機會均等。

　　㈥此外土地如非洲之西南部及南太平洋之數島，或因居民稀少，或因居民幅員不廣，或因距文明中心遼遠，或因地理上接近受託國之領土，或因其他情形最宜受治於受託國法律之下作為其領土之一部分，但為土人利益計，受託國應遵行以上所載之保障。

　　㈦每一委託案，受託國須將關於受託土地之情形逐年報告行政院。

　　㈧倘受託國行使之管轄權、監督權或行政權，其程度未經聯合會

會員間訂約規定，則每一委託案應由行政院特別規定之。

㈨設一經常委員會專任接收及審查各受託國之每年報告，並就關於執行委託之各項問題向行政院陳述意見。

第二十三條

除按照現行及將來訂立之國際公約所規定外，聯合會會員應：

㈦勉力設法為男女及幼稚，在其本國及其工商關係所及之各國，確保公平人道之勞動狀況而維持之，並為此項目的設立必要之國際機關而維持之。

㈡擔任對於受其統治地內之土人保持公平之待遇。

㈢關於販賣婦孺、販賣鴉片及危害藥品等各種協約之實行，概以監督之權委託聯合會。

㈣軍械軍火之貿易，對於某等國為公共利益計有監督之必要者，概以監督之權委託聯合會。

㈤採用必要辦法為聯合會所有會員確保並維持交通及通過之自由暨商務上之公平待遇，關於此節應注意一九一四年至一九一八年戰事期內受毀區域之特別需要。

㈥勉籌國際有關之辦法，以預防及撲滅各種疾病。

第二十四條

㈠凡公約所定業已成立之國際事務局，如經締約各造之認可，均應列在聯合會管理之下；此後創設各項國際事務局，及規定國際利益事件之各項委員會，統歸聯合會管理。

㈡凡國際利益事件為普通公約所規定，而未置於國際事務局，或委員會監督之下者，聯合會秘書處如經有關係各造之請求，並行政院

之許可，應為徵集各種有用之消息而分布之，並予以各種必要或相需之援助。

㈢凡歸聯合會管理之任何國際事務局或委員會，其經費可由行政院決定列入秘書處經費之內。

第二十五條

聯合會會員對於得有准許而自願之國家紅十字機關，以世界改良衛生防止疾病減輕痛苦為宗旨者，其設立及協助擔任鼓勵並增進之。

第二十六條

㈠本盟約之修正經行政院全體及聯合會大會代表多數之批准即生效力。

㈡聯合會任何會員可以自由不認盟約之修正案，但因此即不復為聯合會會員。

附款

㈠國際聯合會之創始會員

北美合眾國	比利時國
玻利維亞國	巴西國
英吉利帝國（坎拿大、澳大利亞、南非洲、紐絲綸、印度）	
中華民國	
古巴國	厄瓜多國
法蘭西國	希臘國
瓜地馬拉國	海地國
漢志國	閩多拉斯國

義大利國	日本國
里比利亞國	尼加拉瓜國
巴拏馬國	秘魯國
波蘭國	葡萄牙國
羅馬尼亞國	塞爾維亞克魯阿特斯拉文尼國
暹羅國	赤哈國
烏拉圭國	

被請加入本盟約之國

阿根廷國	智利國
哥倫比亞國	丹麥國
日斯巴尼亞國	那威國
巴拉圭國	和蘭國
波斯國	薩爾瓦多國
瑞典國	瑞士國
委內瑞拉國	

㈡國際聯合會第一任秘書長

特留蒙

國際聯合會會員（一九二六年八月）

阿爾白尼亞國	阿根廷國
奧大利國	比利時國
玻利維亞國	巴西國
英吉利帝國（坎拿大、澳大利亞、印度、南非洲、紐絲綸）	
布加利亞國	

智利國	中華民國
可倫比亞國	可斯脫利加國
古巴國	赤哈國
丹麥國	獨密尼根民國
愛斯賽尼亞國	愛賽奧比亞國
芬蘭國	法蘭西國
希臘國	瓜地馬拉國
海地國	闊多拉斯國
匈牙利國	愛爾蘭國
義大利國	日本國
拉得維亞國	里比利亞國
利賽阿尼亞國	盧森堡國
荷蘭國	厄加拉瓜國
那威國	巴拏馬國
巴拉圭國	秘魯國
波斯國	波蘭國
葡萄牙國	薩爾瓦多國
羅馬尼亞國	賽爾維亞克魯阿特斯拉文尼國
暹羅國	日斯巴尼亞國
瑞典國	瑞士國
烏拉圭國	委內瑞拉國

盟約第六條第五節原文如下：

秘書處經費應照萬國郵政公會國際事務局經費分配之比例，由聯合會會員擔任之。

盟約第十二條原文如下：

聯合會會員約定，倘聯合會會員間發生爭議勢將決裂者，當將此事提交公斷，或交行政院審查，並約定無論如何非俟公斷員裁決或行政院報告後三個月屆滿以前，不得從事戰爭。

在本條內無論何案公斷員之裁決，應於相當時間發表；而行政院之報告應自爭議移付之日起六個月內成立。

盟約第十三條原文如下：

聯合會會員約定，無論何時聯合會會員間發生爭議，認為適於公斷而不能在外交上圓滿解決者，將該問題完全提交公斷。

茲聲明凡爭議關於一條約之解釋或國際法中之任何問題，或因某項事實之實際如其成立足以破壞國際成約，并由此種破壞應議補償之範圍及性質者，概應認為在適於提交公斷之列。

受理此類爭議之公斷法庭應由相爭國指定，或按彼等前訂條約中所規定者。

聯合會會員約定，彼此以完全誠意實行所發表之裁決，并對於遵從裁決之聯合會任何會員不得以戰爭從事；設有未能實行此項裁決者，行政院應擬辦法使生效力。

盟約第十五條第一節原文如下：

聯合會會員約定，如聯合會會員間發生足以決裂之爭議，而未照第十三條提交公斷者，應將該案提交行政院，職是之，由各造中任何一造可將爭議通知秘書長，秘書長即籌備一切，以便詳細調查及研究。

按：另增加第四條（二乙）

參考書目

中文部份

一、檔案

《外交檔案》，藏於臺北南港中央研究院近代史研究所。

    03–23〈修約訂約〉

    03–33〈中日關係〉

    03–37〈巴黎和會〉

    03–38〈國際聯合會〉

《中日關係史料——山東問題》（臺北：中央研究院近代史研究所編印，1987）。

《外交公報》，第1期至第82期（1921年7月至1928年4月），沈雲龍主編，《近代中國史料叢刊》三編第 34 輯（臺北：文海出版社影印出版）。

《秘笈錄存》，中國社會科學院近代史研究所，《近代史資料》編輯室主編，天津市歷史博物館編輯（北京：中國社會科學院出版社，1984年）。

二、報章雜誌

《東方雜誌》

《國聞週報》

《大公報》

《晨報》

《申報》

三、專書

丁文江編，《梁任公先生年譜長編初稿》（臺北：世界書局，1958）。

于恩德編著，《中國禁煙法令變遷史》（臺北：文海出版社翻印）。

上海市禁煙工作領導小組辦公室、上海市檔案館編，《清末民初的
　　　　禁煙運動和萬國禁煙會》（上海：上海科學技術文獻出版社，
　　　　1996）。

中國國民黨中央黨史會編印，《革命文獻》（臺北：1954～1987）。

王芸生，《六十年來的中國與日本》（香港：三聯書店，1978～1982）。

王聿均、孫斌合編，《朱家驊先生言論集》（臺北：近史所，1977）。

王綱領，《歐戰時期的美國對華政策》（臺北：學生書局，1988）。

王曉德，《夢想與現實——威爾遜「理想主義」外交研究》（北京：中
　　　　國社會科學出版社，1995）。

岑學呂，《三水梁燕孫先生年譜》（臺北：文星書店，1962）。

伊格敦著，梁鋆立譯，《國際政府》上、中、下（臺北：商務印書館，
　　　　1977臺一版）。

吳品今，《國際聯盟及其趨勢》（上海：共學社，1922）。

李玉貞，《孫中山與共產國際》（臺北：中央研究院近代史研究所，
　　　　1996）。

李恩涵，《北伐前後的「革命外交」(1925～1931)》（臺北：中央研究
　　　　院近代史研究所，1993）。

林明德，《近代中日關係史》（臺北：三民書局，1984）。

金問泗，《從巴黎和會到國聯》（臺北：傳記文學出版社，1967）。

徐道鄰編著，《徐樹錚先生文集年譜合編》（臺北：臺灣商務印書館，1962）。

陳存恭，《列強對中國的軍火禁運（民國八年至十八年)》（臺北：近史所，1983）。

陳體強，《中國外交行政》（重慶：商務印書館，1943）。

梁啟超，《歐遊心影錄》（臺北：臺灣中華書局，1960）。

　　　　《飲冰室文集》（臺北：臺灣中華書局，1960）。

國際勞工局中國分局編，《國際勞工組織與中國》（上海：1939）。

張一志編，《山東問題彙刊》，沈雲龍主編，《近代中國史料叢刊》第三編第16輯（臺北：文海出版社影印出版）。

張朋園，《梁啟超與民國政治》（臺北：食貨出版社，1981年再版）。

黃蕙蘭英文原著，天津編譯中心譯，《沒有不散的筵席——外交家顧維鈞夫人自述》（北京：中國文史出版社，1988）。

陶菊隱，《北洋軍閥史話》（北京：三聯書店，1959）。

項立嶺著，《中美關係史上的一次曲折——從巴黎和會到華盛頓會議》（上海：復旦大學出版社，1993）。

楊振先，《外交學原理》（上海：商務印書館，1936，上海書局翻印《民國叢書》第四編28）。

劉達人，《外交科學概論》（上海：中華書局，1937，上海書局翻印《民國叢書》第四編28）。

摩根索，《國家間的政治》（北京：商務印書館，1993）。

錢　泰，《中國不平等條約之緣起及其廢除之經過》（臺北：國防研究院，1961）。

賴淑卿編，《國民政府六年禁煙計畫及其成效》（臺北：國史館，1986）。

蔣永敬編，《濟南五三慘案》（臺北：正中書局，1978）。

顏惠慶著，上海市檔案館譯，《顏惠慶日記》（北京：中國檔案出版社，1996）

顏惠慶英文原著，姚松齡譯，《顏惠慶自傳》（臺北：傳記文學出版社，1989）。

羅　光著，《陸徵祥先生傳》（臺北：臺灣商務印書館，1967）。

顧維鈞，《顧維鈞回憶錄》（北京：中華書局，1983–1994）。

薩孟武譯，《國際紛爭與國際聯盟》（上海：商務印書館，1928）。

四、論文

川島真〈中華民國北京政府の國際連盟外交〉史學會報告レジュメ，東洋史研究發表，1995.11.12. 於東京大學

李朝津〈抗戰時期中國對聯合國成立的態度〉，《慶祝抗戰勝利五十週年兩岸學術研討會論文集》下冊，（臺北，1996），頁345～368。

吳相湘〈王寵惠是蜚聲國際法學家〉，《傳記文學》第44卷第1期，頁。

唐啟華〈北伐時期的北洋外交——北洋外交部與奉系軍閥處理外交事務的互動關係初探〉，《中華民國史專題論文集第一屆討論會》，（臺北，1992），頁321～336。

〈英國與北伐時期的南北和議(1926～1928)〉，《興大歷史學報》第三期（臺中，1993），頁129～139。

〈北京政府與國民政府對外交涉的互動關係(1925～1928)〉《興大歷史學報》第四期（臺中，1994），頁77～103。

〈北洋政府時期海關總稅務司安格聯的初步研究〉，《近代史研究所集刊》第24期下冊（臺北，1995），頁573～601。

　　　　〈北洋政府時期中國在國際聯盟行政院席位的爭取(1919～
　　　　1928)〉,《興大歷史學報》第六期（臺中，1996），頁73～107。

張　　力〈一九三○年代中國與國聯的技術合作〉,《近代史研究所集刊》
　　　　第十五期下冊（臺北，1986），頁281～314。

　　　　〈抗戰前期國聯在華防疫事業〉，收於《中華民國史專題第三屆
　　　　討論會論文集》。（臺北：國史館，1996年4月），頁889～912。

　　　　〈國聯與中國的文化合作〉,「明末以來中西文化交匯研討會」，
　　　　香港中文大學歷史系等合辦，1996年5月，香港。

張玉法〈帝國主義、民族主義與國際主義在近代中國歷史上的角色
　　　　(1900～1949)〉,《民族主義與中國現代化》。

張春蘭〈顧維鈞的和會外交——以收回山東主權問題為中心〉,《近史
　　　　所集刊》第23期下。

陳旭東〈對國際聯盟的再認識〉,《世界歷史》1989年第2期，頁100～
　　　　107。

梁敬錞〈林長民先生傳〉,《傳記文學》第7卷第2期。

葉振輝〈中國與國際組織關係史研究〉，收於《六十年來的中國近代
　　　　史研究》下冊（臺北，1989），頁133～165。

英文部份

一、檔案

British Government Documents, Foreign Office Files, FO371.
　　（中央研究院近代史研究所郭廷以圖書館收藏之FO微卷）
League of Nations
　　Official Journal——以英、法文分別印刷，內容包括行政院會議記

錄，以及秘書廳收發正式文件。

Special Supplements to the Official Journal——國聯大會及各股會議記錄。

Publications of League of Nations

國家圖書館官書股書及國立政治大學社會科學資料中心國聯及聯合國資料室有部份收藏。

二、專書

Bendiner, Elmer, *A Time for Angels: The Tragicomic History of the League of Nations*, New York, Alfred A. Knopf, 1975.

Chu, Hung-ti, *China and the League of Nations*, Urbana, Illinois, 1937.

Curry, Roy W., *Woodrow Wilson and Far Eastern Policy,1913～1921*, New York, Bookman Association, 1957.

Hsu, Immanuel C. Y., *China's Entrance into the Family of Nations: the Diplomatic Phase, 1858～1880*, Harvard University Press, 1960.

Howard-Ellis, C., *The Origin Structure and Working of the League of Nations*,London, George & Unwin, 1928.

Iriye, Akira, *After Imperialism: the Search for a New Order in the Far East, 1921～1931*, Harvard University Press, 1965.

King, Wen-zu, *China at the Paris Peace Conference in 1919.* New York, St. John's Univ. Press, 1961.

Leong, Sow-theng, *Sino-Soviet Diplomatic Relations, 1917 ～ 1926*, Canberra, 1976.

Levin, N. Gordon Jr. *Woodrow Wilson and World Politics: America's Response to War and Revolution*, Oxford University Press, 1968.

Morley, Felix, The Society of Nations: *Its Organization and Constitutional Development*, Washington, Brooking Institute, 1932.

Miller, David Hunter, *The Drafting of the Covenant*, N. Y. & London, G. P. Putnam's Sons, 1928.

Nathan, Andrew J., *Peking Politics, 1918~1923: Factionalism and the Failure of Constitutionalism*, Michgan University, 1976.

Ian Nish, *Japan's Struggle with Internationalism: Japan, China and the League of Nations, 1931 ~ 1933*, London and New York, Kegan Paul International, 1993.

Pye, Lucian W., *Warlord Politics: Conflict and Coalition in the Modernization of Republican China*, New York, 1971.

Quan, Lau-king, *China's Relations with the League of Nations, 1919 ~1936*, Hong Kong, 1939.

Walters, F. P. A., *A History of the League of Nations*, London, OPU, 1952.

Wilson, Florence, *The Origins of the Covenant: Documentary History of its Drafting*, London, Hogarth Press, 1928.

Zhang, Yongjin, *China in the International System: The Middle Kingdom at the Periphery*, London, Macmillan, 1991.

三、論文

Wang, Tsao-shih, "China and the League of Nations", 1920 ~ 1926, *The Chinese Social and Political Science Review*, 12:4 (Oct. 1928).

索 引

二劃

三劃

四劃

六劃

七劃

十劃

十一劃

十二劃

教育叢書書目

西洋教育思想史	林玉体	臺灣師大	已出版
西洋教育史	林玉体	臺灣師大	撰稿中
教育社會學	宋明順	臺灣師大	撰稿中
課程發展	梁恒正	臺灣師大	撰稿中
教育哲學	楊深坑	臺灣師大	撰稿中
電腦補助教學	邱貴發	臺灣師大	撰稿中
教材教法	張新仁	高雄師大	撰稿中
教育評鑑	秦夢群	政治大學	撰稿中
高等教育	陳舜芬	臺灣大學	撰稿中

中國現代史叢書書目 （張玉法主編）

中國托派史	唐寶林	著	中國社科院	已出版
學潮與戰後中國政治(1945～1949)	廖風德	著	政治大學	已出版
商會與中國早期現代化	虞和平	著	中國社科院	已出版
歷史地理學與現代中國史學	彭明輝	著	政治大學	已出版
西安事變新探	楊奎松	著	中國社科院	已出版
──張學良與中共關係之研究				
抗戰史論	蔣永敬	著	政治大學	已出版
漢語與中國新文化啟蒙	周光慶 劉瑋	著	華中師大	已出版
美國與中國政治(1917～1928)	吳翎君	著	中央研究院	已出版
──以南北分裂政局為中心的探討				
抗戰初期的遠東國際關係	王建朗	著	中國社科院	已出版
從接收到淪陷	林桶法	著	輔仁大學	已出版
──戰後平津地區接收工作之檢討				
中共與莫斯科的關係(1920～1960)	楊奎松	著	中國社科院	已出版
近代中國銀行與企業的關係(1897～1945)	李一翔	著	上海社科院	已出版
蔣介石與希特勒 ──民國時期的中德關係	馬振犢 戚如高	著	中國第二歷史檔案館	已出版
北京政府與國際聯盟	唐啟華	著	中興大學	已出版

大雅叢刊書目

法學叢書書目

圖書資訊學叢書書目